文化翻译与经典阐释

（增订本）

王宁　著

译林出版社

图书在版编目（CIP）数据

文化翻译与经典阐释 / 王宁著.—增订本.—南京：译林出版社，2022.7
ISBN 978-7-5447-8935-6

Ⅰ.①文… Ⅱ.①王… Ⅲ.①翻译－研究 Ⅳ.①H059

中国版本图书馆 CIP 数据核字（2021）第 230070 号

文化翻译与经典阐释（增订本） 王宁／著

责任编辑 王理行
装帧设计 侯海屏
校　　对 戴小娥
责任印制 董　虎

出版发行 译林出版社
地　　址 南京市湖南路 1 号 A 楼
邮　　箱 yilin@yilin.com
网　　址 www.yilin.com
市场热线 025–86633278
排　　版 南京展望文化发展有限公司
印　　刷 南京玉河印刷厂
开　　本 652 毫米 ×960 毫米 1/16
印　　张 19
插　　页 2
版　　次 2022 年 7 月第 1 版
印　　次 2022 年 7 月第 1 次印刷
书　　号 ISBN 978-7-5447-8935-6
定　　价 68.00 元

目录

第一编

翻译的文化学反思

翻译的文化建构和文化研究的翻译学转向

在当今的国际人文社会科学界，从比较文学和文化研究的角度来研究翻译已经不是什么新鲜课题了，但是真正将翻译研究纳入文化研究视野下来考察则至少是1990年代以来的事。在这方面，英国学者苏珊·巴斯奈特(Susan Bassnett)和已故美国学者安德烈·勒弗菲尔(André Lefevere)所起到的开拓性作用是不可忽视的。[1]这两位学者都是从事比较文学起家的，因此他们的翻译研究视角也自然都是比较文学，而且与一般比较传统的欧洲比较文学学者所不同的是，他们更为关心文化研究的进展，再加之这二人都是当代翻译研究的"文化转向"的主要倡导者和推进者，因而由这两位重量级的人物于1990年代初来共同推进翻译研究的文化转向本身就是十分有力的。但时过境迁，当翻译研究中的文化转向持续了近十年时，两位学者却又在合著的专题研究文集《文化建构：文学翻译研究论集》(1998)[2]中提出了

1　一般认为，翻译研究有两个含义：广义的翻译研究(translation study 或 translation research)和狭义的翻译研究(Translation Studies)。本章所讨论的翻译研究显然是后者。国际翻译理论界比较公认，翻译研究作为一门学科领域的崛起之标志是于1976年在比利时鲁汶举行的一次研讨会。这方面的代表人物除了上面提及的两位外，还有比利时的约瑟·朗伯特(José Lambert)、英国的特奥·赫曼斯(Theo Hermans)和蒙娜·贝克(Mona Baker)、丹麦的凯·道勒拉普(Cay Dollerup)、美国的爱德温·根茨勒(Edwin Gentzler)等。

2　Cf. Susan Bassnett and André Lefevere, *Constructing Cultures: Essays on Literary Translation*, Clevdon & London: Multilingual Matters Ltd., 1998.

另一个新的观点：文化研究中的"翻译转向"。这实际上对于反拨文化研究中的英语中心主义模式、率先以翻译学为切入点把文化研究扩展到跨文化的大语境之下起到了推波助澜的作用。进入全球化时代以来，随着翻译研究的再度兴盛和文化研究的受挫，文化研究中的"翻译转向"已被证明是势在必行的，而且必将有着广阔的发展前景。在此权且借用"翻译转向"的本意，将其沿用至中文的语境来讨论，并将围绕翻译与文化以及这两个彼此互动的"转向"展开论述。

文化翻译，或翻译的文化再建构

毫无疑问，在当今这个全球化的时代，英语作为一种强势语言一直在向弱小的民族-国家渗透，在一些第三世界国家，甚至包括一些发达的欧洲国家，人们为了实现与世界的交流和"接轨"，不得不花费大量精力来学习英语。因而也许有人认为，既然全世界的人都在学习英语，将来还会需要翻译吗？翻译的功能在一个全球化的时代将会消失吗？对于这样一个看似简单实则复杂的问题，我的回答是，即使情况果真如此，翻译的作用也没有而且更不会削弱，反而已经而且会变得越来越重要。这也与全球化之于文化的影响一样，它非但不可能使不同的民族文化变得趋同，反而更加加速了文化多元走向的步伐，因而从文化研究的视角来进行翻译研究，便成了当前国际学术界的一个前沿学科理论课题。在这方面，法国学者雅克·德里达 (Jacques Derrida)，丹麦学者凯·道勒拉普，比利时学者约瑟·朗伯特，德国学者沃夫尔冈·伊瑟尔 (Wolfgang Iser) 和霍斯特·图尔克 (Horst Turk)，英国学者苏珊·巴斯奈特，美国学者希利斯·米勒 (J. Hillis Miller)、佳亚特里·斯皮瓦克 (Gayatri Spivak)、霍米·巴巴 (Homi Bhabha)、安德烈·勒弗菲尔、欧阳桢 (Eugene Chen Eoyang)、托马斯·比比 (Thomas Beebee) 等均作了较为深入的研究，他们在这方面颇多著述，并且提出了不少对我们具有启发意义的洞见。因此，研究翻译理论的学者往往称从文化角度来考察翻译的学者群体为翻译研究的"文化学派"。其实，这并不是一个学派，而是一种发展的趋向或潮流。在一个"文化"无所不包、无孔不入的全球化时代，翻译更是难以摆脱"文化"的阴影了。

诚然，上述这些西方学者的研究成果对于我们中国学者从一个跨东西方文化的理论视角进行深入研究确实提供了方法论方面的启示，同时也为我们从一个更为广阔的语境下进一步深入研究打下了基础。但上述学者除去欧阳桢作为汉学家精通中国语言文化外，其余学者的著述研究范例都取自自己文化的语境，或者依赖翻译的中介，因而得出的结论很难说是全面的和尽善尽美的。尽管如此，与国际翻译学术界在近五十年内的发展相比，国内的翻译研究可以说依然方兴未艾，大多数翻译研究者仍然很难摆脱严复的信、达、雅三原则的讨论之浅层次，并未自觉地将翻译研究纳入全球化时代的文化研究语境下来考察，因而至今能与国际学术界平等讨论对话的扎实研究专著仍不多见，只有一些零散的论文散见于国内各种期刊和论文集。当然，全球化时代的来临使得我们与国际学术界的交流大大地加快了速度。在全球化这个大平台上，中国学者与西方学者的平等对话已经成为一个无可争辩的事实，而且越来越多的西方学者认为，从事翻译研究或文化研究，没有中国文化的知识或中国语言的造诣至少是不全面的。鉴于目前所出现的翻译研究在相当程度上还拘泥于狭窄的语言字面的困境，从一个全球化的广阔语境下来反思翻译学的问题无疑是有着重大意义的。它一方面能填补国内这方面研究的空白，另一方面也可以以中国学者的研究实绩来和国际同行进行讨论，从而达到与国际学术界平等对话的高度。通过这样的讨论和对话最终对从西方文化语境中抽象出的翻译理论进行重构。

我一贯坚持文化翻译的立场。[1]我认为，从文化的维度来考察全球化在文化领域内的影响和作用，完全应该将语言当作文化传播的一种载体，而考察翻译则正是将语言学的经验研究和文化学的人文阐释及翻译文本的个案分析结合起来的有效尝试，其最终目的是达到对翻译学这一新兴的尚不成熟的边缘学科的理论建构。如上所述，在当前这个全球化的大语境之下，翻译的功能非但没有削弱，反而变得越来越重要，伴随而来的就是翻译的定义也应该发生变化。翻译学作为介于人文、社科和自然科学之边缘地带的一门学科应该有自己的存在方式，在这方面，我和许多东西方学术界的同行一直在呼吁作为一门科学学科的翻译学的诞生和发展。关于这个问题，本书还将专门予以讨论，此处毋庸赘言。既然我认为，在全球化的时代，信息的传播和大众传媒的崛起使得全球化与文化的关系尤为密不可分，那么翻译

---

1 关于我在文化翻译方面的著述，可参阅 Wang Ning, *Globalization and Cultural Translation*, Singapore: Marshall Cavendish Academic, 2004.。

便无疑是信息传播的一种工具,因而对翻译的研究也应该摆脱狭窄的语言文字层面的束缚,将其置于广阔的跨文化语境之下,这样得出的结论才能具有对其他学科的普遍方法论指导意义。由此可见,我们的一个当务之急便是对翻译这一术语的既定含义作出新的理解和阐释:从仅囿于字面形式的翻译(转换)逐步拓展为对文化内涵的翻译(形式上的转换和内涵上的能动性阐释),因此研究翻译本身就是一个文化问题,尤其涉及两种文化的互动关系和比较研究。在这方面,巴斯奈特和勒弗菲尔所提出的"翻译是一种文化建构"的观点是颇有见地的,而他们将翻译看作两种文化之间的互动实际上也为翻译研究与文化研究的互相渗透和互为补充铺平了道路。确实,翻译研究的兴衰无疑与文化研究的地位如何有着密切的关系。特别是在当今文化研究出现"危机"症状时,呼吁文化研究的"翻译学转向"已经是势在必行的了。

　　诚然,作为中国的翻译研究和文化研究者,我们首先应该立足中国的文化土壤,考察翻译对中国新文化和新文学的建构作用。而在中国的语境下讨论翻译与文化的关系,我们必然会想到翻译对推进中国文化现代性进程和建构中国文学批评理论话语的过程中所起到的不可替代的作用。众所周知,中国文学在过去的一百多年里,已经深深地受到了西方文学的影响,以至于不少恪守传统观念的中国学者认为,一部中国现代文学史,就是一部西方文化殖民中国文化的历史。他们特别反对五四运动,因为五四运动开启了中国新文学的先河,同时也开启了中国文化现代性的先河,而在"五四"期间有一个特别重要的现象,就是大量的外国文学作品,尤其是西方文学作品和文化学术思潮、理论大量被翻译成中文。尽管我们从今天的"忠实"之角度完全可以对"五四"先驱者们的许多不忠实的、有些甚至是从另一种语言转译的译文进行挑剔,但我们却无法否认这些"翻译"所产生的客观影响。当然,其中的一个后果就是中国语言的"欧化"和中国文学话语的"丧失"。平心而论,鲁迅当年提出的口号"拿来主义"对这种西学东渐确实起到了推波助澜的作用。我们都知道,鲁迅在谈到自己的小说创作灵感的来源时,曾直言不讳地说,他的小说创作"所仰仗的全在先前看过的百来篇外国作品和一点医学上的知识",此外什么准备都没有。[1]当然

---

1 鲁迅,《我怎么做起小说来》,见《鲁迅全集》第四卷,北京:人民文学出版社,1981年版,第512页。

这番表述后来成了保守势力攻击的对象,说鲁迅是全盘"西化"的代表人物。还有另一些五四运动的干将,包括胡适、郭沫若,他们则通过大量的翻译和介绍西方文学作品,对传统的中国文学话语体系进行了有力的解构,从而逐渐形成了一种"翻译体的""混杂的"中国现代文学话语体系,或者说形成了一种中国现代文学经典。由于它与其先辈的巨大差异和与西方文学的天然区别,它既可以与中国古典文学进行对话,同时也可与西方的现代性进行对话,因而这实际上也消解了单一的现代性的神话,为一种具有中国特色的"另类的"现代性的诞生铺平了道路。[1] 所以在中国现代文学的历史上,翻译应该说占有很重要的地位。因此我进而推论,在中国现代文学史上,翻译文学应当被看作是其不可分割的组成部分。如果从比较文学的角度来看,一部中国现代文学史在某种程度上就是一部翻译文学史,而研究翻译也是文化研究的一个重要方面。也就是说,从文化的角度来看,翻译说到底也是一种文化现象,尤其是涉及文学翻译更是如此。因为我们今天所提出的翻译的概念,已经不仅仅是从一种语言转变成另外一种语言的纯技术形式的翻译,而且也是从一种形式转化成另外一种形式,从一种文化转化为另外一种文化的文化"转化"、"阐释"和"再现",这种转化和再现恰恰正是通过语言作为媒介而实现的。

文化研究的困境与出路

尽管文化研究进入中国已经有十多年的历史,而且它在中国大陆和港台地区所引发的讨论和争鸣也已经引起了国际学术界的瞩目,[2] 但时至今日,我们所说的"文化研究"之特定内涵和定义仍在相当一部分学者中十分模糊,因此我认为在讨论文化研究的未来走向以及与翻译研究的互动关系之前有必要再次将其进行限定。此处所讨论的"文化研究"用英文来表达就是Cultural Studies,这两个英文词的开头都用的是大写字母,意味着这

---

1 关于有选择的"另类的现代性"的具体论述,参阅刘康(Liu Kang), "Is There an Alternative to (Capitalist) Globalization? The Debate about Modernity in China," in *The Cultures of Globalization*, eds. Fredric Jameson and Masao Miyoshi. Durham and London: Duke University Press, 1998, pp.164–188.。

2 这方面的英文著述虽然不多,但可以参阅下列两种:Wang Ning, "Cultural Studies in China: Towards Closing the Gap between Elite Culture and Popular Culture," *European Review* 11.2(May 2003): 183–191; Tao Dongfeng and Jin Yuanpu eds., *Cultural Studies in China*, Singapore: Marshall Cavendish Academic, 2005.。

已经不是传统意义上的精英文化研究,而是目前正在西方的学术领域中风行的一种跨越学科界限、跨越审美表现领域和学术研究方法的话语模式。它崛起于英国的文学研究界,崛起的标志是成立于1964年的伯明翰大学当代文化研究中心 (CCCS),但是若追溯其更早的渊源,则可从 F. R. 利维斯 (Frank Raymond Leavis) 的精英文化研究那里发现因子,也就是20世纪40年代。如果沿用巴斯奈特和勒弗菲尔所描述的"翻译研究"(Translation Studies) 之定义,后者则起源于1976年的比利时鲁汶会议。这样看来,文化研究大大早于翻译研究,在方法论上较之翻译研究更为成熟就是理所当然的了,因此早期的翻译研究理论家呼吁一种"文化转向"就有着某种理论和方法论的导向作用。实际上,这里我们所讨论的"文化研究",并不是那些写在书页里高雅的精致的文化产品——文学,而是当今仍在进行着的活生生的文化现象,比如说我们的社区文化、消费文化、流行文化、时尚和影视文化、传媒文化,甚至互联网文化和网络写作等等,这些都是每天发生在我们生活周围的、对我们的生活产生了无法回避的影响的文化现象。虽然早期的文化研究者并没有将翻译研究纳入其视野,但随着翻译研究本身的深入和与文化的互动关系愈益明显,到了1990年代,翻译研究已经不知不觉地进入了文化研究的传媒研究之范畴。特别是进入全球化时代以来,当文化的翻译已经越来越不可忽视时,从文化研究的视角来研究翻译便自然形成了翻译研究学者们的一个共识。

我们说翻译研究与文化研究有着密不可分的关系正是因为这一事实,即文化研究作为一种异军突起的非精英学术话语和研究方法,其主要特征就在于其"反体制"性和"批判性"。这一点与翻译研究的"边缘性"、对传统的学科体系的反叛和对原文文本的叛逆有着异曲同工之妙。不可否认的是,西方马克思主义对文化研究在当代的发展起到了不可替代的作用,例如英国的雷蒙德·威廉斯 (Raymond Williams) 和特里·伊格尔顿 (Terry Eagleton),以及美国的弗雷德里克·詹姆逊 (Fredric Jameson) 等马克思主义理论家,都对英语世界的文化研究和文化批评的发展和兴盛起到了很大的导向性作用。由于文化研究的"反精英"和"指向大众"等特征,所以它对文学研究形成了严峻的挑战和冲击,致使不少恪守传统观念的学者,出于对文学研究命运的担忧,对文化研究抱有一种天然的敌意。他们认为文化研究的崛起和文化批评的崛起,为文学研究和文学批评敲响了丧钟,特别是文学批评往往注重形式,注重它的审美,但也不乏在文化研究和文学研究之间进行沟通和协调者。今天,已经有越来越多的文学研究者认识到了文化研究与之并非全然对立,而是有着某种互补作用。[1]

现在再来看看翻译研究的现状。和文化研究一样,翻译研究自诞生之日起就一直活跃于学术的边缘地带。这既是它的弱势同时也是其强势:它不被既定的学科建制所认可,但却可以游刃于多门学科之间;它在欧美的名牌大学甚至没有生存之地,而在中国的学科建制下则曾一度被贬为一个三级学科或二级学科之下的研究方向[2];但是它的跨学科性和边缘性则赋予它同时可以和自然科学、社会科学以及人文科学进行对话。此外,也和文化研究一样,最近二三十年来,一批世界一流的文学和文化研究者,如雅克·德里达、沃夫尔冈·伊瑟尔、希利斯·米勒、佳亚特里·斯皮瓦克、霍米·巴巴等均意识到了翻译对文化传播的重要性,他们从各自的研究领域涉足翻译研究,写下了一些颇有理论冲击力和思想洞见的文字。再加上解构主义批评家保罗·德曼 (Paulde Man) 对德国现代思想家瓦尔特·本雅明 (Walter Bendix Schoenflies Benjamin) 的文化翻译理论的解读,更是促成了翻译研究与文化研究的联姻。如果说,当年处于草创时期的翻译研究需要一种"文化转向"的话,那么此时处于危机之境地的文化研究也应该呼唤一种"翻译转向"了吧。

毫无疑问,文化研究在当代人文学术领域所占据的重要地位已经持续了十多年,有人认为它即将盛极至衰,文学研究将重返中心。我对此虽不敢苟同,但也意识到了其隐伏着的"危机"。确实,当今的全球化语境似乎更为有利于专注非精英文化的文化研究的发展。那么在新的世纪文化研究将向何处发展呢?这自然是学者们所关心的问题。我认为,在全球化的语境下,文化研究将沿着下面三个方向发展:(1) 突破"西方中心"及"英语中心"的研究模式,把不同语言、民族-国家和文化传统的文化现象当作

---

1 有的学者,如荷兰的杜威·佛克马(Douwe Fokkema),甚至提出一个新的范式"文化学"(Cultural Sciences),试图以此来弥补文化研究在学科意义上的不足。参见佛克马 2005 年 6 月 10 日在清华大学发表的演讲《文化研究与文化科学》("Cultural Studies and Cultural Sciences")。

2 确实,在牛津、剑桥以及哈佛、耶鲁这样的世界一流大学,翻译学科根本没有立足之地;而在中国的高校,长期以来,翻译学不是被纳入外国语言文学的二级学科"外国语言学及应用语言学"之下,就是放在中国语言文学的二级学科"比较文学与世界文学"之下。只是在2013年颁布的学科目录中,翻译学才被当作二级学科。

对象,以便对文化理论自身的建设作出贡献,这种扩大了外延的文化理论从其核心——文学和艺术中发展而来,抽象为理论之后一方面可以自满自足,另一方面则可用来指导包括文学艺术在内的所有文化现象的研究;(2)沿着早先的精英文学路线,仍以文学(审美文化)为主要对象,但将其研究范围扩大,最终实现一种扩大了疆界的文学的文化研究;(3)完全远离精英文学的宗旨,越来越指向大众传媒和所有日常生活中的具有审美和文化意义的现象,或从人类学和社会学的视角来考察这些现象,最终建立一门脱离文学艺术的"准学科"领域。对于文学研究者而言,专注第二个方向也许最适合大多数研究者,它既可以保持文学研究者自身的"精英"身份,同时也赋予其开阔的研究视野,达到跨学科、跨文化的文学研究的超越。而对于翻译研究者而言,则第一和第二个方向都十分适用:之于第一个方向,文化研究的"英语中心"已经被全球化的文化所打破,在未来的文化交流中,除了英语的主要媒介外,另外几大语言将发挥越来越不可替代的作用,在这方面汉语的普及将随着中国的综合国力的愈益强大和中国文化价值的愈益彰显而得到证实;而之于第二个方向,通过"阐释性的"文化翻译,精英文化越来越走向大众,文化变得越来越多元和"混杂",因此翻译所能起到的各文化之间的"协调"和"互动"作用就变得越来越不可替代。它甚至可以在某种程度上帮助文化研究走出日益封闭的领地,实现其跨文化的目标。

走向一种文化研究的"翻译学转向"

有鉴于文化研究的此种境况,西方一些学者便认为,如果1990年代初翻译研究领域出现了"文化转向",那么在现阶段,是否应该呼吁文化研究领域出现一个"翻译转向"?既然任何跨越两种或两种以上的文化研究都离不开翻译的中介,或者说它本身就是一种超越了语言字面之局限的文化的翻译,那么呼唤文化研究中的翻译转向就应是理所当然的。由于文化研究的日益学科化趋向,翻译的学科意识也应该强化,因此我把"翻译转向"改为"翻译学转向",其意在于从学理上来讨论这个问题。毫无疑问,翻译实际上已经成了一种文化传播和文化阐释。特别是文学作品的翻译更是复杂精致,因而即使是在全球化的时代,机器翻译也无法传达其深邃的审美意蕴和优美的文学形式。要想达到理想的文学翻译，必须在译者和原作者之间获得一种平衡。也即 (1) 当译者的水平高于原作者时，译者就有可能随心所欲地对原作进行"美化"或修改；(2) 而当译者的水平低于原作者时，译者往往会碰到一些他无法解决的困难，留下的译作就会是漏洞百出的"伪译文"。最为理想的翻译应当是：(3) 译者与原作者的水平相当或大致相当，如果暂时达不到原作者的水平，译者也应该通过仔细研读原作或通过其他途径对原作者有足够的了解或深入的研究。只有这样，他的译文才能达到原文的水平；也只有这样，我们才能读到优秀的文学翻译作品。可以说，在目前的中文语境下，翻译作品达到第一层次者微乎其微，达到第三层次者也不在多数，大量的译作仅仅停留在第二层次。那么英文语境下的中国文学作品或学术著述的翻译又是如何呢？毫无疑问，我们都认识到，在当前的全球化语境下，我们的文学翻译和文化翻译应该转变其固有的功能，也即过去我们大量地把外国文学翻译成中文，现在既然很多人已经可以直接阅读外文 (主要是英文) 原著了，我们翻译的重点就应该从外翻中转变成中翻外，也就是说，要把中国文化的精品，中国文学的精品翻译成世界上的主要语言——英文，使它在世界上有更广大的读者。我想这也是全球化时代文化翻译的另一个方向。而目前中国的文化学术界的状况又是如何呢？人们也许经常会问，为什么中国文化源远流长，中国文学史上曾出现过许多佳作，但至今却为世人知之甚少？我想翻译的缺席无疑是一个重要因素，尤其是文化的翻译。因此从事跨东西方传统的文化研究尤其需要翻译的加盟。

在文化学术研究领域，我始终主张，我们一方面要大力引进和介绍国际学术界已经取得的成果，另一方面，则要不遗余力地将中国学者的研究成果介绍给国际学术界，以发出中国人文学者的强劲声音。这也就是我为什么一如既往地呼吁中国的翻译研究者走出国门，在用中文著述的同时也提高英文著述的能力，通过在国际学术期刊上发表自己的研究成果来打破国际学术界实际上存在的中国人文学科"弱势"的状况。可是，在当前中国的文学理论批评界，却一度出现了这样的担心：一些人认为，我们中国文学批评和文化批评失语了，中国的学术患了"失语症"，也就是说，在我们中国的学者中，能够在国际论坛上发出自己的声音者寥寥无几，在国际人文社会科学领域内，我们中国人的声音几乎是难以听到的，或者即使有时能听到，其声音也是非常微弱的。那么这种状况究竟是什么原因造成的呢？

当然，有很多人认为这是我们所使用的语言造成的，但是我认为这不完全是一个语言的问题。首先，我们是不是已经提出了目前国际人文社会科学领域的前沿话题；其次，是不是能够把它准确流畅地表达出来，还是说只是在部分层次上跟国际学术界进行对话。如果我们和国际同行在不同的层次上进行对话，那么这种对话便无法达到预期的效果。当然最后才涉及语言的问题。如果我们将中国的文化研究与翻译研究的国际化水平作一比较，那毫无疑问，后者高于前者，其主要原因在于翻译研究者的文化意识远远强于文化研究者的翻译意识。如果从文学的角度来看，真正优秀的文学作品，即使是用汉语写的，西方的汉学家也会用英语把它翻译出来，用英语把它转述，用英语把它表达出来，或者他们也可以来主动找你进行对话。所以说，另一方面，我们也不得不承认，中国文化的失语现象在相当程度上也是存在的，造成的后果是中国文化悠久的历史和丰富的文学理论批评遗产，竟然不为世人知道，当然除了少数汉学家以外。我们知道，汉学在国际学术界是非常边缘的，欧洲的很多大学都没有中国语言文学专业，美国也只有一些主要的大学的东亚系，还有更多的一些学院，才有中国语言的课程，而教授中国文学和文化课程的大学则很少。对许多外国人来说，为什么要学中国的语言，并不是要了解中国文学和中国文化，而只是为了和中国做生意，所以他们在学了一点汉语之后，立即就转到其他的经贸和商业领域去了，真正留在文学领域里的人是极少数。所以我们如果没有积极主动的姿态去和国际学术前沿对话，只是被动地等待西方的汉学家来发现我们中国文化和文学的优秀作品的话，显然就会处于一种滞后状态。其结果自然就会造成失语的状况。

因此，在（包括翻译研究在内的）文化研究方面，与国际接轨，并不意味着与西方接轨，而是意味着与西方进行对话，当然通过这种对话，来逐步达到理论和学术的双向交流，而在这种交流的过程中，我们中国的学者才能逐步对西方的学者产生某种潜移默化的影响。在全球化的时代，几乎人人都在学习英语，试图用这种具有世界性特征的语言来表达自己的声音，那么我们的人文社会科学学者将有何作为呢？我们都知道，在自然科学领域中，我们的科学家已经非常自觉地要把自己的科研成果用英语在国际权威刊物上发表出来。而在我们的人文社会科学领域中，却有相当一大批的学者还不能够和国际学者进行直接交流，他们在很大程度上还依赖于翻译的中介。

我们知道,有些东西是不可译的,尤其从字面来看更是如此。比如说,中国古典诗词和一些写得含蓄且技巧要求很高的作品就是如此,因为在翻译的过程中这些东西会失掉,所以我们要想使得中国的人文社会科学迅速地进入国际前沿,在很大程度上也不得不借助于英语的中介。我认为,在与国际学术界进行交流的时候,即使我们有时用全球普遍使用的语言——英语,但是话题的内容和观点却是中国的,也就是本土的,那么这并不意味着我们的文化会被西方文化殖民。相反,它会更为有效地使我们将中国文化学术的一些观点逐步介绍到全世界,从而一方面使得中国的人文学者在国际论坛上发出的声音越来越强劲,另一方面也可以让越来越多的人了解中国,了解中国文化的博大精深。在这方面,中国的文化研究和翻译研究所作出的努力应当得到实事求是的肯定。

当年,苏珊·巴斯奈特在和已故的安德烈·勒弗菲尔合著的专题研究文集《文化建构:文学翻译研究论集》第八章"文化研究的翻译转向"中,曾颇有见地地指出:

> 总之,文化研究已经走出了英语的起始阶段,朝向日益加强的国际化方向发展,并且发现了一种比较的层面,对于我们所称的"跨文化分析"十分有必要。翻译研究也摆脱了一种文化的人类学概念……逐步走向一种多元的文化之概念。就方法论而言,文化研究放弃了那种与传统的文学研究相对立的说教式的阶段,越来越紧密地关注文本生产中的霸权关系问题。同样,翻译研究也走出了没完没了的关于"对等"问题的辩论,转而讨论跨越语言界限的文本生产所涉及的诸种因素。这两个跨学科的研究领域在过去的二三十年间都一直经历着的种种过程始终是惊人地相似,因而可以导向相同的方向,也即二者将最终认识到一个更为国际化的语境,同时也需要平衡本土的与全球的话语。[1]

由此看来,得出"文化研究的翻译转向"之结论就是水到渠成的了。但是,毕竟巴斯奈特连同她的合作者勒弗菲尔都是西方文化语境下培养出来的知

---

[1] Cf. Susan Bassnett and André Lefevere, *Constructing Cultures: Essays on Literary Translation*, Clevdon & London: Multilingual Matters Ltd., 1998, p.133.

识分子，虽然他们同情和理解东方文化，并且对包括中国文化在内的东方文化也予以过不同程度的关注，[1] 但他们毕竟与之十分隔膜，所掌握的一点东方文化知识也是通过间接途径获得的，远远不能满足他们从事跨文化传统的翻译研究的需要，更不能实现其推进文化研究的"翻译学转向"之宏大目标。因此，这个历史的重任无疑将落在我们中国学者的肩上。对此我充满着信心并将为之而作出自己的努力。

---

1 应该承认，这两位学者对中国文化和文学的关注在西方学者中也不多见。尤其应该指出的是，两位学者都曾指导过中国内地和香港的翻译研究者写博士论文，这恐怕对他们来说应该也受益匪浅吧。

新文科视域下的翻译研究

　　讨论新文科的文章近来不时地见诸学术刊物和大众媒体。我本人也积极地投入了这场讨论，并发表了一些文章。人们对此或许感到不解，甚至要提出这样的问题：究竟什么是新文科？它与传统的人文学科有何不同？为什么要在当下的语境中提出新文科的概念？它对高等院校的学科建设有何帮助？当然，我们不能笼统地回答这些问题，而应该从某个个案入手。由此，在我看来，新文科概念的核心就在于其"新"字，也即新文科理念的提出，也如同新医科和新工科等不同的学科门类一样，必然对传统的人文学科之定义及其评价体系提出挑战。

　　我曾撰文探讨新文科视野下的外语学科建设和发展。[1]我的核心观点是，既然翻译研究主要是外语学科的学者所从事的一个二级学科专业，那么它与外语学科的关系就是十分密切的。因此，较之传统的人文学科，中国的新文科建设应该体现这样四个特色：国际性、跨学科性、前沿性和理论性。这应该是新文科与传统的人文学科有所区别的地方。这一点尤其适用于中国的外语学科。我们如果再往前推论，便可以看出，新文科的概念尤其适用于翻译研究。

---

1 参阅王宁，《新文科视野下的外语学科建设》，《中国外语》，2020年第3期，第4—10页。

我们首先来看其国际性，也即与我提出的"全球人文"概念相关。[1]按照我所提出的这一概念，中国的人文学者不仅要在国际上就中国的问题发出声音，同时也要就全人类共同面对的具有普适意义的问题贡献中国的智慧，并且提出中国的方案。全球人文并非各国和各民族的人文学科加在一起的集合体，而是要从全球的视野来探讨人类共同关心的基本问题。与外国语言文学学科关系密切的一些具有普适意义的全球性话题包括：世界主义，世界文学，世界哲学，全球通史研究，全球文化，世界图像，世界语言体系，等等，这些都是人文学者必须正视并予以关注的话题。中国的人文学者尤其受到儒家哲学的影响，历来就有一种"天下观"，也即关注天下发生的事情。在这方面，翻译学者贡献颇多。正是由于一些中国的或海外华裔学者将儒家的"天下观"译介到英语世界并在国际场合加以阐述和讨论，国际学界关于世界主义问题的讨论才开始有了中国的声音，[2]并逐步形成一种世界主义的中国版本。

这样也就自然导致了新文科的第二个特征：跨学科性。这种跨学科性不仅体现于它与其他人文学科分支的交叉和相互渗透，还体现于与社会科学的相互影响、相互渗透和交叉关系。这一点再一次体现了中国的学科分类特色。我们都知道，长期以来，中国的人文学术被纳入广义的社会科学的大框架下，直到现在国家级的人文学科项目都被囊括在国家社会科学基金的总体框架下。这一点与美国的学科布局情况不尽相同。

这正好从另一方面体现了中国的人文学科的一大特色：它与社会科学的关系也十分密切。这一点尤其体现于中国近现代大量的翻译实践和翻译研究。在实践上，翻译家自20世纪初以来翻译了大量的西方和俄苏的社会科学文献，对于推进中国现代性的进程起到了极大的作用。正如我在纪念新文化运动百年发表的一篇文章中所指出的：没有翻译，就没有新文化运动的爆发；没有翻译，马克思主义就无法引进中国，就更谈不上中国共产党的

---

1 王宁，《德里达的幽灵：走向全球人文建构》，见《探索与争鸣》，2018年第6期，第15—22页。

2 英语学界关于世界主义问题的讨论，尤其应参阅下列中国或华裔学者发表的英文文章：Wang Ning, "From Shanghai Modern to Shanghai Postmodern: a Cosmopolitan View of China's Modernization," *Telos*, No. 180 (Fall 2017): pp. 87–103; Tingyang Zhao, "A Political World Philosophy in Terms of All-under-heaven (Tian-xia)," *Diogenes*, No. 221 (2009), pp. 5–18; Shaobo Xie, "Chinese Beginnings of Cosmopolitanism: A Genealogical Critique of Tianxia Guan," *Telos*, No. 180 (Fall 2017), pp. 8–25; David Pan, "Cosmopolitanism, Tianxia, and Walter Benjamin's 'The Task of the Translator'," *Telos*, No. 180 (Fall, 2017), pp. 26–46.。

成立了。[1] 由此可见,翻译的作用远远超过了两种语言之间的转换。它甚至可以引发一场(文化)革命并推进社会的变革。

众所周知,中国革命与现代性这一论题就有着密切的关系。在整个20世纪的西方和中国学界,现代性一直是一个为人们所热烈讨论甚至辩论的话题。在中国的语境中,现代性既是一个"翻译过来的"概念,同时也诉诸其内在发展的必然逻辑。因此它是一种"另类的"现代性。我曾经从中国现代文学和文化的角度揭示翻译是如何在新文化运动(1915—1923)前后把先进的科学和文化带入中国的。[2] 正是这些西方思想观念译介到中国,在某种程度上预示了中国共产党领导的民主革命。这便再一次证明,翻译远不只是一种语言之间的转换技能,它具有更重要的功能,而且实际上也确实在中国近现代史上发挥了重要的作用。

由此可见,跨语言、跨文化的文学和人文学术翻译,既是一种语际翻译同时又是一种文化翻译。按照马克·夏托华斯(Mark Shuttleworth)和莫伊拉·考威(Moira Cowie)的定义,"翻译通常的特征是具有隐喻性的,在众多比喻中,常被比喻为玩弄一种游戏或绘制一张地图"。[3] 既然翻译对马克思主义"中国化"有着密切的关系,尤其是在其现代意义上更是如此,那么我们所讨论的翻译这一术语就更带有文化和隐喻的特征,而较少带有语言转换之意,因为翻译激发了中国的进步知识分子进行革命,当然这种革命并非仅仅体现于政治上和文化上的革命,同时也包括语言和文学上的革命。

此外,新文科的跨学科性还体现于人文学科与自然科学以及技术的相互渗透和关联。就好比新冠肺炎疫情期间,我们的许多现场学术和文化活动统统改由网上进行。包括我们的人文讲座和研究生答辩都可以通过网络进行。而我们比较研究疫情在不同国家的蔓延就需用分析不同国家的疫情数据,这当然离不开翻译的中介,因此这就对我们传统的人文学者提出了严峻的挑战。作为人文学者,我们不仅要掌握多学科的知识,还要掌握一定的

---

1 参阅王宁,《翻译在新文化运动中的历史作用及未来前景》,见《中国翻译》,2019年第3期,第13—21页。

2 同上。

3 Mark Shuttleworth and Moira Cowie eds., *Dictionary of Translation Studies*, Manchester: St. Jerome, 1997, p. 181.

表现和传播技术,这样才能保证我们的知识得以顺畅传播。

这一点又得借助于翻译和翻译研究。我曾经对翻译研究在当代的形态作过一个新的定义。在我看来,随着现代翻译学的崛起以及翻译研究的文化转向的冲击,人们越来越感到,仅仅从语言的层面来定义翻译显然是不够的。这时,对翻译,尤其是对文学翻译的研究便有了一种跨文化和跨学科的视角。也即我们经常提到的翻译和翻译研究的"文化转向"。但是这种翻译的"文化转向"最终仍没有使翻译走出袭来已久的"语言中心主义"窠臼。文化转向之后又将是何种转向呢?这就是科技转向。这尤其体现于人们目前所热衷于谈论的图像翻译和人工智能翻译。这也正是我在本文中所涉及的两个热点话题。我现在先对我曾对翻译下过的定义作些许修正和补充:

> 作为一种同一语言内从古代形式向现代形式的转换;
> 作为一种跨越语言界限的两种文字文本的转换;
> 作为一种由符码或信号到文字的破译和阐释;
> 作为一种跨越语言界限的跨文化图像阐释;
> 作为一种跨越语言界限的形象与语言的相互转换;
> 作为一种由阅读的文字文本到演出的影视戏剧脚本的改编
和再创作。
> 作为一种以语言为主要媒介的跨媒介阐释。
> 作为一种以机器和人工智能实现的两种语言的转换。[1]

从上面这个定义中,我们完全可以看到走出"语言中心主义"藩篱的翻译及翻译研究的当下跨学科形态:它不仅跨越了语言与文化的界限,跨越了语言与其他人文学科分支的界限,同时也跨越了语言与社会科学以及自然科学技术的界限。关于这一点我还要在后面较为详细地讨论它在图像翻译和人工智能翻译的挑战下的现状及未来前景。

现在再回过头来看看新文科的前沿性和理论性。为什么我要将这两个特色放在一起呢?其原因恰在于,新文科的前沿性就在于它突破了传统的

---

1 这里的定义是对我早先文章中提出的翻译的定义的一个补充。参阅王宁,《重新界定翻译:跨学科和视觉文化的视角》,《中国翻译》,2015年第3期,第12—13页。

人文学科的人为性和主观性,加进了一些科学技术的成分,使之成为名副其实的可以经得起评价的学术学科,同时也为理论家提出一些跨越学科界限和民族/国别界限的具有普适意义的理论课题铺平了道路。既然这种前沿性和理论性是在一个全球语境下凸显的,那么它就离不开翻译的中介。

因此,新文科理念的提出便为人文学者的理论创新奠定了基础。在新文科的广阔视野下,我们无须担心我们的理论概念的学科属性,而完全可以将一些新的理论概念置于一个更为广阔的语境之下,从而使之具有指导人文学科各分支学科研究的意义。而要想实现这一点就需要翻译的帮助。难怪法国解构主义哲学和翻译理论家德里达认为,一部西方哲学史在某种意义上就是一部翻译的历史。

下面我略微讨论一下两个热点问题。第一是翻译的语言中心主义解体所导致的"图像转向"。近年来,高科技以及网络的飞速发展使得人们的阅读习惯发生了很大的变化,尤其是当代青年已经不再习惯于沉浸在图书馆里尽情地享受阅读的乐趣。他们更习惯于在手机、平板电脑上下载网上的各种图像来阅读和欣赏。因而一些恪守传统阅读习惯的人文知识分子不禁感到:阅读的时代已经过去,或者更具体地说,阅读纸质图书的时代已经过去,一个"读图的时代"来到我们面前。

既然我们现在接触的很多图像和文字并非用中文表述的,这就涉及跨语言和跨文化翻译的问题。若从翻译这个词本身的历史及现代形态来考察,我们便不难发现,它的传统含义也随之发生了很大的变化,它不仅包括两种语言文字的转换,同时也包括各种密码的释读和破译,甚至还包括文学和戏剧作品的改编。今天我们在国际政治学界所讨论的关于国家形象的建构也离不开翻译的中介,因此完全可以被纳入广义的翻译的框架下来考察。

由此可见,仍然拘泥于罗曼·雅各布森 (Roman Jakobson) 六十多年前提出的"语言中心主义"的翻译定义显然是远远不够的。[1]因此我在此从质疑雅各布森的翻译三要素开始,着重讨论当代翻译的另一种形式:图像的翻译及其与语言文字的转换。我认为这是对传统的翻译领地的拓展和翻译地

---

1 Cf. Roman Jakobson, "On Linguistic Aspects of Translation," in Rainer Schulte and John Biguenet eds., *Theories of Translation: An Anthology of Essays from Dryden to Derrida*, Chicago: The University of Chicago Press, 1992, pp. 144–151.

位的提升,同时也有助于我们促使翻译研究成为人文社会科学的一门独立分支学科。

在全球化的时代讨论视觉文化现象,已经成为近十多年的文艺理论和文化研究界的一个热门话题。这必然使人想到当代文化艺术批评中新近出现的一种"图像的转向"。由于这种蕴含语言文字意蕴的图像又脱离不了语言文字的幽灵,而且在很大程度上承担了原先语言文字表现的功能,因而我们又可以称其为"语像的转向",这样便可将诉诸文字的语符和诉诸画面的图像结合起来。这应该是翻译领域拓展的一个新的增长点,同时也是当下翻译研究的一个热点话题。

由于当代文学创作中出现的这种"语像的转向",原先那种主要用语词来转达意义的写作方式已经受到大众文化和互联网写作的挑战,因而此时的文字写作同时也受到了图像写作的挑战。原先拘泥于语言文字的转换式的翻译也受到图像翻译和阐释的挑战。面对这一潮流的冲击,传统的以语言文字转换为主的翻译也开始逐步转向兼具图像的翻译和阐释了。

作为从事翻译研究的学者,我们面临这样两个问题:如果当代文学艺术批评中确实存在着这样一种"转向"的话,那么它与先前的以文字为媒介的创作和批评又有何区别呢?另外,我们如何将一些用图像表达的"文本"翻译成语言文字的文本?如果说,将同一种语言描述的图像译成文字文本仍属于语内翻译的话,那么将另一种文字描述的图像文本译成中文,就显然属于语际和符际的翻译了。这样一来,翻译的领地也就自然而然地扩大了,对翻译者的知识储备和阐释技能便提出了更高的要求。这一点也见诸国家形象的建构和传播。

在当今的全球化时代,高科技的飞速发展,使我们的生活和工作秩序发生了深刻的变化。人类在创造各种新的机器的同时却不能总是掌握自己的命运,也不可能掌握我们所生活在其上的地球的命运。大写的"人"(Man)的神话解体了,人变成了一种"后人"或"后人类"。传统的人文主义也摇身一变成了后人文主义。不管后人文主义朝哪个方向发展,都不可能意味着完全取代人类的作用和功能。人类在与自然的长期斗争和妥协中,依然得以幸存,而且不断地使自己的生活更为舒适便利。人类除了具有一种顽强的生命力以外,无疑也得到某种情感的支撑。例如,文学就是表达人们情感和微妙感情的一种方式。

在后人文主义的时代，许多过去由人工从事的工作改由机器来承担。机器也许确实能取代过去由人去完成的许多工作，这一点尤其为最近兴起的人工智能 (AI) 的作用所证明。人工智能不但能从事文学创作，还能进行翻译。因此有人预言人工智能的普及将使得传统的翻译消亡。我对此不敢苟同。不可否认，人工智能用于翻译确实使译者从繁重的语言转换中解放了出来，同时也使得一大批以翻译为生的译者失去了工作机会。

因此，有人就过分地夸大人工智能的作用，认为既然人工智能能够创作出优秀的文学作品，为什么它不能取代文学翻译？确实，人工智能完全可以将一般的文档较为准确地翻译成另一种语言。但是毕竟人工智能所代表的"智能"是略高于一般人的平均智能，一旦接触到较为复杂的工作和微妙细腻的情感，机器或人工智能还是无法与人工相比。毫不奇怪，在跨文化交流中，机器或人工智能翻译将越来越普及，甚至它早晚将取代人工翻译。应该承认，这种看法并非没有道理。

随着人工智能翻译的发展，人工翻译者已经开始面临严峻的挑战。然而，任何熟悉机器翻译软件之功能的人都知道，当接触到蕴含丰富复杂和多重意象的文学作品和理论著作的翻译时，翻译软件总是出错。这便证明，优秀的文学作品和人文学术著作是由具有丰富想象力的作家和渊博知识的学者创作出来的，因此是无法为任何别的再现和翻译工具所取代的，当然也包括机器或人工智能翻译，因为只有那些有着极高才智的人才能够欣赏高雅的文化艺术产品，包括文学。同样，只有那些文学天才才能创作出具有永久价值的优秀文学作品，而他们的作品甚至无法被另一些才能不如他们的人代为创作出来，这一点也为中外文学史所证明。中国古代的"文如其人"之说法就是这个道理，也即一个人的文学才华是无法被另一个人所模仿的。这就好比我们在中国现代文学研究生考试中会遇到的一道题：对鲁迅的一段文字加以鉴别。熟悉鲁迅文风的读者也许未读过那段文字，但他们可以一下子从其半文半白的语言风格中辨认出，这段文字就出自鲁迅之手笔。这一点同样也可以为开国领袖毛泽东的文采所证明。当年在革命战争时期，毛泽东经常为新华社撰写社论，甚至以新华社记者的名义发表评论员文章。毛泽东的这种飞扬文才和博大胸怀甚至令他的敌人蒋介石胆战心惊，因为蒋介石完全可以从这种独特的文风和内容中辨别出该文必定出自毛泽东之手笔。可见具有独特文风的作者之作品是才华稍逊于他的别人无法模

21

仿的,更不用说人工智能翻译了。

　　同样,一个卓越领导人的演讲和著述风格也是别人所无法取代的,更不用说那些冷冰冰的机器和人工智能了。因此就这一点而言,我们完全可以得出这样的结论:只有那些有着广博知识和卓越文才及美学修养的优秀译者,才能将蕴含丰富复杂内容的文学作品译成自己的母语。理论的翻译也是如此,像康德、黑格尔、尼采、弗洛伊德、海德格尔、德里达这样的理论大师是不可复制的,他们的理论在绝对的意义上甚至是不可译的。高明的译者只能在一个相对准确的层次上译出他们理论的基本意义,但对其微妙和引起争议的深层含义则是无法用另一种语言准确地再现出来的。如果说文学的翻译就是一种跨文化和跨语言的再创造的话,那么理论的翻译在某种意义上说来就是一种跨文化的理论阐释和建构。

翻译与跨文化阐释

　　有关翻译的定义问题，国内外学者已经作了不同的描述。我本人也发表了大量论述，并从文化的角度对翻译的内涵作了新的界定和描述。本文可以说是笔者这方面研究的一个继续和发展。笔者认为，如果从翻译的阐释学传统来看，翻译行为亦应当看作一种跨文化阐释的行为。也即就翻译本身而言，它既有着纯粹语言转换的功能，同时也有着跨文化意义上的阐释功能，这一点尤其适用于文学作品和理论著作的翻译。但我们今天通常所说的翻译并不指涉同一种语言内部的翻译，而是在更多的情况下用于描述一种跨越语言界限甚或跨越文化传统之疆界的语言转换方式。如果更进一步推论，真正要做到对原作的文化阐释意义上的翻译，则应该更强调跨越文化的界限。这就是我们今天在全球化的语境下赋予翻译的历史使命和功能。但是，另一方面，翻译又不完全等同于跨文化阐释，它还受制于语言的限制，它如同"戴着镣铐跳舞"，也即有限制的跨文化阐释。在这种跨文化阐释（翻译）的过程中，我们要适当地把握阐释的度：过度地阐释就会远离原作，而拘泥于语言层面的"忠实"又很难发掘出翻译文本的丰富文化内涵，最后以追求形式上的"忠实"而丧失译者的主体性和（再）创造性作为代价。这一点同样适用于审美内涵极高的文学作品的翻译。因此，本文在提出自己的理论建构后，以美国翻译家葛浩文对莫言作品的"跨文化阐释式"

的翻译,来说明其达到的效果:他的卓越翻译使得莫言的作品在另一文化语境中获得了新生。而相比之下,莫言的不少同时代人,正是由于缺少这种跨文化阐释式的翻译,依然在另一文化语境中处于"边缘的"或"沉寂的"状态。在某种程度上说来,当前中国文化和文学走出去所碰到的"冷遇"和瓶颈在很大程度上就是由于缺少这种跨文化阐释式的翻译。

翻译的语言中心主义批判

长期以来,尤其是在中国的翻译研究领域内,翻译一直被定位为外国语言学及应用语言学二级学科之下的一个三级研究方向。这显然是受到语言形式主义翻译学的制约,将翻译仅仅当作一种纯粹语言间的转换,自然是妨碍这门学科健康发展的一个重要原因。毫无疑问,就翻译的最基本的字面意义而言,它确实主要是指从一种语言转换成另一种语言的行为。但是翻译是否仅仅局限于此呢?尤其是文学的翻译是否仅仅局限于此呢?果真如此的话,那我们还有何必要去花费大量的时间和笔墨讨论文学翻译呢?这也许正是不同的翻译研究学派围绕翻译的内涵和外延而长期争论不休的一个焦点。

实际上,我们如果从形式主义语言学家和文学理论家罗曼·雅各布森对翻译所下的著名定义就可以看出,即使是最带有形式主义倾向的语言学家在试图全方位地描述翻译的特征时,也没有仅仅停留在语言转换的层面为其填满所有的阐释空间。按照雅各布森的定义,翻译至少可以在三个层面上得到理论的描述和界定:(1) 语内翻译;(2) 语际翻译;(3) 语符翻译或符际翻译。[1]关于语际翻译的合法性自然是毫无疑问的,没有人对之抱有任何怀疑。而对于语内翻译,近年来通过研究,人们也发现,即使是同一种语言,将其古代的形式转换成现当代的形式也几乎等于将其译成另一种语言。这一看法早已在中国的高校付诸实施:从事古代汉语和中国古代文学研究的学者在申请职称晋升时不需要参加外语考试,其原因恰在于掌握古汉语的难度并不亚于掌握一门外语的难度。而21世纪初爱尔兰诗人谢默斯·希尼将英国古典文学名著《贝奥武甫》译成当代英语的实践已经为翻译界所

---

1 Cf. Roman Jakobson, "On Linguistic Aspects of Translation," in Rainer Schulte and John Biguenet eds., *Theories of Translation: An Anthology of Essays from Dryden to Derrida*, Chicago: The University of Chicago Press, 1992, p. 145.

公认,因为希尼的翻译使得一部濒临死亡的文学名著又在当代英语中焕发出了新的生机。当然上述这些例子都与语言的转换不可分割,因此久而久之便在译者以及广大读者的心目中,形成了一种语言中心主义的思维定势。这样看来,将翻译研究定位在外国语言学及应用语言学二级学科之下似乎有着天然的合法性。

那么对于语符翻译,人们又如何去界定呢?雅各布森在其定义中并没有作过多的说明,但却留下了很大的阐释空间。笔者曾以中国翻译家傅雷对西方美术名作的文字阐释为例,对这一翻译形式作过一些简略的阐释和讨论,认为傅雷的这种语符阐释实际上也近似一种跨文化和跨越艺术界限的阐释,在此无须赘言。我在这里只想强调,即使是雅各布森的这个几乎全方位的翻译定义也为我们后人留下了进一步发展的空间,也即不同文化之间的翻译,或曰跨文化的翻译。随着当今时代全球化之于文化的作用越来越明显,人们也开始越来越清楚地看到了这一点。实际上,这种跨文化阐释式的翻译也离不开语言的中介,因为文化的载体之一就是语言,但并不必仅仅拘泥于所谓字面上的忠实,而更是注重从文化的整体视角来考察如何准确地将一种语言中的文化现象在另一种语言中加以再现,尤其是忠实地再现一种文化的风姿和全貌。就这一点而言,依然像过去的翻译研究者那样仅仅拘泥于语言文字层面的"忠实",就显得远远不够了。它可以做到语言文字层面上的"对应",但却达不到文化精神上的"忠实"。再者,我们今天的研究者完全有理由对这种所谓的文字层面上的"忠实"提出质疑:谁来评判你的译文是否忠实,是原作者还是批评者?从阐释学的原则来看,原作者在创作的过程中不可能穷尽原文的意义,他常常在自己写出的文字中留下了大量的空白;读者-阐释者的任务就是凭借自己的知识储备和语言功力——恢复并填补这些空白,而用另一种语言作为媒介进行这样的阐释,也即跨文化翻译。我认为这是当前的文学翻译和理论翻译的最高境界。关于文学的跨文化翻译,我已经在多种场合作过阐述,在此还要从一个个案出发作进一步的发挥。这里先谈谈理论的翻译。

在当今的解构主义批评家中,希利斯·米勒的批评生涯也许最长,影响也最大,他的批评道路始终呈现出一种与时俱进的发展态势。但是与他的一些学术同行不同的是,他是一位从不满足于现状的学者型批评家,始终坚持自己独特的批评立场。虽然他很少就翻译问题发表著述,但他始终对跨文化的翻译有着自己的独特见解。他对中国文学也十分热爱,曾不惜花费大量时间读完了宇文所安 (Stephen Owen) 编译的《诺顿中国文学选》,发现里面有许多可供跨文化阐释的成分。早在21世纪初,他就撰文呼吁,美国高校的世界文学课应把中国文学名著《红楼梦》列入必读的经典书目,哪怕通过阅读节选的译本也比不读要好。这里的节选译本实际上就是一种文化上的翻译。当译入语文化的接受者并没有了解异域文化全貌的需求时,他们也许出于好奇仅想知道异域文化或文学的一点皮毛或概貌,而这时若让他们去静心地阅读大部头的完整的译著显然是不合时宜的。《红楼梦》作为一部鸿篇巨制,即使对许多非中文专业的中国读者来说也会使他们望而却步,更不用说对英语世界的普通读者了。为了让英语世界的读者进一步了解并品尝中国文学的魅力,首先阅读节选译本不失为一种有效的途径。这种节选译本也许就其字面意义而言,远离语言文字层面对应和忠实之标准,其间还会穿插一些译者的介绍和阐发,但是它却在文化的层面上达到了使非汉语读者了解中国古典文学名著和中国社会状况的目的。因此,这样一种近乎跨文化阐释式的翻译,对于当前的中国文学和文化走向世界,不失为一种有益的尝试。因此就这一点而言,米勒的呼吁是颇有远见的。

理论的翻译也是如此。米勒在不同的场合对理论的翻译或阐释也发表了自己的见解。在一篇题为"越过边界:翻译理论"的文章中,米勒主要探讨的问题与爱德华·赛义德 (Edward Said) 的著名概念"旅行的理论"有些相似,但不同的是,赛义德并没有专门提到翻译对理论传播的中介和阐释作用,而米勒则强调了理论在从一个国家旅行到另一个国家、从一个时代流传到另一个时代、从一种语言文化语境传送到另一种语言文化语境时所发生的变异。他认为造成这种变异的一个重要因素就是翻译。从变异的角度来比较一国文学在另一国的传播,已经成为中国比较文学学者近年来关注的一个话题。[1]在这里,翻译实际上不亚于变异。正如他的那本论文集《新的开始》的标题所示,理论经过翻译的中介之后有可能失去其原来的内在精神,但也有可能产生一个"新的开始"。强调作为"新的开始"的理论的再

---

1 关于比较文学的变异学研究,参阅曹顺庆、付飞亮,《变异学与他国化——曹顺庆先生学术访谈录》,《甘肃社会科学》,2012年第4期。

生就是他这部文集的一个核心观点。[1]

在这里，米勒一方面重申了解构主义翻译的原则，即翻译本身是不可能的，但在实际生活中翻译又是十分必要的，特别是文学作品和理论著作的翻译，因为它们包含着深刻复杂的文化因素，因此要将它们在另一种语言文化中再现，就必须考虑到它们将带来的新的东西。这实际上是所有成功的文学和文化翻译都可能带来的必然结果。[2]

当然，也许在一般的读者看来，理论也和一些结构复杂、写得非常精致的文学作品一样，几乎是不可译的，特别是将其译成与原来的语言文化传统差异甚大的另一种语言，不啻是一种"背叛"，因而成功的翻译所追求的并不是所谓的"忠实"，而是尽可能少的"背叛"。但是如果因为惧怕被人指责为背叛而不去翻译的话，那么理论又如何谈得上"旅行"到另一国度或语言文化中去发挥普适性的作用呢？对此，米勒辩证地指出："可以想象，真正的文学理论，也即那个货真价实的东西，也许不可能言传或应用于实际的批评之中。在所有这些意义上，即语词是不可能传送到另一个语境或另一种语言中的，因而理论也许是不可译的……翻译理论就等于是背叛它，背离它。但是，事实上，某种叫作理论的东西又确实在从美国被翻译到世界各地。这种情况又是如何发生的呢？"[3]若仔细琢磨米勒的这段带有反讽和悖论意味的文字，我们大概不难发现他的真实意图，也即在他看来，一种理论的本真形式确实是不可翻译甚至不可转述的，因为即使是在课堂上经过老师用同一种语言向学生转述，都有可能背离理论家的本来意思，更不用说翻译成另一种语言了。而具有反讽意味的恰恰是，现在世界各国的学术理论界不遗余力地从美国翻译的一些最新的理论思潮实际上大都出自欧洲，只是这些理论要想产生更为广泛的影响，就必须经过美国和英语世界的中介，德里达的理论在美国的传播就是一例。所以这样一来，理论至少经历了两次或两

---

1 Cf. J. Hillis Miller, *New Starts: Performative Topographies in Literature and Criticism,* Taipei: Academia Sinica, 1993, vii. 对米勒的翻译观的阐释，还可参考宁一中，《米勒论文学理论的翻译》，《外语与外语教学》，1999年第5期，第37—39页。

2 美国翻译理论家劳伦斯·韦努蒂（Lawrence Venuti）甚至将自己在2013年出版的一部专题研究文集定名为"翻译改变了一切"，参阅 Lawrence Venuti, *Translation Changes Everything: Theory and Practice*, London and New York: Routledge, 2013.。

3 J. Hillis Miller, *New Starts: Performative Topographies in Literature and Criticism,* Taipei: Academia Sinica, 1993, p. 6.

次以上的翻译和变异。但是，正如本雅明所指出的，一部作品，包括理论著作，如果不经过翻译的中介，也许会早早地终结自己的生命。只有经历了翻译，而且不止一次的翻译，它才能始终充满生命力。[1]也许它每一次被翻译成另一种语言，都有可能失去一些东西，或者经历被曲解、被误读的过程，但最终它却有可能在另一种文化语境中产生出一些令原作者所始料不及的新的东西。这应该是理论旅行的必然结果。我们完全可以从德里达的解构主义哲学思想在经历了翻译的作用后迅速在美国演变成一种具有强大冲击力的解构式文学批评这一案例中见出端倪：经过翻译的中介和创造性"背叛"，德里达的解构主义哲学思想在英语世界成了一种文学理论批评的重要方法和原则。这种"来世生命"也许大大地有悖于德里达本人的初衷，但所产生的影响自然也是他所始料不及的。这也正是德里达在欧洲学界的影响远远不如在美国学界的影响的原因。[2]另一方面，具有跨文化意义的恰恰是，德里达的理论在英语世界的翻译并非意味着其旅行的终点，而只是它在更为广袤的世界快速旅行和传播的开始。可以说，许多语言文化语境中的解构主义信徒正是在读了德里达著作的英译本后才认识到其重要性并加以介绍的。德里达的理论在中国的传播，一开始也是始于英语文学理论界，后来直到解构理论广为学界所知时，翻译界精通法语的译者才将他的代表性著作从法语原文译出。对于这一点，深谙文化和理论翻译之原则的德里达十分理解并给予他的英译者以积极的配合。

确实，按照解构主义的原则，(包括理论文本在内的)文本的阐释都是没有终结的，它始终为未来的再度阐释而开放。一种理论要想具有普适的价值和意义，就必须对各种语言的阐释和应用开放，得到的阐释和应用越多，它的生命力就越强劲。同样，它被翻译的语言越多，它获得的来世生命也就越持久。在米勒看来，"理论的开放性是这一事实的一个结果，即一种理论尽管以不同的面目出现，但都是对语言的施为的而非认知的使用……在那

---

1 Cf. Walter Benjamin, "The Task of the Translator," trans. Harry Zohn, in Rainer Schulte and John Biguenet eds., *Theories of Translation: An Anthology of Essays from Dryden to Derrida*, Chicago and London: The University of Chicago Press.

2 关于德里达在获得英国剑桥大学名誉博士学位时引起的风波已广为学界所知。他在被选为美国艺术与科学院外籍院士时也经历了类似的两次提名：在哲学学部的提名未获通过，后来在米勒等人的强烈要求下，不得不由文学和理论批评学部重新提名而最终获得通过。而在欧洲学界，由于缺乏米勒这样的强有力的推荐者，德里达直到去世时都未能当选为欧洲科学院院士。这对欧洲学界来说确实是一个极大的遗憾。

些新的语境下，它们使得（或者有所歪曲）新的阅读行为甚或用理论的创始者不懂的一些语言来阅读作品成为可能。在新的场所，在为一种新的开始提供动力的同时，理论将被剧烈地转化，即使使用的是同样形式的语词，并且尽可能准确地翻译成新的语言也会如此。如果理论通过翻译而得到了转化，那么它也照样会在某种程度上使它所进入的那种文化发生转化。理论的活力将向这样一些无法预见的转化开放，同时，它在越过边界时把这些变化也带过去并且带进新的表达风格中"。[1]在这里，翻译实际上扮演了变异和转化的角色，文化翻译也就成了一种文化的转化。同样，理论的翻译实际上就是一种理论的变异。这一过程不仅转化了目标语的语言风格，而且甚至转化了目标语的文化，同时也带入了一种新的理论思维方式。这一点往往是理论的提出者所始料未及的。[2]

　　既然我们已经认识到，理论文本和文学文本在另一语言环境中的阐释实际上都是一种跨文化阐释式的翻译，那么我们如何把握阐释的度呢？我想这也是检验一种阐释是否可算作翻译的标准。当然，详细阐述这一问题需要另一篇专门性的论文，这里我仅提出我自己的看法。在我看来，具有翻译性质的阐释必须有一个原文作为基础，也即它不可能像在同一语言中的阐释和发挥那样天马行空。译者必须时刻牢记，我这是在翻译，或者是在用另一种语言阐释原文本的基本意义，这样他就不可能远离原文而过度地发挥阐释的力量。同样，用于语符之间的翻译，也必须有一个固定的图像。阐释者（翻译者）根据这个图像文本所提供的文化信息和内涵加上自己的能动的理解提出自己的描述和建构。通常，对原文本（图像）的知识越是丰富和全面，理解越是透彻，所能阐发出的内容就越是丰富。反之，阐释就会显得苍白无力，不仅不能准确地再现原文的基本意义，甚至连这些基本的意义都可能把握不住而在译文中被遗漏。这种阐释绝不能脱离原文而任意发挥，否则它就不能称为翻译了。在这种文学的文化翻译过程中，过度的阐释是不能算作翻译的，尽管它具有一定的文化价值和理论价值，因

---

1 J. Hillis Miller, *New Starts: Performative Topographies in Literature and Criticism,* Taipei: Academia Sinica, 1993, pp. 25–26.

2 近年来，米勒更为关注全球化语境下的文化翻译的作用以及文学的地位。关于这方面的著述，参阅他十多年前发表的一篇论文：J. Hillis Miller, "A Defense of Literature and Literary Study in a Time of Globalization and the New Tele-Technologies," *Neohelicon*, Vol. 34, No. 2 (2007): pp. 13–22.。

为它脱离原文本,想象和建构的成分大大多于原文本所包含的内容。而成功的跨文化阐释式的翻译则如同"戴着镣铐跳舞",译者充其量只能作一些有限的发挥,或者说只能基于原文进行有限的再创造或再现,而不能任意远离原文进行自己的创造性发挥。这应该是我们在进行跨文化翻译时时刻牢记的。下面我通过莫言英译的成功案例来进一步发挥我的这一看法。

作为跨文化阐释的翻译:莫言英译的个案分析

众所周知,诺贝尔文学奖作为当今世界的第一大文学奖项,总是与中国的文学界和翻译界有着"割不断、理还乱"的关系。早在 1980 年代,已故瑞典学院院士马悦然在上海的一次中国当代文学研讨会上就公开宣称,中国当代作家之所以未能获得诺奖,在很大程度上是因为缺少优秀的译本。他的这番断言曾激起一些中国作家的强烈不满,他们当即问道,诺奖评委会究竟是评价作品的文学质量还是翻译质量? 马悦然并未立即给予回答,因为他自己也有不少难以言传的苦衷。据报道,2004 年,当他再一次被问及"中国人为什么至今没有拿到诺贝尔文学奖,难道中国文学和中国作家真落后于世界吗"时,马悦然回答说:"中国的好作家好作品多得是,但好的翻译太少了!"[1]对此,马悦然曾作了如下解释:"如果上个世纪 20 年代有人能够翻译《彷徨》《呐喊》,鲁迅早就得奖了。但鲁迅的作品只到 30 年代末才有人译成捷克文,等外文出版社推出杨宪益的英译本,已经是 70 年代了,鲁迅已不在人世。而诺贝尔奖是不颁给已去世的人的。"[2]确实,1987 年和 1988 年,沈从文两次被提名为诺贝尔文学奖候选人,而且 1988 年,诺贝尔文学奖准备颁发给沈从文。但就在当年的 5 月 10 日,台湾文化人龙应台打电话告诉马悦然,沈从文已经过世。马悦然给中国驻瑞典大使馆文化秘书打电话确认此消息,随后又给他的好友、文化记者李辉打电话询问消息,最终确认沈从文已过世了。[3]实际上,马悦然曾屡次想说服瑞典学院破例把诺奖授予死去的人。当他最后一次使出浑身解数劝说无效后,他甚至哭着离开

---

1 参见王洁明,《专访马悦然:中国作家何时能拿诺贝尔文学奖?》,《参考消息特刊》,2004 年12 月 9 日。

2 同上。

3 参见报道,《沈从文如果活着就肯定能得诺贝尔文学奖》,《南方周末》,2007 年 10 月 10 日 16 版。

了会场。[1]因此，如果我们把中国作家未能获得诺奖归咎于马悦然的推荐不力，实在是有失公允。

据我所知，马悦然可以说已经尽到他的最大努力了。虽然他本人可以直接通过阅读中文原文来判断一个中国作家的优劣，但是他所能做的只有减法，也即否定那些不合格的候选人，至于最终的决定人选还得依赖除他之外的另外17位院士的投票结果，而那些不懂中文的院士至多也只能凭借他们所能读到的中国作家作品的瑞典文和英文译本。如果语言掌握多一点的院士还可以再参照法译本、德译本、意大利文或西班牙文的译本。如果一个作家的作品没有那么多译本怎么办？那他或许早就出局了。这当然是诺奖评选的一个局限，而所有的其他国际性奖项的评选或许还不如诺奖评选的这种相对公正性和广泛的国际性。考虑到上面这些因素，我们也许就不会指责诺奖的评选在很大程度上依赖翻译的质量了。这种依赖翻译的情形在诺奖的其他科学领域内则是不存在的：所有的科学奖候选人至少能用英文在国际权威刊物上发表自己的论文，而所有的评委都能直接阅读候选人的英文论文，因而语言根本就不成为问题。科学是没有国界和语言之界限的，而文学作为语言的艺术，则体现了作家作品的强烈的民族和文化精神，并且含有一个民族/国别文学的独特的、丰富的语言特征，因而语言的再现水平自然就是至关重要的，它的表达程度如何在很大程度上能确保这种再现的准确与否：优秀的翻译能够将本来已经写得很好的作品从语言上拔高和增色，而拙劣的翻译却会使得本来写得不错的作品在语言表达上黯然失色。这样的例子在古今中外的文学史上并不少见。

今天，随着越来越多的诺奖评审档案的揭秘和翻译的文化转向的成功，我们完全可以从跨文化翻译的角度替马悦然进一步回答这个悬而未决的问题：由于诺奖的评委不可能懂得世界上所有的语言，因而在很多情况下他们不得不依赖译本的质量，尤其是英文译本的质量。这对于作为语言艺术的文学是无可厚非的，这也正是诺奖评选的一个独特之处。就这一点而言，泰戈尔的获奖在很大程度上基于他将自己的作品译成了英文。他的自译不仅准确地再现了自己作品的风格和民族文化精神，甚至在语言上也起到了润色和重写的作用，因而完全能通过英译文的魅力打动诺奖的评委。而相比

---

1 曹乃谦，《马悦然喜欢"乡巴佬作家"》，《深圳商报》，2008年10月7日。

之下，张爱玲的自译则不算成功，另外她的作品题材也过于狭窄和局限，因而她最终与诺奖失之交臂。应该指出的是，泰戈尔和张爱玲对自己作品的英译就是一种"跨文化阐释式"翻译的典范：母国文化的内涵在译出语文化中得到了阐释式的再现，从而使得原本用母语创作的作品在另一种语言中获得了"持续的生命"和"来世生命"。对于泰戈尔来说，荣获诺奖是对他的创作的最高褒奖；而对张爱玲来说，她的作品不仅被收入两大世界文学选（《诺顿世界文学选》和《朗文世界文学选》），她本人也由于汉学家夏志清（C. T. Hsia）等人的推崇而成为英语世界最有名的中国女性作家。莫言的获奖也可以说在很大程度上基于他的作品的英译的数量、质量和影响力。不看到这一客观的事实就不是实事求是的态度，而认识到这一点，对于我们今后更加重视中国当代文学的外译，尤其是英译，并加以推进，应该具有直接的借鉴和指导意义。诚然，诺奖由其广泛的世界性影响和丰厚的奖金，致使一些自认为有着很高文学造诣和很大声誉的中国作家对之既爱又恨：爱这项高不可及的国际性奖项，始终将其当作对自己毕生从事文学创作的最高褒奖；同时又恨自己总是得不到它的青睐，或者说恨那些瑞典院士总是不把目光转向中国作家和中国当代文学。我想这种情况至少会延续到第二位中国本土作家多年后再次摘取诺奖的桂冠。无论如何，中国当代文学走向世界的进程总是离不开翻译的帮助的。

令人可喜的是，出于中国文学自身的发展繁荣和举世瞩目的成就以及其他诸方面的考虑，2012年，瑞典学院终于把目光转向了中国文学。10月11日，该学院常任秘书彼得·恩格伦德（Peter Englund）宣布，将该年度的诺贝尔文学奖授予中国作家莫言，理由是他的作品"将梦幻现实主义与历史的和当代的民间故事融为一体"，取得了别人难以替代的成就。按照恩格伦德的看法，莫言"具有这样一种独具一格的写作方式，以至于你读半页莫言的作品就会立即识别出：这就是他"。[1]这对于一个作家来说确实是很高的评价。但人们也许会问：恩格伦德是在读了莫言的原文还是译文后得出上述结论的呢？毫无疑问，他是在读了莫言的著作的译本，更为精确地说，是读了葛浩文的英译本和陈安娜的瑞典文译本后，才得出这一结论的，因为这两个译本，尤其是葛译本用另一种语言重新讲述了莫言讲过的故事，就这一

---

1 Cf. "Chinese writer Mo Yan wins Nobel prize," *The Irish Times*, 11 October 2012.

点而言,葛译本在跨文化阐释方面是忠实和成功的。它准确地再现了莫言的风格,并且使之增色,因而得到莫言本人的认可。这样看来,我们完全可以认为,葛浩文的英译本与莫言的原文具有同等的价值,这一点连莫言本人也不否认。尽管在一些具体的词句或段落中,葛浩文作了一些技术处理和增删,有时甚至对一些独具地方色彩的风俗和现象作了一些跨文化的阐释,但是就总体译文而言,葛译本最大限度地再现了莫言原文本的风姿,消除了其语言冗长粗俗的一面,使其更加美妙高雅,具有较高的可读性,这对于那些注重文学形式的瑞典院士们而言无疑是锦上添花。由此可见,成功的翻译确实已经达到了有助于文学作品"经典化"的境地,这也正是文学翻译所应该达到的"再创造"的高级境地。同样,也正是由于读了葛浩文的英译本和陈安娜的瑞典文译本,美国《时代》周刊记者唐纳德·莫里森(Donald Morrison)才称莫言为"所有中国作家中最有名的、经常被禁同时又广为盗版的作家之一"。[1]就上述各方面的评论而言,我们不可否认,翻译确实起了很大的甚至在某种程度上决定性的作用。

毫不奇怪,莫言获得诺贝尔文学奖一事在国内外文学界和文化界产生了很大的反响,绝大多数中国作家和广大读者都认为这是中国文学真正得到国际权威机构承认的一个令人可喜的开始。但是实际上,知道内情的人都明白,莫言的获奖绝非偶然,而是多种因素共同促成的:他的原文本的质量奠定了他得以被提名的基础;对他的作品的批评和研究使他受到瑞典学院的关注;而英文和瑞典文译本的相对齐全则使得院士们可以通过仔细阅读他的大多数作品对其文学质量作出最终的判断。在这方面,跨文化阐释在翻译和批评两条战线上都发挥了重要的作用,而对所要翻译的原作的选择则表明了译者的独特眼光和审美前瞻性。葛浩文坦言,早在1990年代初,他偶然在一家中国书店里买到了莫言的《红高粱》,随即便被莫言的叙事所打动,并开始了莫言作品的翻译。当他于1993年出版第一部译著《红高粱》(*Red Sorghum*)时,莫言刚刚在国内文坛崭露头角,其知名度远远落在许多中国当代作家的后面。尽管当时莫言的文学成就并未得到国内权威文学机构的充分认可,但西方的一些卓有远见的文学批评家和学者却已经发现,他是一位有着巨大的创造性潜力的优秀作家。荷兰比较文学学者和汉学家杜

---

1 Cf. Donald Morrison, "Holding Up Half The Sky," *TIME*, 14 February 2005.

威·佛克马十年后从西方的和比较的视角重读了莫言的作品,在他发表于2008年的一篇讨论中国的后现代主义小说的论文中,讨论了其中的一些代表性作家,而莫言则是他讨论的第一人。[1]我想,有着独特的比较文学和世界文学眼光的佛克马之所以能在众多的中国当代文学作品中选中莫言的作品,大概不是偶然的吧。

我曾经在一篇论文中提到,莫言的作品中蕴含一种世界主义和民族主义的张力,也即他从其文学生涯一开始就有着广阔的世界文学视野,这实际上也为他的作品能够得到跨文化阐释提供了保证。也就是说,他的作品蕴含着某种"可译性"(translatability),但是这种可译性绝不意味着他的作品是为译者而写的,对于这一点莫言曾在多种场合予以辩解。应该承认,莫言不仅为自己的故乡高密县的乡亲或广大中文读者而写作,而且更是为全世界的读者而写作。这样,他的作品在创作之初就已经具有了这种"可译性",因为他所探讨的是整个人类所共同面对和关注的问题。而他的力量就在于用汉语的叙事和独特的中国视角对这些具有普遍性和世界性意义的主题进行了寓言式的再现。这应该是他的叙事无法为其他人所替代的一个原因。当然,莫言对自己所受到的西方文学影响也并不否认。在他所读过的所有西方作家中,他最为崇拜的就是现代主义作家威廉·福克纳和后现代主义作家加西亚·马尔克斯。他毫不隐讳地承认自己的创作受到这两位文学大师的启迪和影响。诚如福克纳的作品专门描写美国南部拉法叶县的一个"邮票般"大小的小城镇上的故事,莫言也将自己的许多作品聚焦于他的故乡山东省高密县。同样,像加西亚·马尔克斯一样,莫言在他的许多作品中创造出一种荒诞的甚至近乎"梦幻的"氛围,在这之中,神秘的和现实的因素交织一体,暴力和死亡显露出令人不可思议的怪诞。实际上,他对自己所讲述的故事本身的内容并不十分感兴趣,他更感兴趣的是如何调动一切艺术手法和叙事技巧把自己的故事讲好。因此对他来说,小说家的长处就在于将那些碎片式的事件放入自己的叙事空间,从而使得一个不可信的故事变得可信,就像发生在自己身边的真实事件一样。[2]这些特征都一一被葛

---

1 Cf. Douwe Fokkema, "Chinese Postmodernist Fiction," *Modern Language Quarterly*, Vol. 69. No. 1 (2008): p. 151.

2 关于莫言小说的叙事的成就和力量,参阅 Wang Ning, "A Reflection on Postmodernist Fiction in China: Avant-Garde Narrative Experimentation," *Narrative*, Vol. 21, No. 3 (2013): pp. 326–338.。

译本所保留并加以发挥。这便证明,成功的翻译可以使本来就写得很好的文学作品变得更好,并加速它的经典化进程,而拙劣的翻译则有可能破坏本来很好的作品的形式,使之继续在另一种语境下处于"死亡"的状态。正是在这个意义上,我们说优秀的译作应该与原作具有同等的价值,而优秀的译者也应该像优秀的作者一样得到同样的尊重。我想,这应该是我们从跨文化的角度出发充分肯定翻译对文学作品的传播甚至"经典化"所能起到的作用。不看到这一点,仅将翻译看作一种语言技能层面上的转换,至少是不全面的,同时也不尊重译者的辛勤劳动。

读者也许会进一步问道,假如莫言的作品不是由葛浩文和陈安娜这样的优秀翻译家来翻译的话,莫言能否获得2012年度的诺贝尔文学奖?我想答案应该是基本否定的。这一点我在上面谈到语言再现之于文学的重要性时已经作过论述。尽管我们可以说,他们若不翻译莫言作品的话,别的译者照样可以来翻译。不错,但是像上述这两位译者如此热爱文学并且视文学为生命的汉学家在当今世界确实屈指可数,而像他们如此敬业者就更是凤毛麟角了。可以肯定的是,假如不是他们来翻译莫言的作品,莫言的获奖至少会延宕几年甚至几十年,甚至很可能他一生就会与诺奖失之交臂。这样的例子在20世纪的世界文学史上并不少见。如果我们再来考察一下和莫言一样高居博彩赔率榜上的各国作家的名单就不难得出结论了。在这份名单中,高居前列的还有荷兰作家塞斯·诺特博姆和意大利女作家达西娅·马莱尼。接下来还有加拿大的艾丽丝·门罗、西班牙的恩里克·比拉·马塔斯、阿尔巴尼亚的伊斯梅尔·卡达莱、美国的菲利普·罗斯和意大利的翁贝托·艾柯 (Umberto Eco),再加上多年来呼声很高的捷克作家米兰·昆德拉和日本作家村上春树等,确实是群星璀璨,竞争是异常激烈的,稍有变化,莫言就可能落选甚至酿成终生遗憾。果不其然,居这份小名单前列的门罗就成了2013年的获奖者,而同样受到瑞典学院青睐的中国作家则有李锐、贾平凹、苏童、余华、刘震云等。他们的文学声誉和作品的质量完全可以与莫言相比,但是其外译的数量和质量却无法与莫言作品外译的水平等同。这一点是有目共睹的,无须赘言。

毫无疑问,我们不可能指望所有的优秀文学翻译家都娴熟地掌握中文,并心甘情愿地将自己一生中的大部分时间和精力放在将中国文学译成主要的世界性语言上,尤其对于国外的汉学家而言更是如此。他们中的许多人有着繁重的语言教学任务,还必须在科研论文和著作的发表上有所建树,否则就得不到终身教职或晋升。像葛浩文和陈安娜这样几乎全身心地投入中国文学翻译的汉学家实在是凤毛麟角。认识到这一事实,我们就会更加重视中国文学的外译工作之繁重。如果我们努力加强与国际同行的合作,我们就肯定能有效地推进中国文学和文化走向世界的进程。而这又离不开翻译的中介。没有翻译的参与或干预,我们是无法完成这一历史使命的,因为翻译能够帮助我们在当今时代和不远的未来对世界文化进行重新定位。在这方面,正是葛浩文和陈安娜这样的优秀翻译家和汉学家的无与伦比的翻译使得莫言的作品在域外获得了"持续的生命"和"来世生命"。[1]我们的翻译研究者对他们的跨文化阐释式翻译的价值绝不可低估,而更应该从其成败得失的经验中学到一些新的东西。这样,我们就能同样有效地将中国文学的优秀作品以及中国文化的精神译介出去,让不懂中文的读者也能像我们一样品尝到中国文学和文化的丰盛大餐。这样看来,无论怎样估价翻译在当今时代的作用都不为过。

有限的阐释与过度的阐释

正如我在前面已经提到的,翻译与阐释既有着一些相同之处,也有着很大的不同,特别是跨越文化传统的阐释更是有着很大的难度。如果从文化的视角来看,翻译应该看作一种跨文化阐释的形式,但翻译的形态有多种,因此并不是说,所有的翻译都等同于跨文化阐释。这里所说的翻译,主要是指文学和其他文化形式的翻译。由于翻译所包含的内容是跨越语言界限的跨文化阐释,因而它仍是一种有限的阐释,任何过度的阐释都不能算作翻译:前者始终有一个原文在制约这种阐释,而后者则赋予阐释者较大的权力和阐释的空间。这里我仍然从理论的翻译入手来区分这两种形式的阐释。

多年前,在剑桥大学曾有过关于阐释与过度阐释的一场讨论,也即围绕著名的符号学大师和后现代主义小说家翁贝托·艾柯在剑桥大学所作

---

1 Cf. Walter Benjamin, "The Task of the Translator," trans. Harry Zohn, in Rainer Schulte and John Biguenet eds., *Theories of Translation: An Anthology of Essays from Dryden to Derrida*, Chicago and London: The University of Chicago Press, 1992, pp. 72–73.

的三场"坦纳讲座"展开的激烈的讨论。参加讨论的四位顶级理论家和演说家确实一展风采：艾柯的极具魅力的演讲发挥了他的这一观点："作品的意图"如何设定可能的阐释限制。随后，美国著名的后哲学家理查德·罗蒂 (Richard Rorty)、结构主义和解构主义理论家乔纳森·卡勒 (Jonathan Culler) 以及小说家兼批评家克里斯蒂纳·布鲁克-罗斯 (Christine Brooke-Rose) 则从各自的不同角度挑战了艾柯的这一论断，并详细阐述了自己独特的立场。[1] 应该说，他们所争辩的那种阐释并不属于翻译，而且依然是局限于西方文化语境内部的阐释。尽管这种阐释并不属于翻译的范畴，但是它依然对理论的传播、变形乃至重构都能起到很大的作用。这里再以解构主义在美国的传播和重构为例。

众所周知，德里达的解构主义在美国的传播和接受在很大程度上得益于三位学者的努力：佳亚特里·斯皮瓦克、乔纳森·卡勒和希利斯·米勒。斯皮瓦克的功绩在于她以一种近似理论阐释式的翻译方法再现了德里达的重要著作《论文字学》的精神，从而使得那些看不懂德里达的法文原著的读者通过查阅她的英译文就能对德里达的晦涩内容有所理解。卡勒则是英语文论界对德里达的思想理解最为透彻并阐释最为恰当的美国文论家，但是卡勒的阐释已经超出了翻译的界限，加进了诸多理论发挥的成分，因此只能算作是一种广义的文化翻译或转述。在卡勒看来，这种过度的阐释也存在的合法性，甚至对一种理论的创新有着重要的意义，因此卡勒为自己作了这样的辩护：

> 阐释本身并不需要辩护，因为它总是伴随着我们而存在，但是也像大多数知识活动一样，只有当阐释走入极端时才有意义。不痛不痒的阐释往往发出的是一种共识，尽管在某些情况下具有价值，但是却无甚意义。[2]

显然，作为一位理论阐释者，卡勒并不反对一般的阐释，但他对平淡无味的阐释毫无兴趣。他所感兴趣的是那些走极端的因而能够引起争论的阐

---

1 关于那场讨论的修改版文字，参阅 Umberto Eco, *Interpretation and Overinterpretation*, with Richard Rorty, Jonathan Culler and Christine Brooke-Rose, edited by Stefan Collini, Cambridge: Cambridge University Press, 1992.。

2 Ibid., p. 110.

释。在他看来，一种理论阐释只有被推到了极端，其所隐含的真理和谬误才会同时显示出来，而读者则有着自己的判断和选择。针对艾柯的批评，他甚至"以子之矛"攻其之盾，从艾柯的那些引起人们广泛兴趣的符号学理论以及一些意义含混的小说人物的塑造中发现了诸多的"过度阐释"因素。关于这一点，他进一步发挥道：

> 许多"极端的"阐释，也像许多不痛不痒的阐释一样，无疑是无甚影响的，因为它们被判定为不具有说服力，或冗繁，或与论题无关，或本身无聊，但是如果它们真的走到了极端的话，那么在我看来，它们就有了更好的机会，也即可以揭示那些先前无人关注或思考过的因果关系或隐含意义，而仅仅尽力使阐释保持"稳健"或平和的做法则无法达到这种境地。[1]

因此，在卡勒看来，被人们认为是"过度阐释"的那些能够引起争议的阐释的力量就在于这样几个方面：

> 如果阐释是对文本的意图进行重新建构的话，那么这些就成了不会导致这种重构的问题了；它们会问这个文本有何意图，它是如何带有这种意图的，它又是如何与其他文本以及其他实践相关联的；它隐藏或压抑了什么；它推进了什么，或是与什么相关联。现代批评理论中的许多最有意义的形式会问的恰恰不是作品考虑了什么，而倒是它忘记了什么，不是它说了什么，而是它认为什么是理所当然的。[2]

而米勒作为一位解构批评家，他的贡献主要在于创造性地运用解构的方法，并糅进了现象学的一些理论，将解构的阅读和批评方法发展到了炉火纯青的地步。最后也正是他运用自己在美国学界的影响力使德里达确立了在英语文学理论界的学术地位。从文化的角度来看，英语和法语虽然不属于同一语支，但是都是出自欧洲文化语境中的语言，因而跨文化

---

1 Umberto Eco, *Interpretation and Overinterpretation*, with Richard Rorty, Jonathan Culler and Christine Brooke-Rose, edited by Stefan Collini, Cambridge: Cambridge University Press, 1992, p. 110.

2 Ibid., p. 115.

的成分并不是很多。而从翻译的角度来看，斯皮瓦克的翻译属于地地道道的语际翻译，因为她始终有一个原文作为模本，即使她对德里达的理论进行了某种程度的阐释和发挥，她也仍未摆脱"戴着镣铐跳舞"的阐释模式，发挥的空间是有限的，因而可以称作有限的阐释，或一种文化阐释式的翻译。而卡勒在阐释德里达的解构理论时，则没有一个明确的模本。他往往大量地参照德里达的一系列著作，并从整体上把握德里达的学术思想和理论精髓，然后用自己的话语加以表达。所以他的这种阐释带有鲜明的"卡勒式"的解构主义阐释的成分，理论阐释和叙述的成分大大地多于翻译的成分。因而若从翻译的角度来看，他的阐释并非那种有限的阐释，而是一种过度的阐释，所产生的结果是带来了一个"新的开始"，也即使得德里达的解构主义在英语世界获得了更大的影响力和更为广泛的传播。米勒等耶鲁批评家对解构主义的推介和创造性运用则使得解构主义在美国成为独树一帜的批评流派，而德里达的直接参与更是使得这一理论在美国获得了持续的生命。这也正是德里达的理论在英语世界的影响力大大超过其在法语世界的影响力的原因。这与上述诸位理论家不同形式的阐释是分不开的。

从上述这一"旅行的理论"之例，我们可以得到怎样的启示呢？我认为，这其中的一个最重要的启示就在于：我们当前所实施的中国文化和文学走向世界的战略目标应该达到怎样的效果？光靠翻译几本书能解决问题吗？显然是不可能的。还应考虑其他多种因素，其中跨文化阐释完全可以作出更大的贡献。对于那些只想了解中国文化和文学的概貌而不想细读每一部代表性作品的外行人士来说，读一读学者们撰写的阐释性著述完全可以起到导引的作用。待到他们中的少数人不满足于阅读这样的阐释性二手著述而需要（哪怕是通过翻译）直接阅读一手原著时，这种跨文化阐释的作用就初步达到了。目前很多人并没有意识到这一重要因素的力量。中国文化和文学走向世界，光靠翻译几十部甚至几百部作品是远远不够的，它是一个综合的多方共同参与的事业。在这方面，国外汉学家以及中国学者直接用外文撰写的研究性著述也是一个不可忽视的重要因素。即使这种研究性著述为了表明自己的独创性和学术性，总是试图从一个新的角度对既有的文化现象进行新的阐释，有时甚至达到了"过度阐释"的效果，对经典文本的阐释与传统的理解大相径庭，甚至引起坚持传统观念的学者非议，也无妨，就像近年来在国内学界常为人谈论的宇文所安对中国古典文学的阐释。[1]

众所周知，海外的汉学基本上是一个独立的学科体系，尤其是西方的汉学更是如此。它是东方学的一个分支学科，但它本身也是自满自足的，既游离于西方学术主流之外，同时又很少受到中国国内学术研究的影响。西方的汉学家由于有着独立的自主意识，因而在编译中国文学选集时基本上不受中国学界的左右，有着自己的遴选标准，有时甚至与国内学界的遴选标准截然不同，但最终却对国内学界也产生了一定的影响。例如，美国华裔汉学家夏志清的《中国现代小说史》在美国国内的汉学界以及海峡两岸的中国现代文学界所产生的重大影响就是一例：它不仅主导了美国汉学界近半个世纪以来的中国现代文学教学和研究生培养的思路，而且对国内学者重写中国现代文学史的尝试也产生了重要的影响和启迪。[2]显然，作为一位华裔学者，夏志清有着深厚的中国传统文化和文学的功底；同时，作为一位直接受到新批评形式主义细读批评模式的训练和严格的英文学术写作训练的英语文学研究者，他确实具备了从事跨文化翻译和阐释的条件，客观上说来对于中国现代文学在英语世界的传播所起到的作用远远胜过翻译几本文学作品所达到的效果。他对中国现代作家钱锺书和沈从文等人的阐释，并没有拘泥于某一部或某几部作品，而是从整体上来把握他们创作的历程和文学贡献，并加以自己的理解和发挥。应该说，他的这种跨文化阐释算是一种过度的阐释。但即使如此，他的这种过度阐释并没有远离中国现代文学这个本体而进入其他的学科，而是紧紧扣住中国现代文学，通过自己的跨文化阐释的力量来实现对中国现代文学史的重新书写。因此他的阐释仍应算作是一种有限的过度阐释，最后的归宿仍是他所要讨论的中国现代文学。

总之，中国文化和文学走向世界是一个艰巨的任务，它需要多方面的通力合作才能完成，在这其中，翻译可以说是重中之重，而在翻译的过程中，跨文化阐释式的翻译所能起到的作用绝不可忽视。

---

1 关于宇文所安的跨文化中国古典文学研究的讨论，参阅李庆本，《宇文所安：汉学语境下的跨文化中国文学阐释》，《上海交通大学学报》，2012年第4期。

2 参阅 C. T. Hsia, *A History of Modern Chinese Fiction 1917–1957*, New Haven: Yale University Press, second edition, 1971.，尤其是书中对张爱玲、钱锺书和沈从文这三位作家的基于新批评派立场的形式主义分析和重新评价，对我们颇有参考价值，但该书对中国左翼文学的艺术成就断然否定，显然是我们不能接受的。

全球化时代的文化研究和翻译研究

　　我们已经告别了20世纪，进入了一个充满活力的新世纪，同时也步入了新世纪的第三个十年。在这样一个全球性的文化转型时期，对于翻译研究这门长期以来被压抑在学术理论话语"边缘"地带的"亚学科"的前途如何把握，将是我们的翻译研究和文化研究工作者需要正视并予以认真思考的问题。对于我本人来说，我主要从事的是比较文学研究，我正是由此为切入点进入翻译研究领域的，因此我的翻译研究带有鲜明的文化色彩。也就是说，我和我的一些翻译学界同行不同的是，我是主张把翻译研究纳入文化研究的大语境之下来考察研究的。毫无疑问，要对置于文化研究大背景之下的翻译研究的未来前景作出展望，我们首先应对我们目前所处的时代之特征作出较为准确的描绘。当然，不少人文社会科学领域里的知识分子已经用不同的学术话语将我们的时代定义为"后工业时代"，或"后现代"，或"信息时代"，或"知识经济时代"，或"全球资本化的时代"，等等。我认为，就翻译研究所受到的各方面的波及和影响而言，将我们所处的时代描绘为全球化的时代是比较恰当的。这一特征不仅体现在经济上，同时也体现在文化上。既然不少翻译研究者都认为翻译首先是一个文化问题，那么将翻译研究纳入广义的文化研究之语境下就是比较合适的，因为正是在这一基点上，我们才得以对有着跨文化和跨学科特征的中国翻译研究之现状和未来前途有着较为准确的把握。

全球化对文化研究和翻译研究的挑战

毫无疑问,全球化首先是一个经济学和金融学领域内的课题,但近二十多年来它已经引起了(包括翻译研究者在内的)人文社会科学研究者的关注,其原因在于,就文化全球化所产生的影响而言,信息的传播和大众传媒的崛起使得全球化与文化的关系尤为密不可分。美国的新马克思主义理论家弗雷德里克·詹姆逊对全球化与文化的关系有过一段精辟的描述,他指出:"全球化是一个传播学的概念,依次遮盖并传达了文化的或经济的意义。我们感觉到,在当今世界存在着一些既浓缩同时又扩散的传播网络,这些网络一方面是各种传播技术的明显更新带来的成果,另一方面则是世界各国,或至少是它们的一些大城市的日趋壮大的现代化程度的基础,其中也包括这些技术的移植。"[1]既然全球化同时带来了文化的趋同性和文化的多样性,那就确保了不同的文化可以共存。如何才能使得不同的文化进行有效的交流呢?自然是翻译,推而广之,翻译无疑也是信息传播的一种工具,因而在全球化的大语境之下,翻译的功能将越来越明显地显示出来;同时,随着时代的前进,我们对传统的翻译之定义也应当作出修正。从经济角度来看,全球化进入中国,已率先在某些经济和高科技信息产业发展迅速的大都市和沿海地区得到了印证,所产生的影响目前已经可以从各方面显示出来。因此西方不少人认为,中国是全球化的最大受益者,这一点不仅体现于中国经济飞速发展,同时也体现于中国文化走向世界和综合国力日益强大。根据西方学者的研究,全球化作为人们开始关注的一个现象,最初自然是出现在经济学界和国际金融界的,将它用来描述一种全球范围内跨国资本的运作和经济发展的竞争态势是比较恰当的,而处于市场经济条件制约下的文化生产自然无法摆脱严峻的经济法则。由于全球化现象的出现,生活在当代的每一个人都受到波及。不管我们欢迎与否,全球化都是一个不以人们的意志为转移的客观存在。它已经进入我们的日常生活,并以不同的形式渗入了我们的经济建设中。近十多年来,它也

---

1 Cf. Fredric Jameson, "Notes on Globalization as a Philosophical Issue," in *The Cultures of Globalization*, Fredric Jameson and Masao Miyoshi eds.. Durham and London: Duke University Press, 1998, p. 55.

渗入了我们的文化研究和翻译研究中,既对传统的文化研究和翻译研究构成了有力的挑战,同时也提供了文化翻译的广阔平台,因而我们首先应对全球化这一现象的本质特征有所认识。

经济全球化使得所有的国家都进入了一个大的市场机制的循环中,发展迅速者自然处于优势,而发展缓慢或原有的经济实力薄弱者自然受到波及乃至受到客观经济规律的惩罚。一般人也许会天真地认为,全球化是不受人的控制的,全球化范围内的跨国资本虽然来自某个特定的国家,但这种跨国资本一进入全球化的运作机制,就会既剥削贫穷的第三世界国家同时也剥削本国的同胞,因此全球化的法则是一个纯粹的经济法则。其实情况并不像人们所想象的那样简单。隐于全球化背后的无疑是一种强权政治和经济霸权主义,它不仅之于第三世界国家是这样,就是之于发达的欧洲国家也是如此,因此从文化学的角度来考察,全球化所要求的正是以美国为标准的全球范围文化的趋同性。按照某些欧洲经济学者的估计和测算,就全球化使大多数人、大多数国家和地区边缘化而言,其比例是20%:80%,也即占世界总人口的20%的精英分子可以直接受益于全球化,而其余的80%的人则服务于全球化的法则,这部分人生活水平的高低,在很大程度上取决于对全球化的服务水平如何。若将上述比例运用于中国这样一个经济、社会、政治和文化发展极不平衡的第三世界国家,恐怕比例还得缩小为10%:90%或5%:95%。对于这一点,我们切不可盲目地为中国近二十年来经济繁荣的表象而感到乐观,隐伏在其中的种种内在危机若得不到适当的自我调节,很可能引发出不可收拾的后果。我们今天只是刚进入全球化的大循环中不久,就已经感受到了全球化给我们带来的两方面后果:挑战和机遇。就其挑战而言,它使我们相当一部分不适应国际性竞争的企业边缘化,同时也使我们相当一部分人(包括一些观念老化、方法陈旧的知识分子和人文社会科学学者)被放逐到社会和文化的边缘,或者成为激烈竞争中的牺牲者。这在中国的翻译研究界也可找到证据。但不管是在经济学界还是人文学科领域,对全球化采取一种审慎的、辩证的甚至批判的态度是必要的,也即对之既不可盲从,也应认识到其重要性,以便思考出我们相应的对策。就我们所从事的跨文化翻译研究而言,我们同样既要认识到全球化给信息传播带来的便利,同时也要认识到本民族的语言文化所不可避免地打上的异质化或"殖民化"的痕迹。

在全球化的语境下，文化研究者已经清醒地认识到，经济全球化给文化界带来的一个直接后果就是文化全球化。在某些学者，尤其是美国的塞缪尔·亨廷顿 (Samuel Phillips Huntington) 等人看来，在未来的时代，由于全球化进程的加速，经济上和政治上的冲突不会成为占主导地位的冲突，而文化与文明之间的差异则会上升为占主导地位的冲突；而另一些主张文化相对主义和东西方文化对话的学者则认为，文化的冲突与共融在很大程度上取决于双方的互动作用，因此如果协调得好，这种冲突可以制止或压缩到最小的限度。因此，未来不同文化之间的关系主要是讨论和对话的关系，通过对话而达到不同文化之间的相互了解和共融。随着东方文化价值日益被西方人所认识，所谓文化相对主义已经被赋予了一种新的意义，它已变得更加包容。在与其他文化的交流中，我们很难说一种文化是否能保持原来的那种"本真"的程度。"五四"以来以及改革开放以来的中国文化如此，近几十年来开始吸收东方文化某些观念的西方文化也会出现这样的情形。因而文化的论争及本来存在的冲突完全可以通过协商、对话和谈判得到缓和，而当冲突缓解时，新的共融也就出现了。毫无疑问，文化传播的一个重要媒介就是语言，而翻译研究的切入点首先也自然是语言，只是在这里我要将不带有任何意识形态意义的"语言"的范围扩展到带有文化霸权和意识形态色彩的"话语"(discourse) 的范围。当今时代翻译的内涵显然已经涉及了后者，也就是我们经常要探讨这样一些问题：究竟谁有权决定应该翻译的文本？究竟谁来判断译者的水平和翻译的质量？在何种情况下应该使用翻译的"异化"，何种情况下使用翻译的"归化"方法？如此等等，都是文化研究语境下翻译研究应该探讨的课题。

既然我主张把翻译研究纳入文化研究的语境下进行，那就有必要再次强调文化研究的基本概念。这一具有跨学科、跨文化性质的学术话语，最近三十多年来已成为继后现代和后殖民理论争鸣之后国际学术界的又一个热门话题。它从西方引进后已渗入中国的学术理论界，并对翻译研究也产生了一定的影响。正如我在其他场合所多次阐述的，我们现在所说的文化研究主要包括这样几个方面：以研究后殖民写作/话语为主的种族研究，以研究女性批评/写作话语为主的性别研究，以指向东方和第三世界政治、经济、历史等多学科和多领域综合考察为主的区域研究。此外还应当加上考察影视传媒生产和消费的大众传媒研究。尤其当世界进入全球化时代以来，文化研究的传媒特征越来越明显,几乎与传媒现象成了不可分割的整体,而与传统文化的精品文学研究的距离越来越远。既然翻译属于广义的传播媒介之范畴,因而将翻译研究纳入文化研究的大语境下无疑是比较恰当的。

文化研究虽在当今时代的英语世界声势浩大,但在较为保守的欧洲学术界却颇遭非议,其中的一个重要原因就是,正如有些介入文化研究的学者所承认的那样,它并非一门学科,而且本身也没有一个界定明确的方法论,也没有一个界限清晰的研究领地。文化研究自然是对文化的研究,或者更为具体地说,是对当代文化的研究。[1]这说明,文化研究的主要方法和理论基本上是从后现代主义理论那里借鉴而来,并应用于更为宽泛的范围和更为广阔的疆域。它同时在西方帝国的中心话语地带——英美和原先的殖民地或称现在的后殖民地——澳大利亚和加拿大发挥作用。

文化研究既然有着学科界限的不确定性,那么它在欧美国家也就有着不同的形态。即使在同样操持英语的英美两国,文化研究也有着很大的差别。而在欧陆学术界,差别就更大。就欧陆的观念保守之特征而言,尽管文化研究的一些理论奠基者身处欧陆,但他们的理论只是被翻译介绍到美国之后才得到最热烈的响应。而在欧陆,他们的理论在相当一段时间内仍受到相对沉默的礼遇。因此文化研究在美国的风行在很大程度上取决于翻译的功能,只是翻译在这里已不仅仅局限于语言层面上的转述之功能,而带有了范围更广的阐释之功能。

文化研究虽然在英语世界崛起并风行,但它在英美两国以及一些后殖民地国家仍有着一定的差别。英国的文化研究在很大程度上与左翼马克思主义理论密切相关,一些著名的文化批评家和研究者大都有着自己的独特文学研究和批评背景。近二十年来,随着文化研究在其他国家和地区的发展,英国的文化研究也较为注意性别研究、种族研究和传媒研究。与英国的文化研究相似的是,美国的文化研究者队伍也有着一大批素有文学造诣和理论影响的学者,并掌握了一些很有影响的学术理论刊物,但这批人所主张的是将文学置于广阔的文化语境下来考察,而更多的来自历史学、社会学、人类学、地理学和传媒学界的学者则走得更远,他们把文化研究推到了另一

---

1 Cf. Simon During, ed., *The Cultural Studies Reader*, "Introduction," London and New York: Routledge, 1993, pp. 1–2.

个极致,使其远离精英文学和文化,专注跨学科的区域研究以及大众文化和传媒研究。相比之下,在加拿大和澳大利亚这样一些有着殖民地背景的国家,文化研究主要关注的对象则是后殖民问题和后殖民地写作/话语。这些地方的旧有文学历史并不悠久,传统的势力也远没有英国那么强大,因而文化研究在这些国家便有着相当长足的发展,其势头之强大甚至引起了比较文学和英语文学研究者的恐惧。文化研究究竟与文学研究呈何种关系,现在还难以做出定论,但有一点可以肯定,即有鉴于翻译的跨语言/文化特征,从文化研究的角度来更新翻译研究是完全可行的。这样便涉及对翻译的传统定义的重构。

翻译:从字面转述走向文化阐释

在一个经济全球化占主导地位的时代,文化全球化给我们的学科带来的一个挑战体现在:它既打破了文化的疆界,同时也打破了学科的疆界。这对传统势力较强的老学科无疑有着强有力的颠覆作用,而对于翻译这门长期以来处于"边缘"地带的"亚学科"的崛起倒是提供了一个很好的发展契机。近二十年来,在翻译研究领域,大量的新理论和新方法开始引进,其中包括文化研究的视角和方法。学者们开始对传统的翻译之意义的字面理解产生了质疑:翻译究竟是否仅限于两种语言形式的转换?为什么中国的翻译研究从理论和方法上远远落后于国际翻译研究的现有水平?为什么我们到现在为止还在讨论严复的"信、达、雅"这个老掉牙的话题?为什么在中国高等院校的学科设置上长时间以来一直没有翻译研究或翻译学的(二级)学科之地位? [1]如此等等,这一切不能不引起我们的重视。因此我再次提出,必须对翻译(translation)这一术语有着全面的和全新的理解:从仅囿于字面形式的翻译(转换)逐步拓展为对文化内涵的翻译(形式上的转换和内涵上的能动性阐释),因此研究翻译本身就是一个文化问题,尤其涉及两种文化的互动关系和比较研究。翻译研究的兴衰无疑也与文化研究的地位如何有着密切的关系,因为翻译研究不仅被包括在当今的(非精英)文化研究

---

1 这种极不重视翻译学科的现象直到近十多年才得到初步改观,其标志具体体现在:(1)大学的外国语言文学一级学科之下可以自主设立翻译学二级学科博士点和硕士点;(2)北京、上海和广州等地的外语院校相继成立了高级翻译学院,一方面为社会培养实用型翻译人才,另一方面加强翻译学的学科建设。

的语境下,它也与传统的(精英)文化研究有着千丝万缕的联系。

我们说,翻译研究与文化研究有着密不可分的关系,这一点完全可以用文学理论批评的例子来证实。一般说来,能够被翻译家选中翻译的文学作品大多数是经典文学作品,属于精英文化的范畴。当然也有一些所谓的"翻译家"为了牟取暴利而不惜花费时间重复劳动,"重译"早已有人译过而且质量可以的文学名著,或粗制滥造地赶译一些质量低劣的通俗文学作品。尽管如此,考察和研究翻译自然要把翻译者的选择和译介这两个因素都包括进来。由此翻译研究实际上又起到了一个中介作用:属于不同的语言、不同的文化背景和不同的文学等级的作品首先须经过翻译者的选择,因而翻译者本人的意识形态背景和鉴赏力就起到了作用,这尤其体现于一部作品的首次译介。在当今这个全球化时代,当"欧洲中心主义"或"西方中心主义"的思维模式破产,文化本身已出现某种难以摆脱的危机时,西方的一些有识之士便开始逐步认识到另一种文化(东方文化)的价值和精深内涵,因而弘扬东方文化并使之与西方文化得以进行平等的对话已成为译者义不容辞的义务。在这方面,我们无疑要警惕东方主义的对立面西方主义的作祟。实际上,东方文化的崛起并不旨在吃掉西方文化,而是在某种程度上与之平分秋色,共存共处。由于中外文化和文学交流方面长期以来存在着的逆差现象,我们应进行适当的反拨,也即我们现在的注意力应该转到把中国文化和文学向国外介绍,让世界更多地了解中国,以达到这种相互之间了解和交流的平衡。要想从事不同文化之间的比较或基于不同文化背景的文学作品的比较研究,特别是东西方之间的跨文化比较,翻译显然已经充当了一个不可缺少的中介,其作用远远不只是限于语言文字层面上的转述。文化研究正是一个使各地区的文化、各个不同的学科以及各艺术门类得以进行对话的一个基点。近二十年来关于后现代主义的讨论在中国和其他东方或第三世界国家的兴起,突破了"欧洲中心"或"西方中心"的模式,为以第三世界的文化和文学现象对西方的后现代理论进行质疑乃至重构铺平了道路。而关于后殖民理论的讨论和后殖民地文学的研究,则加速了东方和第三世界国家的"非殖民化"进程,对传统的文学经典的构成以及其权威性进行了质疑和重写,使得我们的东方文化逐步在从边缘步入中心,进而打破单一的西方中心之神话,使世纪之交的世界进入一个真正的多元共生、互相交流和对话而非对峙的时代。因此,把东方文化翻译介绍给世界,将是一件更有意义的工作。

近二十多年来,中国的文学研究和文化研究成果日益为世人所瞩目。实践证明,中国和西方的学术理论对话是大势所趋,许多具有远见卓识的西方学者都已经认识到了这一点,因此我们切不可妄自菲薄。可以说,文化研究的崛起不仅打破了文学与文化、东方与西方的界限,同时也消解了边缘与中心的天然屏障,有利于处于边缘地带的东方以及中国文化和文学走向世界。在学科的分布上,翻译研究长期以来依附于语言学研究或文学研究。在有的学科内,甚至连翻译研究的地位都不容存在,翻译研究的刊物也面临着市场经济的筛选而难以生存。1980年代初比较文学在中国的再度勃兴,倒是使翻译研究成为该学科领域内的一个分支,即媒介学或媒介研究。现在,文化研究打破了语言学和文学之间的天然界限,实际上也就认可了作为一门相对独立的学科——翻译学或翻译研究——得以存在的合法性。有鉴于此,我们的翻译研究的现状又如何呢?我以为其现状远不能令人满意。不少翻译研究者仍沉溺于字面技巧上的成败得失之浅层次的评论,或者满足于对翻译文本的一般性价值判断,或者卷入对一部作品的译文在中文表达方面的某个具体问题的无休止的争论。这样做的一个后果是,谁也争不出一个道理来。上述那种无端的争论也远未达到理论研究的高度,因此在这方面,我们仍有许多基础性的研究工作可做,有许多尚处于空白的领域可以开拓。我认为,文化研究至少可以给我们的翻译学术研究提供理论武器和观察视角,使我们站得更高一些,超越于单一的思维模式,因而得出的结论就更具有普遍的理论意义和学科意义,而不仅仅只是解决几个具体的操作技巧性问题。这样,将我们的翻译研究置于一个更为广阔的文化研究语境之下,必定有助于中国的翻译研究早日与国际翻译研究界接轨,同时也有助于翻译研究得以在分支学科领域众多的人文社会科学领地中占有重要的一席之地。

文化研究对翻译研究的意义还体现在,它对权力(尤其是语言和文化上的霸权主义)的批判有助于消除一系列人为的二元对立和等级界限:消除大众文化和精英文化的界限,使往日高高在上肩负启蒙使命的知识分子走出知识的象牙塔,投身到广大人民群众之中,首先成为社会的一分子然后方可实现其"后启蒙"的理想;它也有助于消除东西方文化的天然屏障,使文化全球化成为不同文化可赖以进行对话的一个广阔的背景,在这一全球化的大背景下，东西方文化之间的平等对话成为可能。而要实现后者，翻译就是一个不可或缺的媒介。众所周知，文化全球化的一个重要标志就是信息的无限度传播和扩张，而这一切均通过国际互联网来实现，而目前的网上联络和获取信息则基本上以英语为媒介。因此，在全球化的时代，掌握英语与否便成为人们能否迅速地获取信息的关键。许多观念老化、方法陈旧的知识分子之所以被"边缘化"，就因为他们不掌握英语这一重要的信息传播媒介，总是等待着别人翻译过来的现成信息。由此可见，在一个大部分人都不能自由地运用英语来交流的国家，人们获取信息的主要手段还是通过翻译，这样便造成了翻译上的"逆差"。这也是长期以来中国文化 (主要是文学) 翻译上的逆差，即无论从质量上或数量上说来，把外国 (尤其是西方) 文化翻译介绍到中国都大大胜过把中国文化翻译介绍到国外。其道理很简单，也就是我们对西方的了解大大甚于西方对中国的了解。因而"西方主义"在相当一部分中国人中仍是一个十分神秘 (而非带有贬义) 的概念。就翻译本身来说，我们的外翻中力量大大强于中翻外。尤其是近十多年来的经济大潮更是有力地冲击着外语教学和翻译人员，致使他们中的许多人不屑花费时间打好基本功，不去努力把中国文化及其精髓文学作品翻译介绍到国外，或者本身就根本不具备这方面的能力。毫无疑问，衡量一个人的翻译能力的强弱并非看他能否借助于一两本词典把外文译成中文 (当然，要想把艰深的外文译成准确流畅的中文也并非易事)，而是看他能否把中文译成能为外国人读懂的外文，或者直接用外语同国际学术界进行交流和对话。我认为这才是一个译者对中国文化的建设所能作出的最有意义的贡献。此外，从文化翻译的高要求来看，光是掌握语言本身的技能并不能圆满地完成把中国文化译介到世界的重任。这又将涉及一系列复杂的文化问题，因此从事翻译研究必须超越语言的局限，将纯语言层面上的转述上升为文化内涵的阐释。由此可见，弘扬一种文化翻译和跨文化传统的翻译研究，实在是势在必行了。

翻译研究的未来

对于文学理论的未来和比较文学的未来，我和我的西方学术界同行已经在不同的场合作过预测。在世界进入全球化时代以来，文学理论和比较文学必然面临更严峻的挑战：经济上的全球化和文化上的全球化，前者主要体现在受到相关的市场经济法则的制约，而后者则明显地体现在大众传媒的崛起和精英文化市场的萎缩。就这一点而言，翻译及其研究将起到的历史作用是任何其他分支学科所无法起到的。在一个全球化和信息无限扩张的时代，人们对翻译的需求越来越大，它无疑有着广大的市场，因而市场的萎缩不会对翻译产生副作用；另一方面，作为一种重要的传播媒介，翻译也可以借助于传媒地位的提高来发展自己。此外，全球化时代对语言的信息化、电脑化和数字化的高要求，也对译者提出了更高的要求。再者，翻译研究本身也将逐步经历非边缘化的运动，最终达到成为一门相对独立的既具有人文社会科学性质同时又与自然科学密切相关的边缘学科之目的。从文化生产的角度来看，作为一种文化的传播媒介，翻译永远无法获得与创作同等的地位。倒是另一种情况可以得到证实：既然以对大众文化的研究为主要对象的文化研究可以理所当然地得到学术界的承认并占领当代学术话语的主流，那么以对翻译——传媒的一支——的研究为主要对象的翻译研究，自然也完全有理由成为一个相对独立的学科。对此我抱有充分的信心，但同时也呼吁，翻译研究的范围应当扩大，应当吸收其他新兴学科，诸如文化学或文化研究、人类学、传播学、语言哲学、比较文学等的研究成果，使这一长期踯躅于学术话语边缘的"亚学科"早日臻于完善。

翻译学：走向科学的学科

在当今的学科建制中，尽管翻译研究总是受到人文社会科学中传统和正统学科的挑战或压制，但是不论在中国还是在西方，翻译研究仍然是在蓬勃发展的。翻译研究者尽管对翻译是一门艺术还是一种科学的学科始终没有定论，但是这个领域的学者仍然乐此不疲地对此进行探讨和争论。尤其是一些文学翻译的实践者，他们坚持认为翻译应该是一门艺术，翻译理论应建立在实践的积累之上，而翻译研究不外乎就是将翻译实践的经验加以积累，然后，以此来指导翻译实践。这种做法在某种程度上说是对的，尤其是在翻译研究的草创阶段更是如此。毫无疑问，任何学科理论的建立都必须基于大量的实践，只有在大量的实践之基础上才能够抽象出理论来，但是对于我们这里讨论的翻译学，也即作为一门科学学科的翻译研究，我们就不得不将其与相邻的一些学科进行比较。如果翻译研究要像文学研究或者是艺术史一样，被确立为一门科学的分支学科的话，那么仅仅有来自实践的理论是远远不够的。我认为，如果要想在当今这个全球化的大语境下对翻译和翻译研究进行重新界定，我们首先就应该对两者加以区分：前者指的是经过大量的知识和经常性的实践操作而积累的一种实践性技能；而后者则更侧重为一个学科，一个既具有理论争鸣又具有实用研究价值的学科。尽管随着翻译理论的不断成熟和发展，翻译理论应该能指导翻译实践，但是同其他学科一样，翻译理论目前已经变得越来越独立和自满自足，并且与翻译实践的距离也越来越远。在全球化的影响之下，翻译已经似乎不为人们所重视，因为全球的文化日趋相似，我们可以非常容易地从因特网上获得用英语传播的信息。但是，另一方面，我们也应该看到，只要人类还需要与其他的语言和文化进行交流和沟通，翻译就是必不可少的。因此，在当前这个大的语境下，应该对翻译学进行重新界定，伴随而来的就是，翻译的功能正在变得越来越重要。

翻译的现状：字面形式的转述还是文化内涵的阐释？

尽管对翻译的界定和翻译的功能，许多翻译理论家是仁者见仁，智者见智，但是通过最终的分析他们均得出这样的结论：翻译对我们的日常生活和人与人之间的交流是十分必要的。尤其是在全球化的今天，如果没有翻译，我们就会将自己与外界隔离开来。在如此巨大的"地球村"中，来自不同地方和具有不同文化背景的人们能够通过不同的方式轻松地交流，毫无疑问，最为常用的手段就是语言。因此，翻译就是一种技能，它将一种语言的意义转变成另外一种语言，反之亦然。但是，自从翻译存在至今，如何生产出一种最为理想的并且最为确当的译文，则是人们普遍争论的热点。尽管所有的译者在翻译过程中都竭尽全力想对源语的含义进行充分的表达，但是翻译理论家还是想要发展出一种放之四海而皆准的理论来指导翻译实践。最典型的例子就是尤金·奈达 (Eugene Nida) 的实用性策略："动态对等"(dynamic equivalence) 原则。在他看来，译者的目的在于用最贴切而又最自然的对等语再现源语中的信息，并且译文的读者做出的反应基本等同于原文读者对原作的反应。[1]尽管在西方的翻译研究领域这一描述已经不再为人们所提及，但是这句话却经常被中国的翻译研究者当作经典性原则不断地引用和讨论。显然，奈达早就意识到了完全对等是根本不可能的，而且也没有必要这样做。考虑到译者的动态功能，于是他便提出了另一种方法，通过"动态对等"将源语的含义进行充分的表达。众所周知，在后结构主义的解构力量的作用下，我们不

---

1 Eugene Nida, *Towards a Science of Translating, with Special Reference to Principles and Procedures Involved in Bible Translating*, Leiden: Adler's Foreign Books, 1964, p.159.

得不承认这一点，没有一位译者可以声称自己已经真正掌握了真理。他只能说，自己正在接近真理。这也正是不同时期的译者都要不惜花费大量的时间重译那些经典文学名著从而满足不同时期读者群体需要的原因。

此外，我们还应该指出，尽管奈达的理论或多或少地触及了文化的层面，但是他的理论总体上仍然停留在结构主义的语言层面上。探讨"确当的翻译"的另一个例子，可以说是1998年第十五届文学翻译研讨会上雅克·德里达的主题演讲。因为德里达很少从事翻译实践，所以他不能被视为翻译家，但是他却普遍被认为是文化翻译中最重要的理论家之一，或者说是后现代主义意义上的翻译家。他认为，翻译不是传统的语言学层面上的"词对词"的转述，而是文化层面上的阐释。由于他的解构策略消解了传统的哲学并且解放了文学，因而这两个学科便显得相互关联了。所以，毫不奇怪，他在文学理论批评领域内的影响要远远超过他在哲学领域内的影响。

德里达也像所有后现代主义理论家那样，认为任何事物都与其他事物有着或多或少的联系，所以他并不相信完全确当的翻译的合理性和真实性。对于他本人或他的理论解释者来说，尽管他已经改变了过去三十多年翻译的模式，但是确当的翻译绝非一种新的翻译理论。[1]虽然"完全的确当翻译"是不可能实现的，但是如果译者竭尽全力去尝试的话，相对的"确当的翻译"仍然还是可以实现的。从德里达的理论，我们可以看出确当的翻译已经从纯语言解释转移到了能动的文化阐释层面。从某种意义上讲，德里达与传统的翻译家相比，更可被看作一位理论和文化的翻译者。他喜欢词语，但是对他来说，词语不仅仅停留在字面上的含义，而且还包含更深一层的含义——道。"至于词语（在此并非我的主题）——语法或词汇都不能使我产生兴趣——我相信我可以说，如果我喜爱词语的话，那也只是其道地的单一性体系这一点，也就是说，在得以产生翻译的激情的地方，就好像一束火焰或一个充满情欲的舌头伸过来舔它一样：开始时尽可能地靠近，然而却在最后的那一刻拒绝去威胁或还原，拒绝去消费或完成它，从而使得他者的身体依然完好无缺，但却仍促使他者出现——在这种拒绝或退却

---

1 Lawrence Venuti, "'Introduction' to Derrida's 'What is a "Relevant" Translation?'" *Critical Inquiry* 27, No.2 (Winter 2001): 170.

的边缘——"[1]

毫无疑问,不同的学者或不同的译者在看待确当的翻译的问题上都有自己的视角。我自己也曾经做过一些翻译实践,但是在大多数情况下都是理论著作的翻译和文化层面的阐释。尽管我坚信在某些语境中,尤其是科技文献中,字面解释能够准确地表达原文的含义,但是我认为,在讨论文学翻译时,仍应该从文化的角度来切入。在文学翻译中,最为重要的就是要准确地再现原文中字里行间所蕴含的意思。因为文学作品总是隐含着细微的文化和美学含义,如果译者仅仅着眼于语言层面上的表层忠实,那么这些文学作品就是不可译的。因此,从词语层面或者是句子层面上的对等就是不可能或者不必要的。林纾——中国文学翻译史上的一位先驱者——可能根本不会被视为一位翻译家,但是他却在中国现代翻译文学中扮演了重要的角色。作为一名好的译者,忠实于原文的精神和风格要比仅仅忠实于词语和句子的含义更为重要。因此,我认为在这种新的语境下,对翻译的定义进行修正是十分必要的,因为随着文化研究的深入,越来越多的学者已经意识到翻译与文化的密切相关性。翻译研究触及了语言层面上两种或者两种以上的文化,所以翻译研究应该在文化研究这个大的背景下进行,而绝非仅仅是从源语言到译入语的过程中纯粹的字面意思的转述。

根据理想的翻译标准,我们承认,"没有一种翻译策略能够一成不变地紧紧依附于文本效果、主题、文化话语、意识形态或惯例。这种关联对于文化和政治情境而言是偶然性的,在这种情境下便产生出了翻译者。逐字逐句的翻译策略实际上已经在翻译史上被人们反其意而用之了"。[2]因此,在全球文化沟通的今天,我们最需要的是理解异质文化的细微之处,从而才能与具有这些文化传统的人们进行卓有成效的沟通和交流。因此,在德里达看来,"简而言之,一种确当的翻译就是'好的'翻译,也即一种人们所期待的翻译,总之,一种履行了其职责、为自己的受益而增光、完成了自己的任务或义务的译文,同时也在接受语中为原文铭刻上了比较准确的对应词,所使用的语言是最正确的,最贴切的,最中肯的,最恰到好处的,最适宜的,最直

---

1 Jacques Derrida, "What is a 'Relevant' Translation?" *Critical Inquiry* 27, No.2 (Winter 2001): 170.

2 Lawrence Venuti, "'Introduction' to Derrida's 'What is a "Relevant" Translation?'" *Critical Inquiry* 27, No.2 (Winter 2001): 172.

截了当的,最无歧义的,最地道的,等等”。[1]

但是我们如何才能达到如此之高的“确当的翻译”之标准呢？德里达并没有停止解构过去传统的观念。“另外,确当的翻译,不论对与否,总是要比不确当的翻译好一些。或者说,确当的翻译可以被视为最好的翻译。因为确当的翻译的定义包含了目的论中对翻译的界定和翻译本质的界定。下面一个问题便是：'什么是确当的翻译？'、'什么是翻译？'或者'翻译应该是什么？'以及'最好的翻译应该是什么样的？'等等。”[2]尽管德里达试图给确当的翻译或者最好的翻译提出一个标准,但是实际上,他最终还是暗示了这样的标准是不确定的,甚至是一个永远没有答案的讨论。

在此,我想再进一步阐述一下德里达的观点,从而提出我对翻译的界定。[3]我认为,翻译不仅囿于字面形式的翻译(转述),而且还逐步拓展为对文化内涵的翻译(形式上的转换和内涵上的能动性阐释),并且越来越倾向于后者。显然,在当今的语境下,像林纾那样不懂外语的人是不会被视为翻译家的。并且,他们也不可能进行翻译实践。不过,翻译也应该将它本身的功能从文字层面的转述转向文化层面的阐释。一台翻译机器就可以完成前者的任务,而后者则需要凭借人本身的智力才能完成,因为只有人才可能把握文化中最细微的变化,并且用最确当的方式将其表达出来。德里达对翻译标准的不确定的描述,实际上告诫我们：翻译的终极标准是不存在的,但相对的标准还是可以达到的；译者只能说自己已经在接近原文(真理),而不能宣称自己已经掌握了原文(真理)的全部含义,否则一种翻译文本就能永远被钦定不变了。他的这种具有相对论性质的“标准”,实际上也为译者对文学名著的重译提供了理论依据并为他们的实践铺平了道路。

全球化时代翻译的功能

显然,我们现在正处在一个全球化的时代,就像威廉·马丁(William Martin)所描述的“电子地球村中,在这个村落中,通过信息的中介和技术的

---

1 Jacques Derrida, "What is a 'Relevant' Translation?" *Critical Inquiry* 27, No.2 (Winter 2001): 177.

2 Ibid., p. 182.

3 关于我先前对翻译的界定,请参见本书《新文科视域下的翻译研究》和《全球化时代的文化研究和翻译研究》两文。

交流沟通,新的社会和文化组织也随之产生"[1]。这样的一个信息社会毫无疑问大大地浓缩了传统的时空观念,使人们能够更加直接、更加容易地进行交流和沟通。不论我们承认与否,全球化总是一个客观存在的现象,全球化就像是幽灵一样在我们周围游荡,影响着我们的文化知识生产乃至于学术研究。全球化并非某个学者凭空杜撰出来的,而是在我们生活中实实在在地存在着的客观现象。在全球化的影响下,文化和文学市场都处于一种萎缩状态。人文学科和社会科学都受到了知识和信息爆炸的挑战。另一方面,英语的功能也变得越来越明显:如果一位学者希望得到国际学术界的认可,那么他的学术论文就必须用英语撰写并发表在国际英文刊物上;来自不同地方的人们不得不使用英语进行交流而不能使用自己的本族语言。由此看来,英语正在全球信息社会扮演着越来越重要的角色。我们可以用英语轻松地进入因特网获取大量的信息;而一旦获取了这些信息,我们就可以在当今这个时代轻松地生存下来。推而广之,如果我们掌握了英语,我们就可以获得更多的信息。如果我们仍然相信"知识就是力量"这句名言的话,那么在全球化的时代,以信息的形式出现的知识也同样是力量,因而知识(信息)就会转变成财富。由此,人们可能会提出这样的问题:既然每个人都能够用英语交流,那么翻译的意义何在?我们究竟还需不需要翻译?我的回答是,尽管现在有许多人都能够用英语自由地进行交谈,并且达到沟通和交流的目的,不会产生彼此间的误解,但是在全球化的时代,翻译仍然是十分必要的。科学家直接用英语进行交流是为了不至于使自己的科研发现被扭曲或被误解。对于人文社会科学学者来说,他们中的不少人并不具备这一能力,因此他们需要较为出色的译者为他们提供相关并且确当的译文,其中更重要的是要转达那些深刻的文化意蕴,而不只是将论文的字面含义表达出来。

显然,全球化使得大部分的人都处于边缘的位置,只有世界人口的百分之二十能够从全球化的进程中受益。经济全球化的后果带来了文化上的全球化,而西方尤其是美国,则将自己的文化价值观强加给第三世界的文化。于是,一些非英语国家的人就对这种可能会出现的"文化和语言的殖民化"产生了焦虑。随着文化变得越来越趋同,那么在全球化的影响下翻译的作用又是怎样的呢?首先,我们应该承认,全球化实际上使得具有

1　J. William Martin, *The Global Information Society*, Hampshire: Aslib Gower, 1995, pp.11-12.

特殊性的东西普遍化，同时也使得具有普遍性的东西特殊化。[1]也就是说，全球化的影响体现在两个方面：一个方面是西方对东方的影响；另一方面，还有东方对西方的影响。来自西方的（具有普遍意义的）东西只有在和东方的特定（具有特殊性的）文化的互动过程中才能产生影响。换言之，在全球化的语境下，不同的社会和文化现象得以进行沟通和融合，比如说，不同的身份、社会关系甚至是组织机构，这些关联都被放置在一个特殊的历史背景下。[2]就像佳亚特里·斯皮瓦克指出的那样：“所有的身份无一不具有混杂性，其代表行为不可避免地被视作一种标志。”[3]但是新的个体或者身份就会在新的文化背景下进行建构或者解构。那么，在不同社会、文化和国家之间进行的交流和沟通就会变得越来越频繁。但是，怎样能使这种沟通变得更为有效呢？毫无疑问，就应依靠信息交流。在此过程中，语言，更确切地说，应该是英语，将会起到至关重要的作用。由此看来，翻译不可避免地会成为一种交流沟通的途径，并且还是文化交流和政治策略的一种手段。它的作用已经远远超越了表层的语言方面，而是触及了翻译中更为重要的文化层面。

让我们再回到德里达在文学翻译研讨会上的主题讲演。听德里达演讲的听众主要是一些专业译者，他们对演讲的反馈就是“演讲中糅杂了来自两个极端的因素：一是，他的演讲具有争议性，因为他的想法理论性太强，而实用性却很小；另一是，他的想法让人很容易接受，并且十分贴切，对翻译实践具有一定的启发性”。[4]我对此的看法是：对于那些只从语言学层面上进行字面翻译的实践者来说，他的演讲不能作为一个指导性的原则帮助他们生产出好的译作，但是对于那些知识层面已经扩展到文化层面的学者来说，他的演讲无疑让他们在政见和理论方面得到了新的启示，从而扩大了他们翻译研究的领域。对于翻译研究者来说，应鼓励他们去发掘和探索确当性翻

---

1 Roland Robertson, *Globalization: Social Theory and Global Culture.* London: Sage,1992, p.100.

2 Cf. Fredric Jameson, "Notes on Globalization as a Philosophical Issue," in *The Cultures of Globalization,* eds. Fredric Jameson and Masao Miyoshi, Durham, NC: Duke University Press, 1998, pp. 55–58.

3 Gayatri Chakrovorty Spivak, *A Critique of Postcolonial Reason: Toward a History of the Vanishing Present*, Cambridge, Massachusetts: Harvard University Press, 1999, p.155.

4 Lawrence Venuti, "'Introduction' to Derrida's 'What is a "Relevant" Translation?'" *Critical Inquiry* 27, No.2 (Winter 2001): 169.

译的每一个边缘和极限，不论是从语言学层面还是从文化层面，不论是从理论层面还是从学科的角度。所以，德里达作为一名解构主义者，不论是在理论层面还是在实践方面，目的并不在于建立一种原则。他所期望的恰恰是有效地创立一种能够进行确当翻译的可能性。

如前所述，在讨论翻译问题时，罗曼·雅各布森曾将翻译分为三种类型：语际翻译、语内翻译和符际翻译。[1]他在界定翻译和对翻译进行定位的时候，都体现出了明显的形式主义和结构主义倾向。但是在此，我还想要再加上一个因素，就是——文化间的翻译，或者是跨文化翻译。这种因素在全球化的今天正扮演着举足轻重的角色。我认为，尽管在以英语为主导的世界上，现在的文化研究对文学研究产生了巨大的影响，甚至可以称为挑战，但是这并不意味着它必然会对翻译研究产生巨大的影响。因为翻译是属于文化范畴的，所以翻译研究也就是文化研究的一个分支学科。哪怕是在今天的"地球村"里，文化交流和沟通都需要通过翻译作为媒介。所以，我认为在全球化的时代，不论是边缘化了的文学还是其他的文化形式，翻译都将在我们的文化和精神生活乃至日常生活中占有至关重要的地位。

走向科学的独立的翻译学科

综上所述，我认为，现在正是我们将翻译研究或者翻译学进行重新定位的时候。翻译学应该是一门科学的并且独立的学科。尽管现在"翻译学"(translatology) 还没有具备一门独立学科得以存在的合法性，但是这个术语却被广大翻译研究者所普遍使用，尤其是欧洲和美国的翻译研究者。它通常被称为"翻译科学"或者"翻译研究"。它是在翻译实践的基础上得以形成的，但是并不一定就要用来指导翻译实践，因为它本身就是一门独立的学科，拥有自己的研究领域、目标和方法。当然，它同样也可以用来指导翻译实践，但是更重要的是，它有助于人文学科和社会科学的建构。我们应该承认，如果没有翻译实践，就无法建立翻译研究这一学科。令人遗憾的是，由于我们长期以来过分强调翻译研究指导翻译实践的实用功能，所以这方面的决策者，尤其是中国的一些教育决策者，尽管大都将翻译研究独立于语言

---

1 Cf. Roman Jakobson, "On Linguistic Aspects of Translation," in *On Translation*, ed., Reuben Brower, Cambridge, Massachusetts: Harvard University Press, 1959, pp. 232–239.

学、应用语言学、文学和文化研究之外，但是却都忽视了翻译研究或者翻译学作为一门独立学科所应具有的合法性。更为糟糕的是，在一些单位，掌握职称评审大权的人竟将一些非常有价值的理论和学术翻译视为非学术作品，而那些仅仅局限于浅层次的"字面翻译""编辑"，甚至是"抄袭"而粗制滥造成的"著作"却被视为一种"原创性的"、"创新性的"或者是"学术性的"著作。这实在是让人感到几分不公和悲哀。

翻译学应该被视为一门独立的学科，就像语言学和文学研究一样是独立于其他门类的学科。其实，中国内地和香港几所大学成立翻译学系这一现象，就充分表明了对此的认可。翻译学方向的学术期刊和杂志的问世，和一些学校课程的设置，都促进了翻译学的不断发展和日臻成熟。因为翻译具有独一无二的特性，如果再考虑翻译学的语言学方面、美学方面和文化内涵等因素，我们就不能将翻译学视为一个严格的人文学科分支，同样也不能将它简单地纳入社会科学之下，因为翻译学还融入了文化的因素，所以承载着文化阐释的功能。有鉴于此，翻译学应该像符号学、人类学和心理学一样被纳入边缘学科的范畴，因为它不仅融入了自然科学（比如说，机器翻译、开发新的翻译软件、计算机语言等）、社会科学（比如说，翻译的经验主义研究、不同译文之间的语言学分析等等）和人文学科（文学翻译中的美学欣赏、同一经典著作不同版本的比较研究等等），这些都为其成为一门独立的边缘学科奠定了基础。

显然，作为一门独立的学科，翻译学应该具有自己独特的研究对象、研究领域和方法论。我认为，翻译学作为一门学科，应该包含所有翻译实践中的问题和翻译研究中的理论。它的方法论应该是多层面和多角度的：既包括美学层面的（主要指文学翻译），也包括经验主义方面的（主要是指科技翻译和文献翻译）等其他内容。具体说来，翻译应该从如下三方面进行研究：

第一，在比较文学的层面来研究。在过去的三十多年中，当翻译研究正处于边缘地位的时候，许多比较文学研究者，如安德烈·勒弗菲尔和欧阳桢，他们都是通过比较两部或者两部以上的欧美文学作品，或者是中西方文学作品，进行翻译研究。他们的实践和理论探索都为翻译研究成为一门独立于其他比较文学研究的分支学科起到了开拓性的作用。

第二，从分析译文的语言学层面来研究。如果说第一个层面是一个能动的阐释和美学的再现的话，那么第二个层面则与纯粹的经验主义或者翻译文本的科学研究而有所不同。这就是说,翻译是一种形式,人们应该返回到原文的文本,因为那里包含了支配翻译的法则:可译性。[1]

第三,在文化语境下所进行的翻译研究,可以从理论和阐释两个方面切入。文化研究确实是超常规的和反理论的,但是实践上的操作却证明,文化研究又得益于各种后现代理论的支持,是以所有被压抑的边缘话语、亚文化和文学中的亚文类的解放为标志的。由此看来,翻译研究也是广义的文化研究的一部分,并且借鉴了后者的方法论。然而,有些人可能会提出这样的问题:既然21世纪的学术研究是以跨学科作为特色,为什么我们还要将翻译学与其他的学科分割开来呢?答案非常简单:翻译学不再仅仅是传统意义上的学科的概念,而具有了更多跨学科的特征。这也许就是在全球化时代我们要强调翻译学是一门独立的学科而不仅仅是一门边缘化学科的原因。

---

1 Cf. Walter Benjamin, "The Task of the Translator," in *Illuminations*, trans. Harry Zohn, ed., Hannah Arendt, New York: Harcourt Brace and World, 1968, p. 69.

中西比较文化语境下的翻译研究

虽然早在汉朝的时候，翻译研究在中国就已经开始了，但是，在过去的几个世纪里，中国始终是一个封闭的国家。直到20世纪，西方的学术著作和文学作品涌入中国，对中国的新文学兴起、1919年的五四运动产生了巨大影响。在此之后，中国的翻译研究才真正兴起并在最近三十多年内有了长足的发展。起初，翻译被那些极力倡导"全盘西化"的人视为与创作具有同等的重要性，这一点尤其体现在梁启超的翻译观中。在梁氏看来，"欲新一国之民，不可不先新一国之小说。故欲新道德，必新小说；欲新宗教，必新小说；欲新政治，必新小说；欲新风俗，必新小说；欲新学艺，必新小说；乃至欲新人心，欲新人格，必新小说"。[1]那么通过何种方式来"新"小说呢？无疑是通过大量地翻译外国小说。而发展到现在，与西方文学认同的现象更是不足为奇了。[2]严复这位中国近现代翻译理论的先驱则以其十分重要

---

[1] 梁启超，《小说与群治之关系》，《新小说》第1卷第1期，1902年11月。

[2] 在此，我仅举一个当代的例子。对于大多数中国作家来说，他们大都受到西方文学的影响，更确切地说，是受到西方的翻译文学而不是中国古典文学的影响。中国当代先锋派小说家之一的余华，曾经开诚布公地承认："偬我们这一代的作家开始写作时，受影响最大的应该是翻译小说，古典文学影响不大，现代文学则更小。我一直认为，对中国新汉语的建设和发展的贡献首先应该归功于那群翻译家们，他们在汉语和外语之间寻找到一条中间道路……"参见《新年第一天的文学对话——关于〈许三观卖血记〉及其它》，《作家》，1996年第3期，第6页。这种言论与当年鲁迅谈自己的小说创作时是多么相似！

但不断引发争议的翻译标准而闻名,尤其是他在文学翻译中倡导的信、达、雅——从他提出这一原则时,就在国内的翻译理论界引起了没完没了的争议。但是,我认为,与正在走向科学学科和经验研究方法的西方翻译理论和翻译实践的快速发展相比,我国的翻译研究长期以来一直停留在翻译批评的浅层次上,远远未达到在文化研究的语境下建立一个中国翻译研究的理论系统,[1]此外也没有达到国际上以经验研究为导向的翻译研究的水平。所以,我在此首先从质疑严复著名的文学翻译原则出发,对当今的中国翻译研究现状作出批评性描述,然后就与翻译的理论建构有关的一些问题提出一种新的范式。

重构文学翻译的理想的标准

直到现在,中国的翻译研究学者仍总是在争论翻译到底应该是一门科学还是一门艺术;这个问题在国内的文学翻译界的争议显得尤为强烈,因为大多数的翻译研究者都是从事文学研究的学者,或者本身就是文学作品的翻译者。人们一般总是认为,西方学者眼中的翻译是科学,但是在中国学者的眼中,翻译则是一门艺术。[2]他们总喜欢引用尤金·奈达的一段名言作为自己观点的佐证:"翻译是指从语义到文体在译语中用最贴切而又最自然的对等语再现源语的信息。"[3]但是据我所知,在最近二十多年的发展中,翻译研究,尤其是文学翻译,已经有了向两个因素融合的方向发展的趋势。在安德烈·勒弗菲尔这位本身既是翻译者又是比较文学研究者的翻译理论家看来,"文学翻译并不是发生在真空中,当两种语言发生碰撞时,它们是在两种文化传统的背景下进行的。并且原作者或者是译者,至少有一方是一个有血、有肉、有灵魂并且带着自主观目的的人。译者在文学传统下进行交流和

---

1 中国国内,长期以来只有一些关于外语教学和外国文学研究的杂志偶尔发表研究翻译方面的论文;只有一份专门针对翻译研究的权威性杂志,即由中国翻译协会主办的《中国翻译》。人们一般只有在这本杂志中才有可能读到一些翻译理论或实践方面的文章。这种情况目前随着翻译研究的文化转向已开始有所好转了。

2 在此,我只想指出,对于那些在本科阶段的学生来说,这样的两种对立的观点往往都是正确的,因为二者的着眼点不同。自从我本人在大学开始教授"汉英翻译"的时候,就总是会在学生的论文中碰到对这种观点持肯定看法的评述。当然,随着思考和研究的进一步深入,仅仅囿于这样的划分未免过于简单了。

3 Cf. Eugeng Nida and Charles R. Taber, *The Theory and Practice of Translation*, Leiden: Brill, 1969, p. 12.

周旋,他们都有各自不同的目的,而绝不是在一个中立、客观的环境下'对原作的再现'。翻译并不是在一个绝对封闭的实验室环境下发生的。原文确实可以再现,但是用译者的话来说,这只是为了制造出最贴切的译文"。[1]因此,严格说来,文学翻译应该既是科学的(客观的、忠实的)又是审美的(动态的、具有创造性的),而只是为了文学中纯粹的忠实是远远不够的。而且我们也不认为西方的翻译仅仅是一种科学而中国的翻译就是一门艺术,因为这种二元对立的思考模式将会妨碍中西方的翻译者和翻译研究者建立一个理想的范式。我认为,我们应该向更高的一个层次迈进,也即应该在一个更为广阔的跨中西文化的语境下对翻译的标准进行反思,也就是说,文学翻译者同样也应该融入文化翻译之中。

我们对文学翻译的标准进行讨论的时候,或者说在进行实质性的探讨之前,总是先要对严复的文学翻译的理想化标准加以引用、讨论或者质疑,这主要是由于在诸多当代翻译理论家的建构中,很难超出严复所提出的这样一种近似完美的标准。学者们总是倾向于怀疑翻译标准的存在,这是因为这三条翻译标准具有太多的不确定因素,所以才会不断地引发争论。但更重要的是,因为文学翻译者在将西方的一种语言译成中文时,可以说几乎无法同时达到严复提出的这三条标准,因而往往会以牺牲其中之一作为代价。实际上,在我看来,这三条标准同时实现只能是相对的,或者更确切地说,它们只可以在不同的层面上部分地实现。当然,还有一些对于操作技术问题的讨论,比如说,如何能够将一句话翻译成地道的汉语,或者说,如何找到最恰当的词语来表达最准确的含义,等等。如果照此发展下去,这样的讨论将会无尽无休,并且也不会有任何理论研究的意义。为了解决这个问题,我认为有必要对严复的翻译标准进行重新思考,对他的理论建构进行重构,从而我们才有可能提出新的观点和范式。

严复的"信、达、雅"到底是什么意思呢?我们是否可以超越实际操作上的困难,进入一个更高的理论建构的层面呢?在此,我想提出我对此的解释,或者说,在文化研究的语境下对严复的"信、达、雅"进行重新阐释和建构。

---

1 André Lefevere, *Translating Literature: Practice and Theory in a Comparative Literature Context*, New York: Modern Language Association, 1992, p. 6.

    严复提出的"信"就是指好的翻译应该尽可能地忠实于原文。尽管他并没有清楚地指出这一点来,但是就我看来,他显然指的是译者首先应该认真地阅读原文,吃透其字里行间的意思,而不将任何细微之处放过。但是这样我们就遇到了一个文化层面上的问题。我们都知道,由于不同的文化会有不同的表达特色,所以每一种文化都存在于与另一种文化相互作用的环境中。即使是同处于西方文化的大背景之下,欧美文化也在很多方面有所不同,而西方文化与明显从属于另一种传统的中国文化相比必然会显出更大的差异。所以,在阅读文学作品的时候,我们不可避免地会产生误读的现象,其中有一些还会引发文化方面的创新和文化上的建构。这一点在1919年五四运动后中国接受西方理论等方面尤其有所体现。比如,当时在创造性地接受尼采的思想时,所强调的是他的"重新估定一切价值"的观点,将它视为中国反帝反封建的巨大动力,而并未强调他的"超人"哲学。尼采的理论在当时的鲁迅、郭沫若和茅盾等一些革命作家中,十分受欢迎,甚至成为他们从事文学创作的某种精神动力。[1]因此在中国现代文化语境下"建构"出来的尼采的革命性大大多于其"反动性"。中华人民共和国成立后,当尼采的理论受到了批判甚至被当作预示法西斯主义的典型的资产阶级意识形态而遭到严厉抨击时,强调的则是他的充满个人主义色彩的"超人"哲学,人们不得不对这种文化上有意"误读"式的翻译保持沉默。尽管尼采的许多作品都是一些英语水平一般的译者译成英语的,但是我们并不能由此而说译者没有准确地在字面上翻译出尼采的理论。其中的意识形态性是无法用文字来掩盖的。实际上尼采理论的核心应该是其超人哲学而不是"重新估定一切价值"。因此,这类文化上的挪用和误读也许要比文字方面的误解带来更为严重的后果。正如弗雷德·英格利斯 (Fred Inglis) 所指出的那样:"意识形态就是他人以此使你在没有发觉的情况下放弃更好的判断。意识形态可能仅仅是一个将十分零碎、摇摇欲坠的东西穿成线的东西,从而能够看到你的政治思考。更典型的是,当别人与你持有不同的观点时(甚至是,用这些观点打击你、恶意中伤你时),意识形态这个术语则常常被人们用作描述一种致

---

1 关于西方文学理论思潮对现当代中国文学的影响,请参见 Wang Ning, "Confronting Western Influence: Rethinking Chinese Literature of the New Period," in *New Literary History*, No. 4, Vol. 23 (1993): 905–926.。

命的不变性和彻底的争论。"[1]所以说,为了实现相对的忠实,就意味着要清除误读(在这里用误读比误解更具批评性)的成分和主观建构的因素。忠实在翻译实践中是头等重要的;另一方面,在翻译的过程中,尽管译者可能有时不同意/赞成原作者的观点,但为了达到忠实的目标,他还是应该摒弃自己的主观意识形态倾向,忠实地将原作的思想尽可能准确地表达出来。

同样,严复的第二条标准"达"或者说是流畅,也应该这样解释,即基于对原作的准确理解,译者须用流畅的语言将原文在译入语中加以表达。虽然不可能有绝对的忠实原文,但是相对来说,"达"还是可以实现的。但是这需要有两个前提:第一,不仅在内容上还要在文体风格上都要忠实于原文,根据目标语言的习惯来加以表达。对于许多像严复那样的译者来说,这一点可能同第一条标准同等重要。第二,对于读者来说,由于他们只有很少甚至没有任何关于源语言的知识,他们对自己所读到的文本的理解基本上取决于翻译。如果译文不具备可读性,那么显然从读者的角度来看,译文就是失败的。但是,仍然有一些作者和学者,比如鲁迅,他们提出一种"宁信而不达"的翻译标准,也就是说,不惜牺牲表达上的流畅和语句的通顺而一味追求"信"。他们希望借此能够对那个时代的人们在意识形态上产生巨大的冲击。[2]尽管大多数学者认为,在"信"的基础上,"达"可能是与"可读性"画等号,但是严复的原则仍然还是不确定的并且引起人们的争议。

如果我们对前两条标准的合法性不加以否定的话,那么第三条标准就更具争议了。因为,严复的第三条标准是"雅",但这绝不是指从现代文学语言的角度来看待目标语(汉语)的译文是否优美,而是指要使用两千多年前的先秦时期的文学语言来表达译文。由此看来,严复的第三条标准绝不可能适用于当代的普通读者,只是适用于那些有着强烈精英意识和深厚古典文学功底的少数读者,因为只有他们才具备普通人所不能及的文学艺术和语言修养。所以,从语用的角度来看,这样的翻译应该是失败的,因为对

---

1 Fred Inglis, *Cultural Studies*, Oxford, UK: Blackwell, 1993, p. 85.

2 这方面最典型的一个例子,就是鲁迅的一篇颇有争议的文章《硬译与文学的阶级性》。这篇文章在20世纪30年代引发了文人的热烈讨论。

于当代读者来说,他们都无法读懂严复的许多译著和作品。众所周知,中国的古汉语和现代汉语的差距甚大,所以对于中国学生来说,掌握古汉语的精髓就如同掌握英语的精髓一样,都具有很高的难度。经过五四新文化运动,文言文已经日渐消亡,那么将它作为理想的文学翻译的标准语言,其意义又何在呢? 从当代读者的观点来看,不难得出严复的第三条标准既不实用也不合理。因为这条标准已经丧失了它的语用功能,所以不能将它视为一条好的标准。

诚然,我们应该承认,严复是一名坚定的、忠诚的政治革命者,他为推翻中国的封建社会作出了巨大的贡献。但是,隐藏在他的激进的政治观点另一面的保守倾向,却在他的理想化的翻译标准中得到了充分的体现。尽管已经有许多中国学者或译者都竭尽全力想要改写或重新阐释严复的标准,我还是想基于对严复三条标准的理解或者是有意的误读,提出我自己对于理想化的翻译标准的重新建构:(1) 仔细认真地阅读,通过阅读原文的字里行间 (言语的深层结构) 以及字面背后的引申含义 (隐匿的文化内涵、文学传统和其他背景知识) 对原文有一个全面的理解和把握;(2) 创作出一个完美的转述,不仅要流畅而且还要保留原作的风格,不要将译者自己的主观感受强加给译文;(3) 在不改变原作风格的基础上,进一步提高译文的质量,使其达到目标语言中现代文学语言中较高的水平;(4) 在译文中传达超出语言结构或字面层次的文化内涵。这也就是说,译者首先要与原作者或者文本在语言层面的转述上达成共识,然后才能提升到文化阐释这一更高的层面。如果可以达到这一点的话,我们就可以超越自己,将自己提升到在文化层面进行文学和文化翻译的水平。

寻求不同层面上的对等

事实上,经过一系列争鸣之后,不少译者已经认识到,翻译的过程就如同一个寻求对等的过程,在目标语言中通过这种对等的诉求来转述原文的含义。但是一提到对等,人们总是会马上想到,有没有可能在两种语言中找到绝对的一一对应的词语? 答案自然是否定的。王佐良先生根据自己在翻译文学作品的实践中积累的经验,总结出了如下三点:(1) 翻译要译出整个概念并且表达出整体情感,绝不是词对词的翻译;(2) 要讲文体,不同的文体要有不同的译法;(3) 更多地注意读者。[1]换言之,与其他方面相比,更重要的应该是文化上的对等。显然,这些对等的取得,绝不是来源于同一个层面。举英译汉为例,我们可以将这样的对应至少分为如下四个层面:(1) 语词层面上的对应,在翻译单个句子时,采取的词对词的译法;(2) 单句层面上的对应,不能将句子分割开来;(3) 段落层面上的对应,不要对段落进行任意添加取舍;(4) 全文层面上的对应,在不改变原文的内容和意思的基础上,对文本的段落甚至结构进行重新编排。如果我们说前三种对应是语言层面的对应,那么最后一种对应无疑是文化层面的对应。若是将原文的含义在目标语中进行表达的过程中,前三种对应都与表层结构紧密相关,而第四种对应则显得更为细微,并且更不容易为人们所把握。如果译者能够理解原文的内容,并且善于通过词典正确地选择能够表达原文的字词,那么单词层面的对应就不是一件难事。如果我们认为一个经过翻译的句子是忠实的话,那么这就表明在句子层面找到了对应。在段落层面寻求对应也不外乎是调整原文的句子结构,或者是对同一段落中的句子进行重组。但是第四种对应则是最难以把握的,而且也最具争议,因为那是一种文化翻译,而绝非仅仅是在前三种层面上的文字转述。在此,我想引用古代文言文中的一个例子,因为它曾被一位西方的汉学家翻译成英文并在英语世界产生了较大的反响。这篇原文便是陶渊明的《桃花源记》("The Peach Blossom Spring: Poem and Its Preface"),由海陶玮 (James Hightower) 翻译,全文如下:

During the T'ai-yuan period of the Chin Dynasty a fisherman of Wuling once rowed upstream, unmindful of the distance he had gone, when he suddenly came to a grove of peach trees in bloom. For several hundred paces on both banks of the stream there was no other kind of tree. The wild flowers growing under them were fresh and lovely, and fallen petals covered the ground—it made a great impression on the fisherman. He went on for a way with the idea of finding out how far the grove extended. It came to an end at the foot of a mountain whence issued the spring that supplied

---

1 王佐良,《翻译:思考与试笔》,北京:外语教学与研究出版社,1989年版,第35页。

the streams. There was a small opening in the mountain and it seemed as though light was coming through it. The fisherman left his boat and entered the cave, which at first was extremely narrow, barely admitting his body; after a few dozen steps it suddenly opened out onto a broad and level plain where well-build houses were surrounded by rich fields and pretty ponds. Mulberry, bamboo and other trees and plants grew there, and crisscross paths skirted the fields. The sounds of cocks rowing and dogs barking could be heard from one courtyard to the next. Men and women were coming and going about their work in the fields. The clothes they wore were like those of ordinary people. Old men and boys were carefree and happy.

When they caught sight of the fisherman, they asked in surprise how he had got there. The fisherman told the whole story, and was invited to go to their house, where he was served wine while they killed a chicken for a feast. When the other villagers heard about the fisherman's arrival they all came to pay him a visit. They told him that their ancestors had fled the disorders of Ch'in times and, having taken refuge here with wives and children and neighbors, had never ventured out again; consequently they had lost all contact with the outside world. They asked what the present ruling dynasty was, for they had never heard of the Han, let alone the Wei and the Chin. They sighed unhappily as the fisherman enumerated the dynasties one by one and recounted and vicissitudes of each. The visitors all asked him to come to their houses in turn, and at every house he had wine and food. He stayed several days. As he was about to go away, the people said, "There's no need to mention our existence to outsiders."

After the fisherman had gone out and recovered his boat, he carefully marked the route. On reaching the city, he reported what he had found to the magistrate, who at once sent a man to follow him back to the place. They proceeded according to the marks he had made, but went astray and were unable to find the cave again.

A high-minded gentleman of Nan-yang named Liu Tzu-chi heard the story and happily made preparations to go there, but before he could leave he fell sick and died. Since then there has been no one interested in trying to find such a place. [1]

　　根据严复的前两条标准，很显然，这篇译文可以称为一篇不错的译文。同时，这篇文章还有助于人们消除中国文言文作品，尤其是中国古代诗词的不可译性。对于有着较好英文基础但文言文功力不深的中国当代青年读者来说，阅读英译文或许更容易些。根据中国文言文简明扼要的特点，原文十分简短，只有一段，但是英译文却分为四段。原文是一首叙事体的诗，作为《桃花源记》的序，但是译文读上去好像是一篇独立的故事，或者是一篇有着深刻寓言意义的故事，其中四个段落正好是一个完整故事的"起、承、转、合"，可以让人们以寓言的方式进行解读并且还可以引发一些新的含义。我认为，对于英语世界的读者来说，只有从第四个层面即文化层面上着眼，这篇译文才达到了与原文的对应。有了这样的理解，他们才有可能真正理解这篇文章的含义。同时，这篇流畅优美的现代英语散文体译文还帮助那些文言文基础不太好的中国学生对这篇文章的理解更加准确和自如。尽管在表达原文的某些细微之处可能会存在一些误解，但是这篇文章仍是一篇比较成功的译文，因为它不仅从语篇的角度

---

1 引文选自海陶玮的 *The Poetry of Tao Ch'ien*, Oxford: Clarendon Press, 1970。为了让读者有一个对照，特将陶渊明的原文附上：

桃花源记

　　晋太元中，武陵人捕鱼为业。缘溪行，忘路之远近。忽逢桃花林，夹岸数百步，中无杂树，芳草鲜美，落英缤纷，渔人甚异之。复前行，欲穷其林。林尽水源，便得一山，山有小口，仿佛若有光，便舍船从口入。初极狭，才通人，复行数十步，豁然开朗。土地平旷，屋舍俨然，有良田美池桑竹之属。阡陌交通，鸡犬相闻。其中往来种作，男女衣著，悉如外人。黄发垂髫，并怡然自乐。见渔人，乃大惊，问所从来。具答之。便要还家，设酒杀鸡作食。村中闻有此人，咸来问讯。自云先世避秦时乱，率妻子邑人来此绝境，不复出焉，遂与外人间隔。问今是何世，乃不知有汉，无论魏晋。此人一一为具言所闻，皆叹惋。余人各复延至其家，皆出酒食。停数日，辞去。此中人语云，不足为外人道也。既出，得其船，便扶向路，处处志之。及郡下，诣太守说如此。太守即遣人随其往，寻向所志，遂迷，不复得路。南阳刘子骥，高尚士也，闻之，欣然规往，未果。寻病终。后遂无问津者。

忠实于原文,而且目标语言的表达非常流畅。在文体方面,译文却存在一些问题,[1]因为在保留原文的风格和朗读时的韵律等方面,中国古代文学作品,尤其是诗歌体裁的作品,确实是不可译的。这时翻译的主要问题就是要将原文的诗歌体裁变成散文体裁,因此,译文就会丧失文言文和古诗词的优美和韵律。从文化的角度来看,在阅读英文译文的时候,对于具有一些弗洛伊德的精神分析知识的读者来说,可轻易地发现一些精神分析的因素——重归子宫,但是在阅读中文原文的时候,读者却很难体会到这种感觉。由此我们发现,在汉译英的过程中,确实很难甚至无法实现绝对的对应,否则的话,译文读起来就根本不会像是地道的英语。因此对于那些能够用英语进行表达的学者来说,只能对《桃花源记》进行一些文化上的批评而不可能是美学或形式上的批评,因为原文中的不少形式上的因素在翻译的过程中已经失去了。这尤其在将中国古典文学作品译成外文时是难免的。

暂时的结论:解构二元对立的现象

从上述的例证我们可以得出一个暂时的结论,即从中西比较文化的角度来看,中国的古典文学在某种程度上既是可译的又是不可译的。因此,我们就应该对中国古典文学作品的可译性和不可译性这两种极端的二元对立进行解构。我认为,从原文的语词层面、单句层面、段落层面甚至是篇章层面和内容及基本含义的角度,中国古典文学作品都是可以翻译的;但是中国的古典诗词往往以其一词多义、象征性、审美意象和隐喻特征等而闻名,这些对于有着深厚中国文化素养和文学功底的中国读者来说并非难事,而对于另一文化背景里的人来说则是相当困难的,尤其是古典诗歌中的晦涩词句至今仍有着争议,所以从这个角度来说,它又是不可译的,或者说,再好的译文也必定会失去一些东西,就好像《桃花源记》的译者的这篇译文一样,即使有着表达的流畅和译文的优美等优点,但依然失去了原文的一些形式上或韵律上的美。从这点说,通过不同的文化内涵、美学修养和译者的翻译

---

1 我们在讨论翻译的"归化"和"异化"问题时,不难发现这一倾向。西方汉学家将中国文学作品译成西方语言时,往往采取的策略是"归化",即让译文读起来像原文一样。这从后殖民理论的角度来看,无疑是一种强势(语言)文化对弱势(语言)文化的"归化"或殖民。本书将在后面一章专门讨论这个问题。

技巧,达到不同层面的相对的对应仍是可以实现的,但是绝对的对应却是永远也无法实现的。总之,我们只可能获得某些方面的对应,却无法获得全部的对应。可能这主要是因为文化上和文学传统上的巨大差异所致。从这个角度来说,我提出的这些策略旨在尽量缩小文化上的差异,从而使译文尽可能地达到某种相对的对应。

理论的翻译：中国批评话语的重构

中国的人文知识分子大都已经认识到，我们正处在一个全球化的时代，民族、文化、宗教信仰甚至学科间的界限也因此而变得越来越模糊。理论的传播通常以翻译为媒介，因而实际上，翻译成了文化交流中的主要手段之一。雷纳·舒尔特 (Rainer Schulte) 和约翰·比格奈特 (John Biguenet) 在把翻译当成一种交际手段时指出："交际可以发生在以下几个层面上：通过艺术创作，通过文本的阅读和解释，通过把文本由一种语言翻译为另一种语言。因此在所有情况下，翻译都涉及转换。"[1] 由于本文主要涉及文学和文化的翻译，我认为有必要再次在中西文化和文学比较的大语境下，对传统意义上的翻译进行重新定义。很显然，在中西文化和理论的交流中，翻译的功能不仅是提供一个语言译本，更多的是充当了文学阐释中不可或缺的一种手段。各种各样的批评理论、学术思潮和文化流派通过翻译和误译，解释和误解，从西方旅行到东方，进而在东方语境中产生出许多变了形的版本。因此，我首先要描述翻译在全球化语境中的新的作用，并以此作为对未来翻译之功能的各种悲观观点作出回应，然后将对中国批评

---

1 Rainer Schulte and John Biguenet, eds., *Introduction to Theories of Translation: An Anthology of Essays from Dryden to Derrida*, Chicago and London: University of Chicago Press, 1992, p. 9.

话语的重构和所谓的中国文化的非殖民化问题进行区分，试图以此来捍卫后殖民和文化研究意义上翻译的合法性。

全球化时代翻译的功能：重新审视

很明显，在全球化时代，传统意义上的时空观念被大大地浓缩了，信息的传递超出了人们的想象。我们现在居住的地球也因此变成了一个硕大无垠的"地球村"(global village)，来自各个国家，甚至是不同大陆的人们，带着不同的文化背景以各种各样的方式进行交流。而实现这种交流的最常用的手段无疑是语言，或更具体地说，是通过英语的媒介实现的。英语因此而被认为是一种国际性的工作语言，至少在学术和文化领域是如此。翻译从根本上说来是将一种语言的意义转换到另一种语言，它已经成为信息交换和人际交流的主要手段。但这只是翻译的狭窄意义，或语言学层面上的意义和作用。从其更为宽泛的意义上来说，或从后殖民和文化研究的意义上来说，翻译则是文化阐释和再现的主要手段。我这里要讨论的是霍米·巴巴的后殖民理论意义上的"文化翻译"。[1]众所周知，自从翻译产生以来，对何为理想的和最确当的翻译就展开了热烈的讨论。在中国，严复的信、达、雅之翻译标准的提出在推动中国的政治和文化现代性方面起了重要的作用，虽然这一翻译标准在国际语境下并没有展开大的讨论。每一个译者都声称在翻译的过程中正确地理解了原文，其译文也是最忠实的。但是，谁是这种译文的判断者呢？应当是从事翻译研究的学者、翻译理论家和广大的读者大众。而几乎所有从事翻译研究的学者和理论家都无法说服批评界，因为完全忠实于原文的译文是不存在的，在一种文化的内容通过翻译被再现为另一种文化的内容时，有些内容或形式方面的东西或多或少地会失去。即使是我们自己也无法精确地重复出我们刚刚说过的话，更不用说其他人用另一种语言来对其进行表述了。于是这便使我们面临这样一个问题：我们能否找到解决这一问题的答案呢？或者说在翻译的过程中，文化的本真性能否完整地保留下来呢？

首先让我们对翻译的语言学模式进行批判性的反思，因为一代又一代

---

1 在这方面，我们特别应该参考 Homi Bhabha, "How Newness Enters the World: Postmodern Space, Postcolonial Times and the Trials of Cultural Translation," in Homi Bhabha, *The Location of Culture*, London and New York: Routledge, 1994, pp. 212–235.。

的翻译理论家正是试图从这一角度来寻找解决问题的方法的。经常被中国翻译界讨论和引用的语言学家尤金·奈达曾提出"等效翻译"的概念，即翻译者的"目标是达到一种完全自然的表达，同时要把接受者与他自己文化的相关语境中的行为模式联系起来"。[1]按照奈达的这一观点，翻译实际上已经涉及了文化这一问题，而由于不同文化之间存在着的差别，完全对等是不可能也没有必要的。因此，他试图通过提出"动态对等"以便寻找一个相对相关的方法来呈现原文的意义。这一点，相对于其翻译的语言学研究方法而言已经是一个很大的突破。但是这只是从语言学角度作出的一个尝试性的解决方法。虽然奈达的理论建构强调了译者的动态功能，但是我们很容易发现，他的观点仍是建立在语言学基础之上的，或者说他观察翻译的角度是从语言的视角展开的，而不是以文化作为研究翻译的切入点。

奈达是一个语言学家，或是一个从语言学角度来探讨翻译的学者，他的理论在中西方已经遭到了后来崛起的文化翻译学者的批评或摈弃。雅克·德里达作为解构主义的代表人物或广义的文化翻译理论家，则试图在超越传统的翻译成规的基础上建立一种"确当的"翻译。在德里达看来，一个完全确当的翻译是不可能实现的，但是如果译者尽了最大的努力，达到相对确当之境地的译文还是可能的。这里重要的是，德里达所强调的是一个过程，而不是这一过程所能够产生的结果。我认为，德里达的尝试实际上已经解构了"意义可以重复"这一神话，而这也同样适用于文化的"本真性"研究。如果以上目标可以实现的话，那么翻译的意义究竟何在？根据翻译的传统定义，翻译是指"从一种语言到另一种语言的转变"。或更宽泛地讲，翻译是"一种形式到另一种形式的转变"。虽然这里的"转变"更多的是指形式上的而不是内容层面上的，但是从事这种"转变"的译者不可能完全忠实于原文。从这个意义上说，"译者就是背叛者"。当然这种极端的定义使得不少译者长期以来都难以摆脱"叛逆者"的境地。幸运的是，后现代主义者和后结构主义者已经把译者从强调其阐释主体性的理论和文学困境中解放出来。在后现代主义/后结构主义

---

1 Eugene Nida, *Towards a Science of Translating, with Special Reference to Principles and Producers Involved in Bible Translating*, Leiden: Adler's Foreign Books, 1964, p. 159.

者看来，任何意义上的中心和真理已经在一种解构的阅读和解释中瓦解。这也说明德里达是一个理论和文化意义上的阐释者而不是一个语言学意义上的翻译者。因此在我看来，译者应是一个修正者，而不是一个背叛者，因为前者在更多的情况下是在坚持原文之基础上的一种修正，而后者却是在故意地脱离原文，借以试图创建新的文本。德里达很明显是喜欢语词的，但是对他来说，这里的语词所呈现的是"道"，而不是其字面意义上的"词"。[1]

　　毫无疑问，不同的译者和学者都从不同的角度来探讨确当的翻译这一问题。我所一贯坚持的是一种文化的视角，因为在我看来，虽然有时直译在一定的情况下对于忠实地再现原文也是非常重要的，特别是在科技文献的翻译中更应如此，但是直译对于文学文本的字里行间的那种微妙的意义却毫无办法。文学作品通常隐含了微妙的文化和美学意义，如果坚持一种字面上的翻译或是直译，那么文学作品将无法翻译。几乎所有的文学翻译者都认为，在文学作品翻译的过程中，为了读者能更容易地理解原文而加一些解释，是完全必要的。因此文学翻译更多的是一种文学或文化的阐释，或是美学再现，而不仅仅是语言的转换。所以句子或语言层面上的对等是没有必要的，也是不可能的。根据语言对等这一标准，中国文学翻译的先驱之一林纾根本不能算作一个翻译家，虽然他在推进中国文化现代性和中国现代文学的传统的形成方面作出了巨大的贡献。

　　就所谓的翻译的本真性这一标准来讲，中国现代文学其实就是一种"翻译文学"。正是通过翻译大量的西方文学作品和文化理论思潮，中国现代文学最终形成了自己的新的传统，或是一种现代文学经典，这一经典不同于西方的传统，也有别于中国固有的文学和文化传统。[2]这种文学和文化传统的形成为它与中国古典文学和西方文学之间的对话提供了可能。林纾在许多精通西文的青年学者的帮助下，把大量的西方文学作品译成中文，其独特贡献是不容忽视的。可以说，他的不少同时代人或后来者正是读了他翻译的外国文学作品而受到影响和启迪的，而不是直接受到外文原著的影响和启

---

1 这里的英译文用的是大写的"Word"，其意为"道"。

2 关于中国现代文学传统的形成及意义的讨论，南京大学中国现代文学研究中心曾于2001年7月举行过一次国际学术研讨会，参阅该中心编辑的专题研究文集:《中国现代文学传统》，北京:人民文学出版社，2002年版。

迪。虽然林纾在翻译理论方面没有太大的建树，但是他的文学译文为后来的翻译理论家和学者从文化阐释的角度来研究翻译提供了许多具有代表性的文本。[1]因此，对于一个优秀的文学翻译者来说，忠实于原文的风格和精神要大大地难于忠实于原文的句子和词汇，前者是一种最高境界和最理想的忠实。我这里想重新强调在新的语境下对翻译重新定义的必要性。随着文化研究的不断深入，越来越多的学者认识到翻译与文化有着密切的关系，而文化的内涵则是无法靠语言层面的翻译来获取的。所以从文化的角度来进行翻译研究是完全可能的，而且有着广阔的前景，因为翻译至少涉及了两种或两种以上的文化，翻译也因此不能仅仅被看作是从一种语言到另一种语言的意义转换。

虽然德里达很清楚地表达了完全确当的翻译是不可能达到的，但这种翻译的理想仍是值得追求的。对他来说，莎士比亚笔下的《威尼斯商人》中的夏洛克败诉，是因为他无法从安东尼奥身上得到正好重一磅的肉，也即既不能多也不能少，更不准流出血来。这显然是任何人也达不到的。因此正如特里·伊格尔顿所说，"我们个体基本的共享是我们的身体，通过身体我们彼此属于对方，并不是建立在以上基础上的任何语言和文化社群都无法生存，在夏洛克所信仰的《旧约》文本中，身体不是处于第一位的客观物体，而是一种关系形式，是一种与个人融合的原则"。[2]所以在以语言为基础的译文中，一旦意义显示出了，便不会有忠实的重复。一个译者所能做到的仅仅是达到相对好或相对忠实的翻译，对原文来说是一个尽可能忠实的译文。因为对于一个译者来说，他首先应是一个具有对原文有着能动的理解和创造性接受的人，他的解释在很大程度上代表了他对原文的带有主观能动性的接受，因此在这一过程中毫无疑问存在着某种程度的修正，而非故意的背叛，这自然是不可避免的。而这也可能正是最理想的或确当的翻译。

那么翻译在全球化的背景下又会是什么样子呢？全球化如同一个幽灵一般在我们的脑海中游荡，影响着我们的知识生活和学术研究。很明

---

1 有关林纾对中国文化现代性的建构作出的贡献，本书后面还会讨论。

2 Terry Eagleton, "Shakespeare and the Letter of the Law," in *The Eagleton Reader*, ed. Stephen Regan, Oxford: Blackwell, 1998, p.72.

显，全球化并不是学者们杜撰出来的一种批评话语，而是我们日常生活中实际存在的一种客观现象。如果我们把1492年哥伦布发现美洲大陆作为经济全球化的开始，那么文化全球化的开始时间会更早。在全球化的影响下，文化和文学市场处于低迷的状态。人文社会科学也因知识的大量增加和信息的快速交流而受到挑战。从一方面来说，英语的功能变得越来越明显：如果作者希望自己的学术研究为国际同行所接受，就必须用英语发表自己的论文；母语不是英语的世界各地的人们如果想不依赖翻译的帮助，那么就常常要用英语而不是自己的本民族语言与他人进行交流。英语正是以这种方式在全球信息社会中扮演着越来越重要的角色。我们可以使用英语很容易地在因特网上获取资料，而若能获取大量信息，我们就易于在当前社会生存下去，因此良好的英语基础是我们获取信息的关键。如果我们仍然相信培根当年所说的"知识就是力量"的话，那么现在知识往往以信息的形式来体现，也即信息就是力量。虽然有越来越多的人已经学会直接用英语交流，但是翻译在全球化的进程中仍显得更加重要。在当前的全球化时代，我们应当更多地把本民族语言的优秀作品译成英语，或者把带有"后殖民"色彩的英语译成地道的"帝国"英语而不是与其相反。所以在全球化的时代，对译者的要求实际上是提高了。虽然越来越多的人学会把英语当作交际的工具，我们仍需要拥有综合知识和多方面技能的译者。

当前的实际情况是，经济全球化导致了文化上也出现了全球化的现象。在这样一个全球化的过程中，西方的文化，特别是美国的文化，把自己的价值观念强加于第三世界的文化。一些非英语国家开始担心这种可能出现的文化上的"殖民化"。在文化逐渐趋向同一的过程中，翻译又扮演了什么样的角色？首先，我们应该认识到，全球化的影响表现在两个极致：它从西方快速旅行到东方，同时又从东方缓慢地走向西方。詹姆逊曾描述道，全球化已经把不同的社会和文化现象，例如身份、社会关系和结构联结了起来，而且这种联结是放置在一个特定的历史语境中的。在全球化时代，不同社会、民族和文化之间的交流越来越频繁，问题是如何使这种交流更加有效？毫无疑问，语言，特别是英语在这种信息交流中扮演了重要的角色。因此正如舒尔特和比格奈特所指出的那样："与外语词汇的互动扩展了本民族的语言，为了能在源语中为某个比喻找到合适的对等词，译者必然在英语中发现一些不大常见的词汇，因此从事翻译的作者实际上也丰富了自己的语言。"[1]"五四"以来诞生的中国新文学正是这种英汉翻译导致的结果之一。从以上观点来看，翻译正在变得更加难以避免，其功能也不仅局限于日常的交际，而是在文化交流和政治策略中扮演着越来越重要的角色。

当前在英语世界的文化研究已对文学研究产生了重要的影响，甚至对后者提出了强有力的挑战，但是文化研究没有必要影响翻译研究。因为翻译首先就是一个文化问题，它也因此而构成了文化研究的一部分。在今天的"地球村"里，不同民族／国家之间的跨文化研究甚至必须由翻译的中介才得以实现。因此，我认为，在全球化的时代，虽然有许多文化和文学形式被放逐到了边缘位置，翻译却不会消失，相反，它在我们的文化和学术生活中，以及在日常生活中仍将占有很重要的地位。而且，不管机器翻译多么有效和有力量，它都无法取代人脑的作用，因为只有人才能认识到文化和理论中的细微差别，进而把这种差别以一种相对确当的方式表现出来，也只有人才能判断翻译是否确当。如果我们把这一原则应用到文学和文化翻译中，这一点将证明是更加有效的。

理论的翻译：中国文学的非殖民化？

毫无疑问，中国的现代性的诞生是文化翻译的结果。这种翻译当然也包括各种各样的文化思潮和学术流派。除严复以外，林纾、康有为和梁启超都通过翻译把西方的现代性引入了中国。鲁迅、胡适、郭沫若和其他一些中国现代文学和文化的主将也极力呼吁从国外，特别是从西方，译入现代学术理论和文化思潮。鲁迅提出"拿来主义"，即从国外借鉴一切对中国的文学创作和理论批评有用的东西。有些中国作家，例如郭沫若和曹禺，甚至拿自己和西方的学术大师比较。郭沫若称自己为"中国的惠特曼"，而曹禺则自喻为"中国的易卜生"，因为他自己的戏剧生涯就是从扮演易卜生剧作中的女主角娜拉开始的。在整个五四时期，文学和理论的翻译意味着从文化和政治的角度对中国的现代性和民主的改造。民主和科学，分别以"德先生"和"赛先生"来标示，在中国的政治民主性和文化现代性进程中扮演了重要

---

1 Rainer Schulte and John Biguenet, eds., *Introduction to Theories of Translation: An Anthology of Essays from Dryden to Derrida*, Chicago and London: University of Chicago Press, 1992, p. 9.

的角色，同时也预示了20世纪后半期全球化现象的出现。因此，当时的文学和理论翻译是从文化层面推进的，或更确切地说，中国的现代性进程，是从文学作品和理论的语用功能开始的。[1] 当时的许多理论主张和文学作品并不是从原文译入的，而是从英语或日语转译。[2] 当时翻译还没有被充分视为一种推广民主和革命的手段。翻译在中国现代性的形成和新文学和批评理论话语的建构过程中发挥了很大的作用，使得原先受保守观点禁锢的新文学话语也开始与外界接轨了。1919年的五四运动标志着中国新文学，即中国现代文学的诞生。这一运动同时也加速了中国的现代化的进程。在这一时期，翻译达到了真正的繁荣，大量流行的西方文化思潮和文学理论蜂拥进入中国，西方的学术大师，如叔本华、柏格森、尼采和弗洛伊德在中国学者举办的沙龙和他们的著作中高视阔步，这对中国学者的学术生涯和研究产生了重要的影响。浪漫主义、现实主义和现代主义，也是通过翻译引入中国，也帮助产生了具有中国特色的一些文学流派，同时也为20世纪后半期后现代性和后殖民主义理论思潮的翻译奠定了基础。

在19世纪末期以及后来的五四时期的译者中，林纾的贡献最引人注目。林纾现象的出现也是史无前例的。从今天的语言学翻译研究角度来看，林纾的翻译是不确当的，因为他的翻译是建立在其他懂西文的人先行口头翻译之基础上的，但是从历史和文化的角度来评判的话，他在文化和理论层面的翻译则是成功的。正是通过他的能动性翻译和阐释，相关的西方学术思潮和文学作品均在中国产生了新的意义，并逐渐成为中国文学和文化的一部分，不断地影响着一代又一代中国的学者和作家。他的译作以优雅和具有可读性与吸引力而著称，因此被认为是中国现代文学的一部分。很明显，中国的翻译文学扮演了重要的角色，以至于许多作家都承认他们所受到的西方影响大大地多于中国古典文学的影响。许多今天的学者也承认，是（翻译过来的）西方学术大师的著作，而不是中国古人的作品影响了他们的学术思想。从这种意义上来说，对西方理论的翻译，实际上为中国文学

1 虽然上述这些文学大师本人并没有做太多的翻译理论工作，但是他们却从自己的理论视角对一些西方作家的作品进行了评论和翻译，客观上为后来的翻译研究提供了一些经验性的文字。

2 我这里仅提出一些不是从源语言译入的文学作品和理论作品的例子：不少马克思的著作是从日语或俄语转译过来的；易卜生的戏剧作品和克尔凯郭尔的作品则大多是从英语和德语转译而来的；弗洛伊德的著作大多是从英语转译而来；等等，不一而足。

的"殖民化"以及新的具有"翻译"色彩的文学和批评话语的形成奠定了基础。

虽然五四运动的历史意义存在着争议,但它已经成了历史的一部分。我们生活在一个全球化的时代。在这样一个信息爆炸的"地球村"中,我们可以很容易地与他人进行交流。这一信息社会又赋予了我们一个网络空间,如果我们掌握了英语,那么就能很容易地、直接地与外界进行交流。传统意义上的中国语境下的翻译研究,虽然在很长一段时间内由于外国语言学和应用语言学的存在而被边缘化,但它却在快速发展的过程中。[1]"文化大革命"以后,中国实施了开放政策和经济改革,越来越多的西方文化思潮、文学作品和批评理论开始涌入我国。不少人戏谑地描述,还没等到我们赶上现代主义思潮的节奏,又遇到了后现代主义;没过多久,现代性这一概念便成为一个过时的理论话语,虽然这一概念迅速地又与全球化语境下的后现代性密切相连,并且它已经或多或少地被后现代主义和全球化的话语所替代,但是仍有人认为,即使在全球化时代,现代性仍是一个未完成的概念,后现代性应是其一部分。[2]我们可以在全球化的语境下把各种后现代理论作为阐释和分析各种文化现象的有效工具。也许有人会认为,文化翻译或误译以及阐释使得中国的批评话语或多或少地被"殖民化"或"混杂"了,造成的一个后果则是,在国际文化理论交流中,中国学者的声音十分微弱甚至几乎难以被人听到。中国的民族和文化身份也因全球化的到来而日益变得模糊起来。但是正如斯皮瓦克指出的那样:"在一个帝国疆界内,一个刚刚独立的民族,屈身从上层文化寻求一种混淆了宗教、文化和意识形态的'民族身份'时,总是免不了经历一种风格上的丧失。"[3]毫无疑问,斯皮瓦克作为一个成功的后殖民知识分子,不断地从边缘向中心运动,最终成为世

---

1 根据国务院学位委员会对学科门类的划分,翻译研究一开始是包括在外国语言学及应用语言学这一二级学科之下的,虽然这一学科原先在1980年代曾经是一个相对独立的二级学科。有些翻译研究者一直试图把翻译研究看作与外国语言学及应用语言学并列的一个二级学科。一些具有一级学科博士学位授予权的学校,如上海外国语大学,则在外国语言文学一级学科之下自行设立了翻译学的二级学科方向。2013年,国务院学位委员会对学科目录进行调整,翻译学被列为外国语言文学一级学科之下的五个研究方向之一,并成为二级学科。

2 有趣的是,在经过对西方后现代主义理论和文化思潮的热情翻译和引进以后,中国学者开始反过来对现代性问题进行反思,这在因哈贝马斯2001年4月在北京作了一个演讲之后出现的"哈贝马斯热"中也有具体的体现。

3 Gayatri Chakrovorty Spivak, *A Critique of Postcolonial Reason: Toward a History of the Vanishing Present*, Cambridge, Massachusetts: Harvard University Press, 1999, p. 64.

界上最著名的文学和文化理论家之一。[1]她的学术生涯就是开始于对批评理论的翻译，或者更确切地讲，开始于翻译和阐释德里达的解构主义批评理论。如今这一理论不仅影响了她自己的批评理论，甚至帮助她建构了以后殖民和第三世界批评为特征的批评话语。现在我们不得不承认，斯皮瓦克以其独特的理论话语、富于雄辩的声音和有力的写作风格而成了一位非常有影响的后殖民理论批评家。马克思、尼采、德里达和德曼等人的影响在她身上都有所体现，使她形成了具有自己特色的后殖民理论风格和批评话语。实际上并不是其他人"殖民化"了斯皮瓦克，而恰恰是斯皮瓦克本人以其理论和著述风格正在"殖民化"或影响他人。霍米·巴巴的情况也是这样。他的后殖民理论因其"文化翻译"而具有自己的特征，已经对翻译研究领域内的"文化学派"产生了重要的影响。2002年，他提出了一种"少数人化"的策略，试图以其作为对全球化的宏大叙事的反拨。[2]

中国是世界上人口最多的国家，有着五千年的悠久历史和丰富的文化遗产。它过去从未而且将来也不会被完全地"殖民化"。不论我们通过翻译引入多少西方的文化思潮和批评理论著作，中国自己独特的民族文化和批评理论话语总是存在的，只是会出现一些不可避免的"混杂"现象，因此我们不必担心中国文化是否会被"殖民化"。相反的情况是，许多汉学家，在他们讲授和研究中国文化的过程中已经在某种程度上被"汉化"了。这种汉化有时是他们自己所寻求的，而不是别人强加的，在很大程度上是出于对中国文化的敬仰和推崇。同时，一些在国际市场上获得成功的中国电影也帮助西方观众了解了中国的文化，虽然这些电影有时或多或少地被西方媒体的"翻译"或审美再现手段"东方化"，或有时表现出与西方观众对中国的想象中的"期待视角"相吻合而受到国内批评界的批评。[3]在国际文化交流中，我们无法保留我们文化的每一个方面，特别是当我们把自己的文化翻译成另外一种语言时更是如此。如果我们想让我们的外国观众能理解这

---

1 参见斯皮瓦克20世纪末出版的著作《后殖民理性批判》封底上的广告语。

2 应我的邀请，霍米·巴巴首次来中国并在2002年7月清华大学举办的"后殖民主义高级论坛"上作了题为"黑人学与印度公主"的演讲。他提到，在当今世界，"一方面有一个全球化的过程，另一方面则是少数人化的过程，后者表现为另一种形式的全球化"。他演讲的中译文发表在《文学评论》2002年第5期上，因此也给了中国学者很多启示。

3 这方面的一个例子，就是李安的电影《卧虎藏龙》在国际文化市场和电影业内的巨大成功，虽然它在中国大陆观众中也产生了一些争议。

一经过"翻译"的作品,我们就必定会丢掉某些东西。林纾对西方的文学作品的翻译就是如此。虽然林纾的译作丢掉了很多东西,但是经过他翻译的西方文学作品的精髓依然存在,只是用了另一种语言加以表达罢了。因此我认为,在翻译过程中这种民族和文化身份的部分丧失,也许是中国的理论批评话语建构和重构中必不可少的一步,通过这一步,中西方文学和文化之间真正平等的对话将有可能在全球化的语境中实现。

翻译与中国批评话语的重构

如前所述,在全球化的时代,理论的传播并不仅仅是从西方到东方,或是由中心到边缘,同时它也会从东方到西方,从边缘到中心,在边缘和中心同时产生影响因而消解人为造成的帝国之中心。全球化的到来已经在某种程度上打破了民族和国家间的界限,边缘和中心的区别。现在的跨国公司在各地出现,全球化也不再像幽灵一样困扰着我们的生活和工作。它可以帮助人们走出封闭的圈子,使人们在"地球村"中有效地进行交流。在学术研究领域,它以一种有效的方式使得学者们的研究成果达到国际化和全球化的境地,同时,我们中国学者也可以在它的帮助下就任何一个理论和学术话题与国际同行进行有效的交流和对话。[1]令人遗憾的是,在很长一段时间内,尽管中国的译者实际上一直在推动中国政治和文化现代性方面做了大量的工作,但他们在国际理论界发出的声音却很小,有时甚至根本不被国际同行听到。在过去的几十年里,由于中国实施了改革开放的政策,这种状况已经得到一些改善。越来越多的学术论文以英语或法语发表在国际刊物上;越来越多的学者在国际翻译理论界发出越来越强劲的声音。[2]当我们面临一个无处不在的强有力的(西方)批评话语时,如何才能实现我们翻译研究的国际化和全球化目标?以下是我所要强调的策略。

---

1 虽然在过去,中国的翻译学者喜欢讨论由严复提出的翻译信、达、雅标准,但是现在他们已经认识到了与国际同行交流的重要性。现在他们不但在一些国际学术期刊,例如 *Perspectives: Studies in Translatology, Target, META 和 Babel* 等上大量发表论文,同时他们也积极地参与组织和举办亚洲翻译家论坛和其他的一些国际翻译学术会议。

2 在这方面,我尤其想指出,由于一些编辑人员的远见卓识和跨文化视野,一些国际翻译学术期刊,例如 *Perspectives: Studies in Translatology, Target, META 和 Babel* 已经发表了许多中国学者用英语撰写的论文,从而使国际翻译研究界对中国的翻译研究有了一些了解。其中 *Perspectives: Studies in Translatology, Target* 分别在 1996 年和 2003 年两度推出关于中国翻译研究的专刊,*META* 也在 1999 年出了一期关于中国翻译研究的专刊。

很明显，正如我在前面所提到的，理论的传播并不仅仅是从中心到边缘，它有时依循的是一条相反的路径，即从边缘向中心运动，并且在边缘和中心同时产生影响。以俄苏文化理论家和文学批评家巴赫金的理论为例，巴赫金的理论首先在苏联（当时的文化边缘）产生后旅行到了西方（当时的文化中心），而后又回到了本土，最后其影响遍及了全世界。作为20世纪主要的思想家之一，巴赫金的思想涵盖了语言学、心理分析、神学、社会理论、历史诗学、价值论以及人文哲学。[1]他的著作讨论的问题非常广泛，几乎涉及了所有的人文学科，其研究范围涉及女性主义、后现代主义、文化研究甚至生态批评。正是在当时学术气氛相对封闭的苏联，巴赫金在没有参考当时盛行的西方批评理论的情况下写出了自己的理论著作。他的以对话性为特征的理论架构实际上涉及了结构主义和后结构主义之间的对话，其理论的阐发也达到了一种极致，以至于在西方甚至在中国讨论巴赫金成为一种时尚。巴赫金的理论被一遍又一遍地翻译和重译，在这样一个过程中，一个个新的"巴赫金"在不同的文化语境中被"建构"出来。巴赫金根本无法想到自己的理论会在日后产生如此巨大的影响。在各种批评理论领域，巴赫金都受到了欢迎。结构主义者和后结构主义者在不断地发现和翻译他的理论。这种现象首先发生在1970年代的西方，随着《巴赫金全集》1998年在中国的出版而达到顶峰。[2]很显然，理论的翻译弥合了边缘和中心的间隙，并最终模糊了这一人为的界线。巴赫金现象的出现无疑为我们中国学者和国际学术同行进行平等的对话提供了一个很好的模式。

作为从事国际文化学术交流的思想开放的学者，我们从巴赫金理论的翻译和传播中又能获得什么样的启示呢？首先，我们对西方的学术理论涌入中国不必感到恐惧。因为文化全球化和经济全球化并不是同一个概念。文化的多样性尽管会受到经济全球化的威胁，但这种多样性仍会存在。经济全球化一方面导致了文化的趋同性，但同时也带来了文化的多样性，而

1　Cf. Katerina Clark and Michael Holquist, *Mikhail Bakhtin*, Cambridge, Massachusetts: Harvard University Press, 1984, p. vii.

2　虽然是西方学者首先"发现"了巴赫金，后来又在20世纪末"重新发现"了他，但《巴赫金全集》（七卷本）中文版则是1998年率先由河北教育出版社出版的。对于这一事实，连率先在英语世界"发现"和翻译巴赫金的美国学者迈克尔·霍奎斯特（Michael Holquist）也感到"不好意思"。

后者在今天更为明显。大量的历史证据证明,经济实力强大的帝国并不一定就能产生优秀的文学艺术作品。那些不发达或欠发达的第三世界国家也有可能产生杰出的艺术佳作,虽然这些国家经济力量相对薄弱,其现代性的文化土壤相对稀薄。在文学创作方面,这尤其表现为19世纪俄国现实主义小说的崛起和20世纪拉丁美洲"魔幻现实主义"小说的产生。在文学理论批评方面,中国对后现代主义的批评性和创造性的接受也证明了以上的观点。[1]对西方理论的翻译和介绍并不意味着要抹杀我们自己的文化或批评话语。我们应当在实现我们的第二个目标以前对西方同行如何探寻新的批评理论有一个清晰的了解,也就是说,要在与国际同行平等的对话中找到我们和西方学者共同感兴趣的话题,进而在这种讨论和对话的过程中完成我们批评话语的建构和重构。这样我们在国际上的声音就会更加有力。

目前,让世界各地的人都懂我们的汉语是不可能的。一方面是这种语言很难掌握;另一方面,中国目前的经济状况仍无力承担所有外国学者学习和研究汉语文化的费用。[2]即使我们的西方同行掌握了汉语,对他们来说,理解中国文化的微妙之处和中文的美学精髓也非常困难。因此,目前我们别无选择,只能暂时先用英语与国际学术界交流,借以把我们优秀的文化产品和批评理论介绍到国外。如果我们想以我们自己的理论建构说服国际同行,那么我们现在就应首先使用我们从西方借来的批评和理论话语与他们进行交流,通过这种直接的对话和交流对我们的国际同行也产生影响和启迪。即使是这样,这种借来的(西方)话语也已经在我们使用的过程中与我们本土的批评和理论话语融为一体了。在我们的文学创作过程和批评实践中,这些文学和批评话语已经发生了某种程度的变异,进而产生一些新的意义,也正是这种新的意义又反过来影响了我们的西方和国际同行。我认为这正是理论传播的另一个路向。

从文化翻译的角度来看,我们可以说,林纾在19世纪末和20世纪初对

---

1 关于中国文学创作界和文化理论界对后现代主义的接受,我已经发表了大量的英语和汉语文章,此处无须赘言。在这方面,尤其可参见Wang Ning, "The Mapping of Chinese Postmodernity," in *boundary 2*, Vol. 24, No. 3 (1997): 19–40.。

2 21世纪初,中国政府决定投入大量资金在西方国家设立中国文化中心和孔子学院,以推动中国语言和文化在全世界的传播。

西方文学作品的翻译为我们树立了一个典范。当然对于译者而言，我们应该首先打下坚实的外语基础，积累广博的文化知识，然后才能从事这方面的翻译。在今天的全球化时代，由于越来越多的人掌握了英语，而且能用英语进行国际交流和文化翻译，林纾的翻译模式已经过时。所以在具体的翻译过程中，如果要把我们的文化、文学和理论纳入全球化的视野，文化层面的翻译将变得越来越重要。

流散写作与中华文化的全球性特征

如前所说，当今的中国人文社会科学学者一般都不否定，我们正处于一个全球化的时代。在这样一个时代，文化研究学者们已经越来越重视对流散 (diaspora) 现象以及由此而导致的流散写作的研究[1]。流散现象已经成为全球化时代文化研究视野中的又一个热门话题。毫无疑问，追溯流散现象出现的原因，必然首先考虑到全球化给世界人口的重新分布和组合带来的影响。从历史的观点来看，造成这一现象的一个根本原因，就是始于19世纪并在20世纪后半叶达到高潮的全球性大移民。伴随着这种大规模的移民浪潮，固有的民族-国家之疆界变得模糊了，民族文化本身也发生了裂变，作为其必然产物的文学和语言也就越来越具有世界性或全球性特征。而从文学的观点来看，流散写作本身又有着自身的内在发展逻辑和历史渊源。它一方面拓展了固有的民族文学的疆界，另一方面又加速了该民族文学的世界性和全球化进程。本文所要讨论的就是这种流散现象在文学上的反映以及它对加速中华文化和文学的全球化步伐的积极意义。在我看来，这也是比

---

[1] 实际上，不仅是文化研究学者，一些比较文学学者也比较早地就开始关注"流散"和"流散写作"这一课题的研究。我最早接触这一术语和课题是在1994年8月的国际比较文学协会第十四届年会（加拿大埃德蒙顿）上，当时的大会组织者曾委托我和匈牙利裔加拿大籍学者斯蒂芬·多多西（Steven Tötösy）合作主持一个以后殖民和"流散写作"为主题的专题研讨会并作发言，但由于我本人当时对这一课题的深刻内涵不甚了解，因而发言最终未能成文发表。

较文学学者在一个新的跨东西方文化语境下的重要研究课题。

全球化与流散

对于全球化与流散这两个概念，虽然马克思和恩格斯并没有直接使用，但他们早在1848年就在《共产党宣言》中颇有预见性地描述了资本主义从原始积累到大规模的世界性扩张的过程，并且富有预见性地指出，由于资本的这种全球性扩张属性，"它必须到处落户，到处创业，到处建立联系。资产阶级，由于开拓了世界市场，使一切国家的生产和消费都成为世界性的了……"[1]毫无疑问，伴随着资本的对外扩张，发展和操纵资本的运作与流通的人也就必然从世界各地（边缘）移居到世界经济和金融的中心——欧美发达的资本主义国家，在那里定居、生存乃至建立自己的社区和文化。而他们一旦在经济和金融的中心确立其地位后，便考虑向边缘地带渗透和施加影响。在这里，他们一方面通过代理人或中介机构推销他们的产品，推广他们的文化和价值观念，另一方面，则在当地"本土化"的过程中逐渐形成一种介于中心和边缘之间的"全球本土化"的变体。这实际上就是全球化时代流散的双向流程：既从中心向边缘地带快速地流动，同时也从边缘向中心地带缓慢地推进。不看到这一点，只看到强势文化对弱势文化群体的施压而忽视弱势群体对前者的抵抗，就不能全面地、辩证地把握流散现象的本质特征。

对流散这一课题的研究在国际文化研究领域内并不算新鲜。现居住在新加坡的澳大利亚籍华裔学者王赓武（Wang Gungwu）和已故美籍土耳其裔学者阿里夫·德里克（Arif Dirlik）等都对之有着精深的研究，并且出版了多种著述：前者着重考察的是华人的海外移民及其生存状况，后者则讨论包括华裔在内的整个亚裔社群在美国的多元文化社会中的生存和身份认同问题。[2]但他们作为历史学家，主要关注的是流散这一历史文化现象，较少涉及作为一种文学现象的流散写作。在谈到美国亚裔社群的生活现状时，德

---

1 关于资本主义的世界性扩张以及对文化知识生产的影响，参见马克思、恩格斯，《共产党宣言》，北京：人民出版社，1966年版，第26—30页。

2 这方面尤其可参见 Wang Gungwu, *China and the Chinese Overseas* (Singapore: Time Academic Press, 1991), Wang Ling-chi and Wang Gungwu eds., *The Chinese Diaspora* (2 volumes, Singapore: Eastern Universities Press, 2003)，以及阿里夫·德里克，《跨国资本时代的后殖民批评》（王宁等译，北京大学出版社，2004年版）中的有关论文。

里克有一段论述比较精辟："亚裔美国人运动建立了一种意识形态和结构上的新语境，它贯穿在这些矛盾之中，直至今天仍然是理解美国亚裔社区的准则，这一运动使美国亚裔社区问题扎根于美国土壤中。同时，它还赋予泛种族主义认同合乎规范的身份，这样，尽管种族'非认同'作为一种选择始终存在（也许还存在于日常实践中），但它不再显得'自然'，而是要求对新准则进行解释和辩护。"[1]实际上，亚裔流散族群作为一个客观存在的现象已经给美国的多元文化格局增添了新的成分，而他们的文化和写作则必然对主流话语起到既补充又挑战的作用。正如一些具有远见卓识的美国文学史家所承认的，包括华裔写作在内的亚裔英文写作的崛起，从客观上为20世纪的美国文学史增添了新的一页，使之真正具有了多元文化的特色。[2]

一般说来，diaspora 这个词在英文中最初具有贬义的特征，专指犹太人的移民和散居现象，后来它逐步宽泛地用来指涉所有的移民族群，但却很少被人用来指涉欧美国家的移民族群。因此王赓武气愤地质问道："为什么西方学者不以此来指涉他们自己的移民族群呢？"因为这个词本身带有贬义和种族歧视的色彩。[3]但我们已经注意到，这个词在最近二十多年的文化研究中的频繁使用，使得它所带有的种族歧视的意味逐渐淡化。既然这一术语本身的内涵已发生了变化并已在文化研究领域内广为流行开来，我这里便不再另造新词，而是对之进行改造后继续沿用。本文所讨论的"流散"一词又译作"离散"或"流离失所"，对这一现象的研究便被称为"流散研究"。虽然对流散写作或流散现象的研究始于1990年代初的后殖民研究，但进入全球化时代以来，由于伴随着流散现象而来的新的移民潮的日益加剧，一大批离开故土流落异国他乡的作家或文化人便自觉地借助于文学这个媒介来表达自己流离失所的情感和经历。他们的写作逐渐形成了全球化时代世界文学进程中的一道独特的风景线：既充满了流浪弃儿对故土的眷念，同时又

---

1 阿里夫·德里克，《跨国资本时代的后殖民批评》，王宁等译，北京：北京大学出版社，2004年版，第90页。

2 这方面尤其可参见两部最具有权威性和影响力的美国文学史：Emory Elliott et al., eds., *Columbia Literary History of the United States* (New York: Columbia University Press, 1988)，特别是第1171和1174页，以及 Sacvan Bercovitch et al., eds., *The Cambridge History of American Literature* (New York: Cambridge University Press, 1994), Vol. 1. "Introduction," p. 1.。

3 参见王赓武2004年3月17日在清华大学举办的海外华人写作与流散研究高级论坛上的主题发言，《作为海外华人的写作：没有解脱的两难？》（"Writing as Chinese Overseas: Dilemma without Relief?"）。

在其字里行间洋溢着浓郁的异国风光。由于他们的写作是介于两种或两种以上的民族文化之间的，因而既可与本土文化和文学进行对话，同时又以其"另类"特征而跻身于世界文学大潮中：之于本土，他们往往有着自己独特的视角，从一个局外人的眼光来观察本土的文化；而之于全球，他们的写作带有挥之不去的鲜明的民族特征。在当今时代，流散研究以及对流散文学的研究已经成为全球化时代的后殖民和文化研究的另一个热门课题。毫无疑问，在这一大的框架下，"流散写作"则体现了全球化时代的一种独特的文化和文学现象。

流散写作的双重特征

研究流散文学现象是否可以纳入广义的国外华裔文学或海外华文文学研究的范围？也许会有学者产生这样的疑问。我认为，上述两种研究都属于比较文学研究的大范围。由于流散文学现象涉及两种或两种以上的文化背景和文学传统，自然属于比较文学研究的范围，因此应当纳入跨文化传统的比较文学研究的视野。[1]就近半个世纪来的中国文学创作而言，我们不难发现一个有趣的现象：在文学创作界几乎每隔五年左右就为当下的流行文学理论批评思潮提供一批可以进行理论阐释的文本。我觉得，这说明了我们的文学在一个开放的时代正在逐步走向世界，并且日益具有了全球性特征，和国际水平缩短了时间差和质量上的差别。与全球性的后殖民写作不同的是，中国在历史上从来就没有完全沦落为一个殖民地国家，因而在后殖民主义写作领域，中国文学这方面的典型作品比较少，好在后殖民主义很快就淹没在广义的文化研究和全球化研究的大背景之下，因此我们完全可以在散居海外的华裔作家的创作中找到优秀的文本。

我们非常欣喜地读到一些出自海外华裔作家之手的作品，例如早先的汤亭亭、黄哲伦、赵健秀和谭恩美等，以及后来的哈金和虹影等，他们的创作实践引起了主流文学研究者的瞩目，对文学经典的解构和重构起到了重要的推动作用，使得中华文化和文学率先在西方主流社会引起人们

---

1 随着比较文学疆界的日益拓展，国内的比较文学学者也认识到，应该将包括海外华人/华文写作在内的流散文学研究纳入比较文学研究的视野。在2005年8月中国比较文学学会第八届年会暨国际学术研讨会（深圳）上，我本人就主持了一个这方面的专题研讨会，会上发言的中外学者十分踊跃，尤其是青年学者表现出异常的热情和兴趣。

的关注。对此我们切不可轻视。若将他们的创作放在一个广阔的全球语境之下，我们则自然而然地想到把他们叫作华裔"流散作家"。当然这个词过去曾译成"流亡作家"，但用来指这些自动移居海外但仍具有中国文化背景并与之有着千丝万缕联系的作家似乎不太确切，因而有人 (例如赵毅衡等) 认为叫离散作家为好。但是这些作家又不仅仅只是离开祖国并散居海外的，他们中的有些人近似流亡状态，有些则是自觉自愿地散居在外或流离失所。他们往往充分利用自己的双重民族和文化身份，往来于居住国和自己的出生国，始终处于一种"流动的"状态。因此我认为，将其译作"流散作家"比较贴切。也就是说，这些作家中有相当一部分是自动流落到他乡并散居在世界各地的。他们既有着明显的全球意识，四海为家，并且熟练地使用世界性的语言——英语来写作，但同时他们又时刻不离开自己的文化背景，因此他们的创作意义同时显示在 (本文化传统的) 中心地带和 (远离这个传统的) 边缘地带。另一个不可忽视的现象是，我们若考察近四十多年来的诺贝尔文学奖获得者，便可以发现一个有趣却不无其内在规律的现象：1980 年代以来的获奖者大多数是后现代主义作家；1990 年代前几年则当推有着双重民族文化身份的后殖民作家；到了 1990 年代后半叶，大部分则是流散作家。可以预见，这种状况还会持续相当一段时间。当然对流散写作的研究，我们还可以追溯其广义的流散文学和狭义的专指全球化进程所造成的流散文学现象。我们不难发现，前者的演变也有着自己的传统和发展线索，并为后者在当代的崛起奠定了必然的基础。

　　广义的流散写作在西方文学中已经有漫长的发展过程和独特的传统。早期的流散文学并没有冠此名称，而是用了"流浪汉小说"或"流亡作家"这些名称：前者主要指不确定的写作风格，尤其是让作品中的人物始终处于一种流动状态的小说，如西班牙的塞万提斯、英国的亨利·菲尔丁和美国的马克·吐温与杰克·凯鲁亚克等作家的部分小说，但并不说明作家本人处于流亡或流离失所的过程中；后者则指的是这样一些作家：他们由于家庭的或个人的原因或者由于自己过于超前的先锋意识或鲜明的个性特征而与本国的文化传统或批评风尚格格不入，因此只好被迫选择流落他乡，而正是在这种流亡的过程中，他们却写出了自己一生中最优秀的作品，例如英国的浪漫主义诗人拜伦、挪威的现代戏剧之父易卜生、爱尔兰的意识流小说家乔伊斯、英美现代主义诗人艾略特、美国的犹太小说家索尔·贝娄、美国的俄苏裔小说家纳博科夫以及出生在特立尼达和多巴哥的英国小说家奈保尔等。他们中的一部分人的创作实践往往与本国或本民族的文学传统及批评风尚格格不入，有时甚至逆向相背，因此他们不得不选择自我流亡，在流亡的过程中反思自己国家和民族的现状以便提出自己的独特洞见。毫无疑问，他们的创作形成了自现代以来的流散文学传统和发展史，颇为值得我们的文学史家和比较文学研究者仔细研究。而出现在全球化时代的狭义的流散文学现象则是这一由来已久的传统在当代的自然延伸和变异式发展。它在很大程度上由全球化过程中的大规模移民推向极致。

对于流散或流离失所及其导致的后果，已故后殖民理论大师爱德华·赛义德有着亲身的经历和深入的研究。早在1990年代初他就描述了流散族群的状况："作为一项知识使命，解放产生于抵制、对抗帝国主义的束缚和蹂躏的过程，目前这种解放已从稳固的、确定的、驯化的文化动力转向流亡的、分散的、放逐的能量，在今天这种能量的化身就是那些移民，他们的意识是流亡知识分子和艺术家的意识，是介于不同领域、不同形式、不同家园、不同语言之间的政治人物的意识。"[1]他还在另一篇题为"流亡的反思"的文章中，开宗明义地指出："流亡令人不可思议地使你不得不想到它，但经历起来又是十分可怕的。它是强加于个人与故乡以及自我与其真正的家园之间的不可弥合的裂痕：它那极大的哀伤是永远也无法克服的。虽然文学和历史包括流亡生活中的种种英雄的、浪漫的、光荣的甚至胜利的故事，但这些充其量只是旨在克服与亲友隔离所导致的巨大悲伤的一些努力。流亡的成果将永远因为所留下的某种丧失而变得黯然失色。"[2]毫无疑问，作为一位流离失所的流亡知识分子，这种流亡所导致的精神上的创伤无时无刻不萦绕在赛义德的心头，并不时地表露在字里行间。那么他本人究竟是如何克服流亡带来的巨大痛苦并将其转化为巨大的著述动力的呢？赛义德一方面并不否认流亡给他个人生活带来的巨

---

1 Edward Said, *Culture and Imperialism*, New York: Vintage, 1994, p. 332.

2 Edward Said, *"Reflections on Exile" and Other Essays*, Cambridge, Mass: Harvard University Press, 2000, p. 173.

大不幸,但另一方面,他又认为:"然而,我又必须把流亡说成是一种特权,只不过是针对那些主宰现代生活的大量机构的一种**不得不做出的选择**。但毕竟流亡不能算是一个选择的问题:你一生下来就陷入其中,或者它偏偏就降临到你的头上。但是假设流亡者拒不甘心在局外调治伤痛,那么他就要学会一些东西:他或她必须培育一种有道德原则的(而非放纵或懒散的)主体。"[1] 从上述两段发自内心的表述中,我们不难发现,赛义德也和不少被迫走上流亡之路的第三世界知识分子一样,内心隐匿着难以弥合的精神创伤,而对于这一点,那些未经历过流亡的人则是无法感受到的。对个人情感十分敏感的人文知识分子固然如此,专事人的心灵刻画的作家当然更不例外。隐匿在他们的意识和无意识深处的各种文化记忆是难以抹去的,它们无时无刻不流溢于他们的文学笔触和情感表达中。我们在阅读流散作家的作品时,往往不难读到一种矛盾的心理表达:一方面,他们出于对自己祖国的某些不尽如人意之处感到不满甚至痛恨,希望在异国他乡找到心灵的寄托;另一方面,由于其本国或本民族的文化根基难以动摇,他们又很难与自己所定居并生活在其中的民族国家的文化和社会习俗相融合,因而不得不在痛苦之余把那些埋藏在心灵深处的记忆召唤出来,使之弥蒙于作品的字里行间。由于有了这种独特的经历,这些作家写出的作品往往既超脱(本民族固定的传统模式)同时又对这些文化记忆挥之不去,因此出现在他们作品中的描写往往就是一种有着混杂成分的"第三种经历"。正是这种介于二者之间的"第三者"才最有创造力,才最能够同时引起本民族和定居地的读者的共鸣。因此这第三种经历的特征正是体现了文化上的全球化进程所带来的文化的多样性,颇为值得我们从跨文化的理论视角进行研究。针对全球化在第三世界各民族的长驱直入,有着丰富的流散经历的美国印度裔后殖民理论家霍米·巴巴提出了一个与其相对的策略:少数人化,或曰弱势群体化。[2] 按照这种"少数人化"的后殖民策略,一方面是帝国主义的强势文化对第三世界弱势文

---

1 Edward Said, *"Reflections on Exile" and Other Essays*, Cambridge, Mass: Harvard University Press, 2000, p. 184.

2 关于巴巴自21世纪以来的学术思想之转向,参见他于2002年6月25日在清华—哈佛后殖民理论高级论坛上的主题发言《黑人学者和印度公主》("The Black Savant and the Dark Princess"),中译文见《文学评论》2002年第5期,以及另一篇未发表的演讲《全球的尺度》("A Global Measure")。

化的侵略和渗透，使得第三世界文化打上了某种"殖民"的烙印，另一方面则是第三世界弱势文化对帝国主义的强势文化的抵抗和反渗透，后者往往破坏帝国主义的强势文化和文学话语的纯洁性，使其变得混杂，进而最终失去其霸主的地位。应该说，流散写作所起到的是后一种效果，尤其值得中华文化在走向世界的进程中借鉴和参照。

流散写作与中华文化和文学的全球性

应该指出的是，国内学界对华裔知识分子以及华裔作家在推动中华文化和文学走向世界的进程中所作出的贡献并没有予以充分的肯定。如前所述，既然华裔作家的文学创作在流散文学现象中表现出独有的特征，那么他们是如何在自己的作品中处理异族身份与本民族身份之间的关系的呢？正如对华裔流散现象有着多年研究的王赓武所概括的："在散居海外的华人中出现了五种身份：旅居者的心理、同化者、调节者、有民族自豪感者、生活方式已彻底改变。"[1]这五种身份在当今的海外华人作家中都不乏相当的例子，而在成功的华人作家中，第二种和第四种身份则尤为明显，而拥有另三种身份的华人则首先关心的是自己的生活状况和如何以牺牲自己的民族文化身份为代价而迅速地融入居住国的主流社会和文化并与之相认同。我们从文学的角度来研究流散现象和流散写作，必然涉及对流散文学作品的阅读和分析。如前所述，流散文学又是一种"漂泊的文学"，或"流浪汉文学"在当代的变种，或"流亡的文学"，它自然有着自己发展的历史和独特的传统，因此通过阅读华裔文学的一些代表性作品，也许可以使我们更为了解漂泊海外的华人是如何在全球化的过程中求得生存和发展的，他们又是如何在强手如林的西方中心主义世界和文学创作界异军突起乃至荣获诺贝尔文学奖的。[2]

当前，在文化研究领域里，我们在讨论中华文化和文学的世界性或全球性进程时，明显地会陷入这样一个误区，即无法区分全球化或全球性与西化或西方性这个界限。我认为，中华文学以及中华文化、学术要走向世界，并

1 Cf. Wang Gungwu, "Roots and Changing Identity of the Chinese in the United States," in *Daedalus* (Spring 1991), pp. 181-206, especially see page 184.

2 关于美国华裔文学研究以及具体作品的分析，参阅程爱民主编，《美国华裔文学研究》，北京：北京大学出版社，2003年版。

不仅仅是一味向西方靠拢,而是真正和国际上最先进、最有代表性的前沿理论进行对话,这样才能够促进中华文化及其研究朝着健康的方向发展。当然,我们也不得不看到,就全球化在大众传媒领域内的巨大影响而言,它使得英语世界以外的人们感到一种巨大的压力。也就是说,在未来的世界上要想有效地生存下去,不会英语恐怕步履艰难。因为互联网上的信息有百分之八十以上都是通过英语传播的,所以你如果不会英语又想得到信息,就只能等待别人去为你翻译。如果仅仅等待别人翻译的话,你就会失掉很多东西。我们不得不正视这样一个事实,在当前的国际人文社会科学领域内,我们中国学者的声音几乎是难以听到的,或者即使有时能听到,其声音也是非常微弱的。那么这种状况究竟是什么原因造成的呢?当然有很多人认为这是我们所使用的语言造成的,但是我认为这不完全是一个语言的问题。我们要问的问题是:第一,我们是不是已经提出了目前国际人文社会科学领域的前沿话题;第二,我们是不是能够把它准确流畅地表达出来,还是说只是在部分层次上跟国际学术界进行对话。如果我们和国际同行在不同的层次上进行不平等的对话,那么这种对话便无法达到预期的效果。当然最后才涉及语言的问题。毫无疑问,海外华人写作作为全球化语境下流散及其写作的研究的重要方面,具有理论的前沿性,我们中国的比较文学学者完全有能力在这方面作出我们自己的研究,并在国际论坛上发出我们独特的声音。而与其相比较,文学创作与人文社会科学研究还有着另一不同之处:文学创作有着远远大于学术研究和文化消费的市场。在西方文学史上,东方和中国历来就是一代又一代西方作家试图描绘或建构的一个神秘而又遥远的对象。英国小说家笛福、德国作家歌德和布莱希特、美国诗人庞德以及奥地利小说家卡夫卡等都在"东方主义"的视野下对中国进行过"想象性的"建构。在他们的眼里,包括中国在内的东方各国,有着绮丽的风光和异国情调,但东方人又有着愚昧和懒惰的习性,基本上处于"未开化"的境地。他们的这种近似歪曲的"建构"无疑为当代的华裔作家为西方读者的接受和认同奠定了某种基础,他们中的不少人的创作也不得不迎合普通的西方读者的趣味和"期待视野",因为后者始终对中国以及中国人抱有一种神秘的感觉。不可否认的是,不管其内容真实与否,以中国为题材的真正写得出色的文学作品,即使是用汉语写作的,西方的汉学家也会用英语把它翻译出来,或用英语将它转述,通过这种翻译或转述,或许有可能使之成为英语文学中的经典或畅销书。[1]这些有着异国情调的文学作品很可能有着巨大的潜在市场。

而与其相比，在人文社科研究领域内，我们的研究成果的国际化则在很大程度上取决于英语表达的中介。这一点早已在斯皮瓦克和巴巴这两位印度裔美国后殖民理论家的成功例子中见到，而近十多年来则又在斯洛文尼亚学者斯拉沃热·齐泽克 (Slavoj Zizek) 的著述在西方和中国同时走红这一例子中达到了登峰造极的地步。[2]这就促使我们去思考：如何通过各种中介促使中华文化和文学真正走向世界进而跻身世界文学的主流？也许考察以华人写作为主体的流散写作的内在规律以及未来走向，将有助于我们进一步深入考察和研究中华文化和文学所包含的世界性乃至全球性特征。在这方面，国内不少学者对海外华文文学的研究已经取得了令人瞩目的成就，而相比之下，从流散的理论视角对海外英文写作进行的研究在国内还不多见。

最近二十多年来，尤其是在美国，用英语写作的华裔文学的崛起已经引起了主流文学批评界的注意，这一现象已被写入美国文学史，不少作家还获得了历来为主流文学界所垄断的大奖。当然这些成功的华裔作家的作品在很大程度上借助于英语的媒介，例如早先的汤亭亭和当今的哈金等。如果用中文写作的话，他们就只能在有限的华人社区范围内传播。所以他们要达到从边缘进入中心、进而影响主流文学界之目的，就不得不暂时使用西方人的语言，即用英语来写作。通过这种"全球本土化"式的写作，把一些 (本土化的) 中国文化中固有的概念强行加入 (全球性的) 英语之中，使这种具有普遍性的世界性语言变得不纯，进而消解它的语言霸权地位。我始终认为，在表达思想方面，我们所使用的语言仅仅充当了一种表现媒介。如果我们用西方的语言来表达中国的思想和文化观念，不是更加有效地去影响西方人的观念吗？从这一点来看，流散写作，尤其是用英语作为媒介的流散写

---

1 这里尤其应当指出的一个例子，就是余华的小说《活着》英文版在美国的走红。这是由两方面因素相配合造成的：出版单位蓝登书屋本身在畅销书出版界的知名度为该书的发行量作出了基本的保证，而作者余华本人在三十所大学的巡回演讲和签名售书以及同名电影在美国观众中的影响则起到了推波助澜的作用。

2 毫无疑问，斯洛文尼亚文化学者和批评家齐泽克在西方学术界备受青睐，在很大程度上取决于他的英语写作和在英语批评界的大获成功，而他的几乎所有著述的中译本都是通过英语这个中介完成的。这实际上也说明了"理论的旅行"的双向路径。

作,在很大程度上已经推进了中华文化和文学的国际化乃至全球化进程,使得中华文化也像欧洲文化和美国文化一样变得越来越具有全球性特征。同时,另一方面,它也使得这一独特的文化现象逐步进入国际比较文学和文化研究学者的视野。

尽管如此,我们仍不应忽视以汉语(或称华文)为传播媒介对推进中华文化的全球化所起的作用。实际上,中华文化的全球性也取决于汉语在全世界各地的普及。这在很大程度上得助于华人在全世界的大规模移民和迁徙。在当前的全球化语境下,世界第一大语言英语实际上早已经历了一种裂变:从一种(国王的或女王的)"英语"(English)演变为世界性(并带有各民族和地区口音和语法规则的)"英语"(englishes),这一方面消解了英语的权威性,另一方面也普及了英语写作,使之成为世界上最有活力和最为普及的一种写作,所带来的正面效果无疑是西方文化观念的全球性渗透,但其负面效果则是纯正的英式英语的解体。同样,作为仅次于英语写作的汉语也随着全球化进程的加速,特别是大批中国移民的海外迁徙,已经发生了或正在发生着某种形式的裂变:从一种(主要为中国大陆居民使用的)"汉语"(Chinese)逐步演变为世界性的(为各地华人社区的居民使用的)"汉语"或"华文"(chineses)。它一方面破坏了中华民族语言固有的民族性和纯粹性,另一方面也加速了其世界性和全球性的步伐,使其逐步成为仅次于英语的第二大世界性语言。它的潜在作用将体现在最终将推进中华文化和文学的国际性乃至全球性步伐。对于汉语写作的潜在价值和未来前景,我们也应当有充分的认识和信心。

第二编

文化阐释与经典重构

文学的文化阐释与经典的形成

讨论文学经典的构成与重构问题，已成为近五十多年来国际比较文学和文学理论界的一个热门话题。近二十多年来，一些文化研究学者也开始关注这个问题。不同的学术领域对待经典的态度、考察经典的视角自然有所不同。诚然，经典这个术语本身含有文学和宗教之双重意义，从这两个方面探讨其本质特征的著述尤其应该为我们的比较文学和文化研究所借鉴。本文所选取的视角就是介于这两者之间的一个出发点，但最后的归宿仍然是文学研究或文化研究，因为关于经典问题的讨论有可能促使文学研究者和文化研究者在同一层次上进行对话。

经典形成过程中面临的挑战

就文学意义而言，经典必定是指那些已经载入史册的优秀文学作品，因此它首先便涉及文学史的写作问题。仅在20世纪的国际文学理论界和比较文学界，关于文学史的写作问题就曾经历了两次重大的理论挑战，其结果是文学史的写作在定义、功能和内涵上都发生了变化。1960年代，在接受美学那里，文学史曾作为指向文学理论的一种"挑战"之面目出现，这尤其体现在汉斯·罗伯特·尧斯（Hans Robert Jauss）的论文——《文学史对文学理论的挑战》["Literaturgeschichte als Provokation", 1967; 英译文刊载于《新文学史》(*New Literary History*) 第二卷 (1970)，题为 "Literary History as a Challenge to Literary Theory"] 中。该文从读者接受的角度出发，提请人们注意读者对文学作品的接受因素，认为只有考虑到读者的接受因素在构成一部文学史的过程中发挥的重要作用，这部文学史才是可信的和完备的。毫无疑问，尧斯和伊瑟尔 (Wolfgang Iser) 分别从不同的角度向传统的忽视读者作用的文学史写作提出了挑战，他们的发难为我们从一个新的角度建构一种新文学史奠定了基础。正如尧斯针对把文学的进化与社会历史的过程相联系的做法所质疑的，"如此看来，把'文学系列'和'非文学系列'置于包括文学与历史之关系结合部，而又不使文学以牺牲艺术特征为代价……不也是可以办到吗？"[1] 显然，尧斯等人的接受美学理论并不是出于反历史的目的，而是试图把文学的历史从与社会政治和意识形态的密切联系中剥离出来，加进文化和形式主义的因素，以强调文学作品的文学性和审美功能。他们的努力尝试对我们今天重新审视既定的文学经典进而提出重构经典的积极策略仍有着重要的启迪意义。

对于文学史的重新建构，必然涉及对以往的文学经典作品的重新审视甚至质疑。正如已故美国《新文学史》杂志主编拉尔夫·科恩 (Ralph Cohen) 在该刊创刊号上所称，"迄今尚无一家刊物致力于文学史上的问题进行理论性的阐释"，因而该刊的创办就是为了满足读者的这一需要，以便通过承认"文学史"必须重新书写而实现这一目的。另一个目的就是通过探讨"历史"为何物以及"新"这个字眼在多大程度上又依赖于"旧"的概念进行理论阐释。[2] 按照新历史主义者的看法，历史的叙述并不等同于历史的事件本身，任何一种历史的描述都只能是一种历史的叙述或撰史，或元历史，其科学性和客观性是大可值得怀疑的。因为在撰史的背后起到主宰作用的是一种强势话语的霸权和权力的运作机制。经过这两次大的冲击和挑战，文学史的神话被消解了，文学史的撰写又被限定在一个特定的学科领域之内，发挥它应该发挥的功能：它既不应当被夸大到一个等同于思想史的不恰当的地位，同时又不应当被排除出文学研究的领地。但这个文学研究领域已经不是以往那

---

1 Hans Robert Jauss, *Toward an Aesthetic of Reception*. trans., Timothy Bahti, Minneapolis: University of Minnesota Press, 1982, p.18.

2 关于科恩教授对这一点的重新强调，参见他为《新文学史》中文版撰写的序，第1页，北京：清华大学出版社，2001年版。

个有着浓厚的精英气息的封闭的、狭窄的领域,而是已经成了一个开放的、广阔的跨学科和跨文化的领域。在这个广阔的天地里,文学研究被置于一个更加广阔的文化语境之中来考察。这也许就是新的文学撰史学对传统的文学理论的挑战。作为这一挑战的一个直接后果,文学经典的重构问题便被提到了议事日程。在1980年代末和1990年代初的欧美学术界,讨论文学经典建构和重构的问题甚至成为一种时髦的话题,同时也主导了不少学术研讨会的讲坛。

比较文学研究者对经典问题历来十分关注,并发表了大量著述。尽管这门学科在一个相当长的时期内,一直是在欧洲中心主义的思维框架内发展的,但在1980年代后期,经过后现代主义理论争鸣和后殖民主义理论思潮的冲击,文化研究逐步形成了一种更为强劲的思潮,有力冲击着传统的精英文学研究。在文化研究大潮的冲击下,比较文学学科也发生了变化,它逐步引入一些文化研究中的性别研究、身份研究和后殖民研究的课题,并有意识地对经典文学持一种质疑的态度,以便从一个新的角度来对经典进行重构。比较文学学者首先关注的问题是:究竟什么是经典?经典应包括哪些作品?经典作品是如何形成的?经典形成的背后是怎样一种权力关系?当经典遇到挑战后应当作何种调整?等等。这些均是比较文学学者以及其后的文化研究学者们必须面临的问题。在这方面,两位坚持传统立场的欧美学者的观点值得一提。

首先是美国耶鲁大学的哈罗德·布鲁姆 (Harold Bloom)。他在出版于1994年的鸿篇巨制《西方正典:各个时代的书籍和流派》(*The Western Canon: The Books and School of the Ages*) 中,站在传统派的立场,表达了对当前颇为风行的文化批评和文化研究中的反精英意识的极大不满,对经典的内涵及内容作了新的"修正式"调整,对其固有的美学价值和文学价值作了辩护。他认为,"我们一旦把经典看作为单个读者和作者与所写下的作品中留存下来的那部分的关系,并忘记了它只是应该研究的一些书目,那么经典就会被看作与作为记忆的文学艺术相等同,而非与经典的宗教意义相等同"。[1] 也就是说,文学经典是由历代作家写下的作品中的

---

1 Harold Bloom, *The Western Canon: The Books and School of the Ages*, New York: Harcourt Brace & Company, 1994, p.17.

最优秀部分所组成的，因而毫无疑问有着广泛的代表性和权威性。正因为如此，经典也就"成了那些为了留存于世而相互竞争的作品中所作的一个选择，不管你把这种选择解释为是由占主导地位的社会团体、教育机构、批评传统作出的，还是像我认为的那样，由那些感到自己也受到特定的前辈作家选择的后来者作出的"。[1]诚然，对经典构成的这种历史性和人为性是不容置疑的，但是长期以来在西方的比较文学界和文学理论界所争论的问题恰恰是，经典究竟是怎样形成的？它的内容应当由哪些人根据哪些标准来确定？毫无疑问，确定一部文学作品是不是经典，取决于下面三种人的选择：文学机构的学术权威、有着很大影响力的批评家和受制于市场机制的广大读者大众。在上述三方面的因素中，前二者可以决定作品的文学史地位和学术价值，后者则能决定作品的流传价值。当然我们也不可忽视，有时这后一种因素也能对前一种因素作出的价值判断产生某些影响。

另一位十分关注经典构成和重构的理论家当推荷兰的比较文学学者杜威·佛克马。他对文学经典的构成的论述首先体现在他对西方文化思想史上袭来已久的"文化相对主义"的重新阐释，这无疑为他的经典重构实践奠定了必要的理论基础。文化相对主义最初被提出来是为了标榜欧洲文化之不同于他种文化的优越之处。后来，由于美国的综合国力之不断强大，它在文化上的地位也与日俱增，有着"欧洲中心主义"特征的文化相对主义自然也就演变为"西方中心主义"，这种情况一直延续到包括中国文化在内的整个东方文化的价值逐步被西方人所认识。[2]在比较文学领域，佛克马是最早将文化相对主义进行改造后引入研究者视野的西方学者之一。在理论上，他认为："文化相对主义并非一种研究方法，更谈不上是一种理论了"，但是"承认文化的相对性与早先所声称的欧洲文明之优越性相比显然已迈出了一大步"。[3]在实践上，他率先打破了国际比较文学界久已存在的"西方中心主义"传统，主张邀请中国学者加入国际比较文学协会并担任重要职务；在他

---

1 Harold Bloom, *The Western Canon: The Books and School of the Ages*, New York: Harcourt Brace & Company, 1994, p.18.

2 关于文化相对主义和文化相对性的定义及其作用，参阅 Ruth Benedict, *Patterns of Culture*, London: Routledge & Kegan Paul, 1935, p. 200.。

3 Douwe Fokkema, *Issues in General and Comparative Literature*, Calcutta: Papyrus, 1987, p.1.

主持的《用欧洲语言撰写的比较文学史》的后现代主义分卷《国际后现代主义：理论和文学实践》的写作方面，他照样率先邀请中国学者参加撰写，因而使得一部用英文撰写的比较文学史第一次有了关于当代中国文学的历史描述。[1]这不能不说是文学史撰写的一个突破。同样，这对我们重新审视既定的经典之构成也不无启迪意义。

经过一系列理论上的争论，文化相对主义的内涵发生了变化。在今天的语境下，它旨在说明，每个民族的文化都相对于他种文化而存在，因而每一种文化都有自己的初生期、发展期、强盛期和衰落期，没有哪种文化可以永远独占鳌头。所谓全球化时代的文化趋同性实际上是不可能实现的。全球化在文化上带来的两个相反相成的后果就是文化的趋同性和文化的多样性并存。有了这种开放的文化观念，对有着西方中心主义色彩的文学经典提出质疑乃至重构就顺理成章了。佛克马和埃尔鲁德·伊布思 (Elrud Ibsch) 在一本专著中对"谁的经典""何种层次上的经典"等问题也提出了质疑后，便大量引证中国文学的例子，指出，"我们可以回想起，中国也有着经典构成的传统，这一点至少也可以像欧洲传统那样表明其强烈的经典化过程之意识"。[2]佛克马不仅在理论上加以论证，而且在实践上，也着手研究中国当代文学，撰写了一些批评性文字。令人遗憾的是，像佛克马这样有着宽阔胸怀的西方学者实在是凤毛麟角，因而在长期的文学撰史实践中，不少西方学者不是出于无知便是有意识地忽略中国文学的存在。[3]

也许，在当代对经典的质疑乃至重构方面最为激进的实践来自文化研究。文化研究的两个重要特征就在于非精英化和去经典化 (decanonization)。它通过指向当代仍有着活力、仍在发生着的文化事件来冷落写在书页中的经过历史积淀的并有着审美价值的精英文化产品；另一

---

1 Cf. Hans Bertens & Douwe Fokkema, eds., *International Postmodernism: Theory and Literary Practice*. Amsterdam/Philadelphia: John Benjamins Publishing Company, 1997.

2 Douwe Fokkema & Elrud Ibsch, *Knowledge and Commitment: A Problem-Oriented Approach to Literary Studies*. Amsterdam/Philadelphia: John Benjamins Publishing Company, 2000, p. 40.

3 为了让英语世界的读者能读到中国文学史，剑桥大学出版社已经于2013年出版由耶鲁大学的孙康宜（Kang-i Sun Chang）和哈佛大学的宇文所安两位教授合作主编的两卷本《剑桥中国文学史》（*The Cambridge History of Chinese Literature*）。显然，这部文学史的出版将为中国文学的世界性和全球性进程起到重要的推进作用。

方面,它又通过把研究的视角指向历来被精英文化学者所不屑的大众文化甚或消费文化来对以往的既定经典提出质疑。这样一来,文化研究对经典文化产品——文学艺术产生的打击就是致命的:它削弱了精英文化及其研究的权威性,使精英文化及其研究的领地日益萎缩,从而为文学经典的重新建构铺平了道路。当然,它招来的非议也是颇多的,上述两位学者就是文化研究的反对者或怀疑者。更多的一批早先的文学研究者则主张文学研究与文化研究呈一种对话和互补的关系:把文学研究的越来越狭窄的领域逐步扩大并使之置于一个广阔的文化研究语境下来考察,也许有助于摆脱文学研究的危机之境遇。在这方面,加拿大比较文学学者和文化批评家诺思洛普·弗莱 (Northrop Frye) 堪称一位先驱。

《伟大的代码》:《圣经》的文学阐释

如果说以上所涉及的文学经典的构成和重构仅仅分别局限于文学和文化两个领域的话,那么这一部分所讨论的弗莱及其代表性著作《伟大的代码:〈圣经〉与文学》则同时涉及文学和宗教两个领域。这部著作的一个直接效果就在于它正好使得这两个表现领域得以进行沟通和对话。弗莱的文学研究和文化研究之所以独树一帜,在很大程度上取决于他本人的宗教背景。可以说,《伟大的代码》实际上起到了沟通文学与宗教这两个学科和表现领域的桥梁作用。正如弗莱在书中对《圣经》的精妙阐释那样,他自己的理论实际上也隐含着多种代码,因而也有着供读者从不同角度进行理论阐释的可能性。作为文化批评家的弗莱及其理论对当今的理论论争的意义主要体现在这样几个方面:(1) 他大胆地将民间传说和神话等亚文学体裁包容进文学的话语,从而打破了高级文学与低级文学之间的界限;(2) 他使文学研究参照其他学科及表现领域,如宗教学、人类学、神话学等,从而打破了狭义的文学批评的自足性和整体性;(3) 他对加拿大文学之"后殖民性"的提及在当今关于后殖民主义理论的讨论和研究中也得到了回应。这样看来,对弗莱的全方位研究在中国只是刚刚开始,[1]有些领域可以说至今仍是一片

---

1 在这方面,由加拿大政府资助的国际合作项目"诺思洛普·弗莱研究"对中国的弗莱研究和加拿大研究起到了重要的作用。该项目由我本人主持,最终成果包括五本编、译著作:《弗莱研究:中国与西方》《诺思洛普·弗莱文论选集》《伟大的代码》《批评的解剖》《批评之路》,分别由中国社会科学出版社、北京大学出版社和百花文艺出版社于1996—2000年出版。

"未开垦的处女地"，比如说，对弗莱的宗教思想的研究以及它与文学研究的关系就是一个空白。

我们说，弗莱的文学研究超越了文学本身的领地，主要是旨在将他视为一位伟大的文化批评家或当代文化研究的一位先驱者。文化研究兴起的范围主要是英语文学界，因而首先对弗莱所从事的两个领域——英国文学和比较文学——构成了强有力的挑战。我们可以从文化研究的发展道路看到它与弗莱的学术生涯的相似以及这二者之间的内在联系：从英国文学或经典文学研究出发，逐步通过反形式主义而扩大文学研究的领地，最后又从文学内部对之进行解构，从而实现了范围更广泛的文化批评。在这方面，弗莱始终站在当代文化研究的前列，为它在1990年代的崛起进而迅速步入中心地带立下了汗马功劳。而相比之下，我们今天的文化研究者，除了美国的新历史主义批评家海登·怀特 (Hayden White) 以及少数加拿大学者外，却很少有人提及弗莱的这一贡献，这不能不说是一大缺憾。[1]研究弗莱的文化批评思想，我们是无法回避他的宗教思想的，因为作为加拿大联合教派的首领，弗莱的一个重要贡献就在于通过对文学作品的细读实现了文学与宗教的联姻，从而将文学的文化批评超越了一般的社会关怀，上升到一种"神话关怀"和"宗教关怀"。可以说，这正是作为一位文化批评家的弗莱与其他仅有着社会关怀和人文关怀的文化批评家的不同之处。

关于弗莱的宗教思想及其在文学中的体现，一般总要提到他的三本书，其中传播最广、影响最大的就是《伟大的代码：〈圣经〉与文学》，因为它在弗莱的著作中占有很大的比重，同时也与他本人的三重身份不无关系：杰出的文学批评家、文学的文化研究者和联合教派的首领人物。这本书的写作充分体现了弗莱在上述两个领域里的深厚功力和渊博学识。在某种程度上，它可以算作一部与《批评的解剖》相媲美的论著。而从文化批评的角度来看，这本书则超越了他早期的有着新批评色彩的精英文学思想。照弗莱自己的解释："我写这本书的目的是从文学批评的角度来研究《圣经》。原先我想写一部有关《圣经》意象和叙事的比较深入的导论，并且说明《圣经》中的这些内容怎样构筑成了一个幻想的框架——我把这个框架称为神话

---

1 Cf. Hayden White, "Frye's Place in Contemporary Cultural Studies," in *The Legacy of Northrop Frye*, eds., Alvin A. Lee and Robert Denham, Toronto: University of Toronto Press, 1994, pp. 28–39.

世界。"[1] 他的这种构想不仅对他同时代和后来的加拿大作家,如艾丽丝·门罗、玛格丽特·劳伦斯、玛格丽特·艾特伍德等人的创作都产生了不可忽视的影响,也对探讨文学和宗教这一超学科比较文学的重要课题提供了精当的范例。弗莱生前长期在多伦多大学维多利亚学院授课,因此他在某种程度上并非以一位纯经验学者的身份来著书立说,而倒更像是一位宗教的传教士那样,首先向学生启蒙,然后再根据自己的讲义整理成书出版。这表明,弗莱一反那种陈腐的学究式考证,代之以一种流畅优美的文学风格把充分体现基督教教义的《圣经》的基本观点和意义展现给文学研究者。他的这种反学院式著述风格对后来的布鲁姆的影响是十分明显的,只是前者常常踟躇于文学和宗教之间,而后者则更多地讨论文学本身;前者仅试图把既存的经典之范围扩大,而后者则试图在经典的重构上有所作为。曾经有人断言,西方文学的历史实际上就是一部宗教的历史,或者更确切地说,在很大程度上可以说是一部基督教的历史。也就是说,各个时代的作家的创作都离不开从《圣经》中获得启迪,因此研究西方文学,没有对《圣经》的最起码的理解显然是无从下手的。正是在这一点上,我们可以说,弗莱的这种尝试使文学与宗教的关系更为密不可分了。

作为一位生活在西方文化语境下的西方文学研究者和英国文学教授,弗莱集中讨论的是基督教《圣经》。这恰恰是一部基督教的经典,这一文献对他所研究的英国文学以及西方文化的传统是至关重要的。作为一位非经验研究文学批评家,弗莱对具体的文学形象更有兴趣,因此枯燥乏味的基督教教义在弗莱的文学笔触的重新阐发下变得尤为栩栩如生。正如弗莱在书中开宗明义地指出的,"这本书不是一本有关《圣经》的学术性著作。它远不是一部理论著述……我很快就认识到,学习英国文学的学生如果不了解《圣经》,就会对所学的作品在许多地方无法理解,其结果是勤于思索的学生就会不断地对作品的内在含义甚至意思产生误解"。[2] 但是对《圣经》的掌握既不可断章取义,又无法以其毕生的精力去专门研究它。这样看来,借助于现成的研究成果便有助于研究者从整体上来把握其精神实

---

1 Cf. Northrop Frye, *The Great Code:* The Bible *and Literature*, "Introduction", New York: Harcourt Brace & Company, 1982, p. 11.

2 Ibid., pp. 11–12.

质。应该说,弗莱的这本书就是一部相当权威性的同时又具有可读性的"《圣经》导读":"……《圣经》从古到今是作为一个整体来看待的,它也以一个整体影响着西方的想象力。"[1]对想象力的影响不仅体现在创作上,同样也体现于理论的建构和批评实践中。缺乏想象的批评绝不可能成为具有独创性的批评,对此,弗莱是深有体会的。例如,他在书中指出:"在今天的文学批评理论中,有许多问题来自对《圣经》的解释学研究。当代的许多批评方法就是隐隐约约地受到有关上帝死了的种种说法的激发而产生的。而上帝死了的说法也是来自《圣经》的文学批评。我觉得,文学批评理论中有许多系统阐述如果应用于《圣经》,比起应用于别的任何地方都更加能站住脚。"[2]可以说,弗莱的这些论述足以表明:他已经超越了早期的自律式文学批评模式,已经介入结构主义之后的文化批评理论争鸣和对话。这样看来,把他誉为当代文化批评的一位先驱者是完全恰当的。[3]

正如前所述,《伟大的代码》是基于弗莱在多伦多大学的多年教学实践而写成的。除去对学生进行启蒙教育外,它还试图依循作者早年致力于对作为一个整体的西方文学的解剖之传统对《圣经》与文学的关系作一番评述,尤其是《圣经》对文学创作的启迪和影响。弗莱深深地认识到,当今的不少文学批评理论都可追溯到《圣经》的引证和讨论,因此从文学的角度来阐述《圣经》尤疑将起到积极的效果,它可以使理论不至于陷入枯燥乏味的逻辑推演和智力角逐之中。正如乔纳森·哈特 (Jonathan Hart) 所中肯地指出的,"这本书的结构就像《圣经》一样是一个双面镜",[4]也即它一方面从文学的角度来阐释《圣经》,使之具有神秘性和趣味性,另一方面又透过《圣经》这面镜子对文学文本和文学原型作出全新的观照。毫无疑问,在这里,作为文学批评家的弗莱并不反对文学批评的价值判断,但是"像弗莱这样一位有着既/又思维模式的批评家,他试图对各种可能性开放,并对多种角度开放"。[5]

---

1 Cf. Northrop Frye, *The Great Code: The Bible and Literature*, "Introduction", New York: Harcourt Brace & Company, 1982, p. 13.

2 Ibid., p. 19.

3 参阅王宁,《弗莱:当代文化批评的先驱者》,载《外国文学》,2001年第3期。

4 Cf. Jonathan Hart, *Northrop Frye: The Theoretical Imagination*, Chapter 4, London & New York: Routledge, 1994, pp. 109–142.

5 Ibid.

也即在他看来，伟大的文学作品，甚至包括可以当作文学文本来阅读的《圣经》文本，总是包含有多重文化和审美代码，而批评的作用之一就是对之进行阐释，以便在阅读和阐释过程中建构出新的意义。这正是他的晚期著述受到后结构主义理论家注意的原因所在。而相比之下，"价值判断只是批评过程中的一个副产品，而非批评的主要作用"。[1] 因此，"弗莱认识到《圣经》的题材是如何充满了情感因素的，并指出，学术的目的并不是旨在接受或拒斥这一法典"。[2] 这本书分为两编，但从整体结构来看，两部分前后呼应，互为补充，形成一个整体。第一编包括四章：第一章关涉人们用来谈论《圣经》的语言及其问题，提供了一个可赖以将《圣经》当作一个具有想象力的影响物加以观照的语境；第二章和第三章讨论了神话和隐喻，尤其是这二者是如何与《圣经》的字面意义相关联的，并通过这种关联来逐步破译其代码；第四章探讨了俗权以及它与基督徒阅读《圣经》的传统方式之间的联系。第二编则较为直接地将批评的原理应用于《圣经》的结构：第五章一开始就涉及了启示的七个阶段：创造、出走、律法、智慧、预言、福音和启示，然后一一对之作了详细阐述；第六章和第七章实际上分别对《圣经》的意象和叙事结构作了归纳和综述，使人对《圣经》有一个总体的认识和把握；第八章则再次对所谓"宗教修辞"作了探讨，并简略地考察了它的多重意义，为读者指出了一个始自字面意义通向破译代码的方向。显然，弗莱依循自己熟悉的循环式、周期性或戏剧性结构，带领读者穿过类型学的车轮的静止点直取本书的核心部分。应该说，作为文学家的弗莱完全是以文学叙述的方式来阐释《圣经》的，因而其独特之处是不言而喻的，这也恰恰是这本书在意义建构和价值重建方面所取得的重大突破。在今天的文学经典问题讨论中，重读弗莱这本书，我们不禁感到他的非凡的预见性和深刻的洞见。

毫无疑问，《伟大的代码》的写作，标志着弗莱已经从一个在相当大的程度上继承新批评的自足式本体论批评传统的人文批评家，转变为一个将文学批评置于更为广阔的文化宗教语境下的广义的文化批评家，因此可以说，正是在这一点上，弗莱的研究证明了"西方文学史实际上就是一部宗教史"的论断，同时也证实了文学的文化研究和文化批评是切实可行的，而

---

1 Cf. Jonathan Hart, *Northrop Frye: The Theoretical Imagination*, Chapter 4, London & New York: Routledge, 1994, pp. 109–142.

2 Ibid.

文学和文化的对立完全可以消解在这种跨学科和跨文化的研究之中。由于《圣经》历来被当作基督教的经典教义文本来诵读和铭记,因此我们又可以说,西方文学史在某种程度上也可算作基督教的教义与文学的美学表现之渊源关系的演变史。在这方面,这部著作堪称一个独特的范本。与雷蒙德·威廉斯、理查德·霍加特 (Richard Hoggart)、斯图亚特·霍尔 (Stuart Hall) 等英国文化批评家不同的是,弗莱同时具有神话关怀 (也即形而上的终极关怀) 和社会关怀 (也即形而下的世俗关怀),因而从本质上说来,他仍是一位人文主义者,他所立足的主要领域仍然是文学,但他已经开始自觉地将文学研究靠向社会科学的阐释方法了。更进一步说,他所关注的始终是想象性文学,而非学究式的考据和纯理论推演。这一特征无疑也体现在这本书的写作上。同样,这也就是他作为一位伟大的文化批评家和文学理论家而不同于一般的宗教思想家的独特之处。在他眼里,"《圣经》是一部浩瀚的神话,是从创世到启示这整个时期的叙事,是由一系列反复出现的意象组成的统一体。这些意象'凝结'成为一个单一的隐喻群,所有的隐喻都认同于弥赛亚的肉身,这人就是所有的人,这整个的'道'就是一个'道',这是一粒沙又是整个世界"。[1] 可以说,在《圣经》这个浩瀚的海洋里探宝本身就充满了无穷的乐趣。

文学的文化阐释:比较文学的新方向

对当代比较文学研究中出现的"泛文化倾向",不少恪守传统观念的学者都作过不同程度的非议。他们担心,总有一天文化研究的大潮会把已经日益萎缩的文学研究领地全然吞没。尽管目前的文化研究对文学研究形成了严峻的挑战和冲击,致使不少恪守传统观念的学者,出于对文学研究命运的担忧,对文化研究抱有一种天然的敌意。他们认为,文化研究的崛起和文化批评的风行,为文学研究和文学批评敲响了丧钟,特别是文学批评往往注重形式,注重它的审美,但也不乏在这二者中进行沟通者。上面提到的弗莱就是一个突出的典范。已故美国文学史家埃默里·埃利奥特 (Emory Elliott) 在一次演讲中曾指出一个现象:在当今时代,"美学"这个词已逐步

---

1 Cf. Northrop Frye, *The Great Code:* The Bible *and Literature*, "Introduction", New York: Harcourt Brace & Company, 1982, p. 224.

被人们遗忘了。照他看来,"审美"已经逐渐被人们遗忘,它越来越难以在当代批评话语中见到,因此应该呼吁"审美"重新返回到我们的文化生活和文化批评中。[1]他的呼吁给我们敲响了警钟,使我们考虑到,如果一味强调大而无当的文化批评而忽视具有审美特征的精英文化研究,有可能会走向另一个极端。

在我看来,文化研究和文学研究不应当全然对立。如果着眼于一个更加广阔的世界文化背景,我们就不难看出,在当前的西方文学理论界,早就有相当一批著述甚丰的精英文学研究者,开始自觉地把文学研究的领域扩大,并引进文化研究的一些有意义的课题。他们认为,研究文学不可忽视文化的因素,如果过分强调文学的形式因素,也即过分强调它的艺术形式的话,也会忽视对文化现象的揭示。所以他们便提出一种新的文化批评发展方向,也就是把文学的文本放在广阔的语境之下,也即把text放在广阔的context这个语境之下来研究,通过理论的阐释最终达到某种文学的超越,这就是文学的文化批评。

我认为,这种文学的文化阐释方向,是使我们走出文学研究和文化研究之二元对立这个死胡同的必然之路,对于我们中国的文学研究和文化研究也有着一定的启发。就文学经典的形成和重构而言,任何经典文化和经典文学在一开始都是非经典的,比如《红楼梦》虽然在今天被公认为中国文学的经典,但是它问世时并不是经典。如果它当时是经典的话,我们今天为什么在红学界还经常讨论曹雪芹的身世? 也就是说,对作者曹雪芹本身的身世都有人去怀疑。在英国文学界也曾出现过这种情况,比如关于莎士比亚著作权的问题,西方学者也讨论了好多年。甚至有人提出,莎士比亚的那些划时代不朽巨著,根本就不是一个叫莎士比亚的人写的。至于是不是培根或者本·琼森写的,也无法定论。因为在这些学者看来,培根知识渊博,文笔犀利,那些著作可能出自他的手笔。本·琼森也是一个博学多才的人,其中的一些作品也可能出自他的手笔。他们认为,莎士比亚出身贫寒,当时是一个在剧场里跑龙套的名不见经传的人,后来虽然当了剧场的股东,怎么可能写出这些内涵丰富的艺术珍品呢? 现在大家都认为这

---

1 参见埃默里·埃利奥特在清华大学的演讲《多元文化时代的美学》,中译文见《清华大学学报》,2002年增1,第69—74页。

种争论已经是无聊的了。像《哈姆雷特》这些著作，是不是莎士比亚写的，已经无关紧要，因为它们已经成为社会的产品，也就是成为我们广大读者和欣赏者鉴赏的经典文学作品。它们对我们产生了启蒙和启迪作用，对我们的生活认知和审美情趣都产生了直接的影响。所以，有些一开始属于流行的通俗文化产品，随着时间的推移和自身的调整，有可能会发展成为精英文化产品，甚至目前的网络文学也是如此。文学研究和文化研究并非要形成这种对立，而是应该进行整合。这种整合有可能会促使文学研究的范围越来越宽广，也可能把日益萎缩的文学研究领域逐步扩大，使它能够再度出现新的生机。在这方面，我认为理论的阐释有着广阔的前景，但是这种阐释不应当只是单向的从西方到东方，而应是双向的。即使我们使用的理论来自西方，但通过对东方文学作品的阐释，这种理论本身已经发生了变形，成了一种不东不西的"混杂品"。我认为这正是比较文学研究的一个必然结果。所谓"纯正的"理论或文学作品是不可能出现在当今这个全球化时代的。文学的经典在发生裂变，其中已容纳了一些边缘话语力量和一度不登大雅之堂的东西。通过一段时间的考验和历史的筛选，文学中的一些糟粕必然被淘汰，而其中的优秀者则将成为新的经典。这就是历史的辩证法，同时也是经典形成和重构的辩证法。

再论文学作品意义的形成及演变

文学作品的意义是如何形成的,始终是文学理论批评界争论不休的一个话题。就这个话题,西方学者和批评家已有大量的著述,对中国当代文学批评和研究产生了很大的影响。我也同意陈晓明的这一看法:"中国的理论批评还是比较重视作者,也就是说,中国的文学批评还是以传记式和印象式为主体,不关注作者的纯粹文本批评少之又少。"[1] 另一方面,中国的文学批评也有着一种自我封闭的传统,因而在过去很长一段时期,中国学者鲜有参与国际性的批评性论争。而张江则在这方面发表了十多篇论文,[2] 并与国内外学者进行了一系列的讨论和对话,从而使得中国的文学批评走出了封闭的一隅,在国内外学界引起了强烈的反响。[3] 我本人也有幸参加了这场讨论,并发表了多篇回应性的文章。由于对文学作品的意义的形成及演变,历来不同的文学批评家和研究者有着不同的见解,因而这个问题也就成了一

1 参见陈晓明,《"意图"之殇与作者之"向死而生"》,《社会科学战线》,2017年第4期。

2 作者张江已将这些散见于各学术期刊上的文章结集出版,参阅张江主编,《阐释的张力:强制阐释论的"对话"》,北京:中国社会科学出版社,2017年版。

3 这方面尤其可参阅中国学者张江和美国学者米勒就文学意义及其理论阐释问题的一组对话:"Exchange of Letters About Literary Theory Between Zhang Jiang and J. Hillis Miller," in *Comparative Literature Studies*, Vol. 53, No. 3 (2016), pp. 567–610; 以及我本人撰写的导言:"Introduction: Toward a Substantial Chinese-Western Theoretical Dialogue," pp. 562–567.。

个不断为人们讨论甚至辩论的热门话题。我本人也在一些文章中对此表达了我的见解。[1]本文可算作我对自己过去的文章中所提出的观点的进一步发挥和深化。

再论文学作品意义的形成

首先，我们面临的一个问题就是，文学作品的意义究竟是如何形成的？一般人也许会想当然地认为，既然文学作品是作者创作出来的，那么其蕴含的意义就理应掌握在作者的手中，作者也就自然而然地拥有对自己作品的使用权和解释权，批评家的解释只有得到原作者的认可才是正确的。更有人将其推向极端，认为只有作者才是文学作品意义的唯一掌握者，也只有作者才有权对自己的作品进行有效的阐释，批评家的作用只是围着作者转，或者说是为了还原作者的原意而进行辅助性的阐释。持这种观点的人当然无可厚非，但是他们往往只看到一些表面的现象，而未能深入作品的深层次去理解并发掘隐于作品字里行间甚至文本内外的意义，因而很容易为这种作者中心主义意识所迷惑。随着现代阐释学和接受美学理论的崛起，这种以作者为中心的思想受到了严厉的挑战，作为一个直接的结果，读者的作用则被大力弘扬。在当今的中国和西方文学批评界，已经很少有人持那种过时的作者中心主义观点了。

但围绕作品意义的争论并没有就此而告一段落。接着又有人从一个极端走向另一个极端，认为在文学批评家-阐释者面前，作者已经死了，也即他已经无法对自己创作出的作品有任何发言权，只能听凭读者-批评家的阐释甚至过度阐释。当然这一观点的风行对反拨那种作者中心主义的意识有着一定的意义，但是过分否定作者的存在显然也是不对的，更不要说写出当代文学作品的作者尚健在，因而这样无端地诅咒作者的做法无疑违反了基本的阅读和批评伦理。即使作者真的死了（确实，能够成为经典作品的作者大多已不健在），作品已经成为经典，我们也不能以此来诅咒他并认为作者对自己的作品没有任何发言权和影响力。至少说作者写在纸上的白纸黑字完

---

1 这方面可参阅王宁，《关于强制阐释与过度阐释——答张江先生》，《文艺研究》，2015年第1期；《关于强制阐释现象的辨析》，《北京师范大学学报》，2015年第4期；《批评的公正性和阐释的多元性》，《中国文学批评》，2015年第2期；《阐释的边界与经典的形成》，《学术界》，2015年第9期。

全可以作为批评家和阐释者进行分析和阐释的依据和出发点。因此就这个意义而言，作者并没有死，他无时无刻不在暗中制约并操控着我们的批评阐释，并时常提醒批评家，"这不是我本来的意思，你的阐释与我的本意大相径庭"。当然，有着强烈的批评主体意识的批评家是不会理会这一警醒的。他们也会以现代阐释学的理论为自己的批评和阐释进行辩护：我是以作者写在纸上的文本为依据和出发点的，我的阐释有着自己的独特视角，因此我只相信你写下的东西，而不相信你事后的解释。此外，我作为读者，我应该有自己对文本的看法，至于这种看法是否符合作者的原意并没有什么关系，因为作品一经发表就标志着其作者已经死了，因为作者已经无法再改变自己写下的白纸黑字了。

我想这应该是我们讨论文学作品意义之来源的出发点。倘若事情果真如上述观点这样简单的话，也即既然作品的意义只有作者才知道并掌握的话，那么还要批评家干什么？难道批评家的任务就只能是围着作者转，替作者将隐含在其作品中的意义发掘并阐释出来吗？除此之外，批评家还能对作者产生何种影响并起到何种指导作用呢？如果情况果真如此简单的话，那么批评家的价值充其量不过是作者的一个注脚，或者说是一个其智商和审美修养略高于普通人的读者，根本无法与作者相比。既然其智商和分析判断的能力不能与作者相比，批评家又有何权威性来阐释作品呢？他所发掘和阐释出的意义又有何可靠性和可信度呢？当然，持这种看法者所提及的批评家并非活跃在我们今天的文学理论批评界的那些有着广博的文学知识、独立的主体意识和深厚理论造诣的学院派批评家。我在此所说的批评家，与那些热衷于在报纸副刊和流行杂志上发表一孔之见或仅仅满足于对文学作品的第一印象就进行褒贬式的浅层次评论的"寄生的"批评家绝不可同日而语。我这里专指那些对已经发表的任何作品都可以进行批评性分析和理论性阐释甚至价值判断的学术型批评家。他们的作用并非只是发掘或阐释隐于作品中的意义，而更在于通过对一部作品的成败得失之个案对文学创作规律进行理论的总结和价值判断，有时这种价值判断并非表现在其字面的褒贬上，而更是体现于对作品的阐释本身。也即批评家之所以选中一部作品作为自己分析和阐释的对象，这本身就说明，这部作品已经具有了一定的批评价值，或者说已经进入了批评家的批评视野，值得他们去深入分析、研究和阐释。由此可见，批评家与作者的关系就不是人们以为的那种

"寄主"与"寄生"的关系,也不是绝对平等的关系,而是各司其职、各有所长的文学意义的创造者,是他们共同创造了一部作品的人物和意义,是他们通过共同的合作和努力使得一部作品得以成为经典而载入文学史,或获得各种文学奖项。由此可见,单凭作者个人是难以穷尽一部杰出的文学作品之意义的。同样,没有批评家的分析、阐释和研究,一部文学作品也很难成为经典或载入文学史册。不看到这一点,就不能确立批评家的权威性。

关于作品意义的讨论也引起了文学批评界以外的学者的关注,可见这已经不是仅仅限于文学批评界的一个话题,而更是整个人文学科各相关领域所共同面对的一个话题。这方面,吴晓明从哲学阐释学的角度阐述了历史文本中作者的作用。他的文章中有一段话在此也颇为适用:"书写者的主观意图之进入到文本内部构成之中,与我们前述关于历史事物之客观阐释中主观意图的地位乃是大体一致的:尽管我们必须意识到,文本是一种独特类型的历史事物,而书写者的主观意图不仅在总体上区别于较为通常的意图类型,而且总是依文本本身的题材和内容特性使有差别的意图得以被动用起来并贯彻下去。"[1] 也即即使从哲学阐释学的角度来看,作者也没有消失,他的主观意图仍在一定程度上制约着批评家和阐释者的理解和阐释。

但是,我在本文中首先想指出的是,作者的主观意图绝不是作品意义的全部。在现当代文学的发展史上,随着文学创作的日益复杂,作家的创作技巧和手法也变化多端。有时一位作家只知道如何从前辈大师那里借鉴创作技巧,却说不出所以然来。也有些作家凭着自己丰富的经验或阅历,从自己的生活经历中提取具有文学创作意义的事件进行艺术加工,或者从已有的文学作品中发掘出新的创作可能性,甚至有时对已有的经典文学作品进行戏仿,以显示自己的独创性,如此等等。有时一位有着远大审美理想的作家为了不违反文学创作的客观规律,会就一些基本的创作方法和创作规律问题求教于批评家,而批评家则至少可以向作家提供前辈文学大师或外国同行已经取得的文学成就,并为作家在某一层次上达到的独创性作出判断,因此批评家之于作家的作用就会变得越来越重要和复杂。那些声称自己从来不在乎批评家的意见或从来不看批评家的评论的作家,至少在文学创作方

---

1 吴晓明,《历史事物中的主观意图及其客观阐释》,《社会科学战线》,2016年第9期,第153页。

面是十分幼稚的，他们是不可能成为杰出作家的。除此之外，一位伟大的批评家也不能仅仅满足于对单部作品作出理论阐释和应有的价值判断，他还须对未来的文学创作和理论批评的发展走向作出总体的把握并提出自己的预测，从而起到引领文学批评潮流的作用。由此可见，如果不说批评家高于作家的话，至少说这二者应该是相对平等的。只有这二者的通力合作才能将一部作品的意义完整地、准确地发掘、阐释并建构出来。我们都知道，早已成为经典的莎士比亚的伟大之处在很大程度上就得益于历代文学批评家和研究者对其作品的研究和阐释，而与他齐名或比他更有名的一些他的同时代作家却由于没有受到批评家的批评性干预和阐释而被历史所淘汰，并且最终为后来的读者无视。当然，具有深刻理论洞见和文学鉴赏力的批评大家在评论一部当代作家的作品时，一般都能令其作者信服，即使作者表面上不承认这一点，但在内心里也会掂量出批评家的水平和判断力的。这应该是批评家的作用和功能。

作品意义的多重来源

在对文学作品的意义之来源、生成和演变作出进一步阐述之前，让我们先重读一下美国文论家梅厄·霍华德·艾布拉姆斯 (Meyer Howard Abrams) 讨论浪漫主义诗学的经典理论著作《镜与灯：浪漫主义文论及批评传统》，也许会从中获得一些有益的启示。虽然这部专著主要讨论的是欧洲的浪漫主义文论，但我认为，它对我们今天的文学理论批评家所具有的普遍指导意义和价值远远超出了它对浪漫主义文论本身的讨论。这种意义在更大的程度上就体现在他所提出的文学批评四要素，也即世界、作品、艺术家和欣赏者。[1]这四大要素放在一起几乎可以涵盖西方文论史上各理论流派的批评特征和倾向，从而使得初步涉猎西方文论领域者对这一领域的历史演变、流派纷争及其在当今的现状很快就有一个大致的轮廓。在这四大要素中，始终占据中心地位的无疑是作品，这也就反映了艾布拉姆斯一贯对阅读文学作品的重视程度，同时也反映了他所坚持的注重文学形式的批评立场。这其中的一个特色就在于他始终将文学作品意义的来源与阅读文学

---

1 参见梅厄·霍华德·艾布拉姆斯，《镜与灯：浪漫主义文论及批评传统》，郦稚牛等译，王宁校，北京：北京大学出版社，2015年第3版，第一章导论部分的有关论述及坐标图，第5页。

作品本身相关联,同时这也正是他要与解构主义的元批评方法进行论战的一个原因。而今天的不少文学批评家的著述中,不谈作品、不涉及具体的文本而空发议论或从强制阐释的目的出发对文学作品的意义滥加阐释甚至过度阐释,已经成为一种时髦。甚至有些人认为观点越激进越好,这对于一位文学批评界以外的学者固然无可厚非,但是造成的后果却使得作家和广大读者对批评家感到失望,他们在读了那些所谓的批评理论著作后,甚至会得出这样的结论:既然一切都是理论先行和强制阐释,那么不读作品也能写出这样的论文。这确实是目前存在于中国和西方文学批评理论界的一个突出的现象。对此,张江作了有力的反拨,并得到了国内外同行的回应。[1]不可否认,批评家有权根据自己的阅读和理解对文学作品的意义进行阐释,但是这样远离作品本身滥加发挥,完全有可能会使文学批评失去众多的读者,同时也会失去其公信力。在这一语境下重温艾布拉姆斯对文学作品的强调,大概至少使我们的批评家头脑清醒一些,同时也对批评家本身的有限权利有所意识。

毫无疑问,崇尚现实主义批评原则的批评家们尤其重视作品所反映和描写的客观世界,也即作品所赖以产生的大的社会文化语境。而实际上,无论是现实主义作品,还是浪漫主义作品,甚至现代主义作品或者后现代主义作品,都无法脱离对世界的自然主义式的或突出典型意义的或反讽、或荒诞、或夸张的反映和再现,只是分别具有这些创作倾向的作家对世界的真实性的强调有所不同罢了:有人侧重的是作家头脑中设计出的真实;有人则强调折射在作品中的客观的贴近自然本来面目的真实;更有人干脆就宣称,文学作品所创造的实际上就是一种"第二自然",也即源于真实事件但又高于真实事件的一种艺术的真实——逼真性。艾布拉姆斯在《镜与灯》中所讨论的浪漫主义文论所侧重的就是这后一种美学倾向。甚至唯美主义的反真实观(即王尔德所谓的"一切小说都是谎言"说)也从某个侧面反映了作家本人对作品何以反映客观世界所持的态度。

诚然,在前述这四大要素中,作品与艺术家(也即其作者)的关系也是艾布拉姆斯讨论的重点,因为这正是浪漫主义作家的创作特色。崇尚浪漫主

---

1 可参阅张江,《作者能不能死——当代西方文论考辨》,北京:中国社会科学出版社,2017年版。

义批评原则的批评家很容易在浪漫主义的作品中窥见其作者的身影、性格、文风和气质，也即我们中国古典文学批评中常说的"文如其人"。可以说，这时作者本人的意图得到最为充分的表达，但是，即使是这样的一种对自己真实经历的再现也不可能是绝对真实的，这其中难免带有作者对自己的美化式和夸张式描写，也即大力宣扬自己的优点和长项却回避其缺点和短处。特别是那些隐于作者的无意识中的非常私密的甚至见不得人的想法和一些只有作者本人才知道的所作所为，他是绝不会和盘托出的。这样看来，即使是来自作者本人的亲身经历的"自叙传"也是不可全信的。它可以供批评家和研究者全面研究一位作家时参考，但绝不能将其作为真实性的重要依据。当然，现代文学批评注重作者个人经历及其在作品中的表现，本来无可厚非，但是过分强调作品中所表现出的与作者本人经历相似的经历就是作者本人的经历，无疑会抹杀文学作品的艺术创造性。在20世纪的文学批评理论和实践中，由于深受浪漫主义美学原则及其作品的影响，传统的弗洛伊德精神分析学派批评家就特别强调作家创作的无意识动机，甚至公然声称创造性作家就如同一个"白日梦者"，所有艺术"都具有精神病的性质"，这恐怕与他们十分看重文学作品与其作者的密切联系不无关系吧。我认为，我们在进行中西文学理论的比较研究时，并不难发现，中国古典文论中的不少美学原则都很接近这一对关系。因此，艾布拉姆斯的这四大要素后来经过比较文学学者刘若愚和叶维廉的修正和发展后又广为运用于中西比较文学和文论中，影响了不少从事中西比较文学研究的学者。这些都是艾布拉姆斯本人所始料未及的。这就说明，一部作品，包括一部理论著作，无论其原作者本来的意愿如何，它在客观上产生出的衍生的意义往往可以超出作者本来的期待，有时甚至与作者本来的期待截然相反。这在中外文学史上有许多可以佐证的例子。

　　当然，作家与作品本身的关系，也许正是那些摆脱大的社会文化语境、致力于表现纯粹个人情感和美学理想的抒情诗类作品所侧重的方面。在那些作品的作者那里，文学作品往往被当成自满自足的封闭的客体，似乎与外在世界没有任何关系，而作家的创作几乎是本着"为艺术而艺术"的目的，这样的作品常常被那些曾在批评界风行一时的英美新批评派批评家当作反复细读的"文本"。当然，这种文本中心主义的批评模式后来被结构主义批评推到了一个不恰当的极致而受到各种后结构主义/后现代主义文论的反拨。这其中的一个致命性弱点就在于他们全然否认作者的作用,这无疑为后来的"作者之死"的说法奠定了文学文本的基础。

至于作品与欣赏者/读者的关系,则在早期的实用主义批评那里颇受重视,但强调批评过程中读者的作用并将其推向极致,则是20世纪后半叶阐释学、接受美学和读者反应批评的一大建树。在这些后现代主义文论那里,读者自身有着对文本的能动的甚至创造性的解释权,而一部未经读者-欣赏者阅读欣赏的作品只能算是一个由语言符号编织起来的"文本",只有经过读者的阅读和解释,它的意义才能得到建构并完成,因此读者-欣赏者的参与实际上便形成了对作品的"二次创作"。虽然艾布拉姆斯提出这一关系时接受美学尚未在理论界崛起,但他的理论前瞻性却为后来文学理论的发展所证实。

今天我们重读《镜与灯》这部学术经典著作,不禁深深地感到,这部著作即使对我们今天讨论文学作品意义的来源、形成及演变也不无启迪。因此我认为,这本书能成为理论经典并产生巨大影响的另一个原因就在于,作者凭着自己对古今文论发展了如指掌,从纵的历时方面对历史上和当今文学理论的范式给予了颇为恰当的归纳,横的方面也涉及了欧洲主要国家的浪漫主义文学和批评。因此可以说,艾布拉姆斯的这种宏观的理论总结是相当全面的,对我们今天重新探讨文学作品意义的来源和形成应该是具有重要启迪意义的。

由此可见,文学作品的意义绝不是一个小的问题,它关涉文学创作、文学批评和文学理论的方方面面。越是写得含蓄的作品,阐释的空间就越大,批评家就越是可以大显身手。杰出的作品必将经过批评家的阐释而得以流芳百世,反之,那些平庸的作品会在短时间内就成为过眼云烟,或在批评家的阐释面前漏洞百出。当然,对文学作品的任何过度阐释都有可能远离作者的初衷,这其中并不乏确实具有理论洞见并能挑起理论争鸣的"过度阐释",但即使是这样的过度阐释也必须从阅读作品出发。我们在提到文学阐释和过度阐释时,常常会想起多年前剑桥大学的那场关于过度阐释的大辩论。在这场辩论中,美国文论家乔纳森·卡勒的观点尤为令人印象深刻。虽然他是一位过度阐释的倡导者,但是,在他看来,被人们认为是"过度阐释"的那些能够引起争议的阐释的力量就在这样几个方面:

> 如果阐释是对文本的意图进行重新建构的话,那么这些就成了不会导致这种重构的问题了;它们会问这个文本有何意图,它是如何带有这种意图的,它又是如何与其他文本以及其他实践相关联的;它隐藏或压抑了什么;它推进了什么,或是与什么相关联。现代批评理论中的许多最有意义的形式会问的恰恰不是作品考虑了什么,而倒是它忘记了什么,不是它说了什么,而是它认为什么是理所当然的。[1]

显然,卡勒的"过度阐释"也没有远离文学文本,特别是他强调批评家要还原作者所"忘记"说的东西,也就是说,批评家心目中仍有原作者的位置和他的意图,但是作为批评家,仅仅还原作者的意图还不够,他还必须阐发出作者应当说的话和应当写出的东西。我想,这就是能够流传下来的阐释所必须具备的东西。

作品的原意与衍生义

在上文中,我从当代和历史上对作品意义之来源、形成及演变的讨论作了一番辨析和回顾,那么我现在便要直接回答这些问题:文学作品的意义究竟是如何形成的?它只是由作者的意图形成的吗?从前面的辨析来看显然不完全是;那么它是由读者主观阐释和发掘出来的吗?更不完全是,如果是这样一种情形的话,意义的来源就被全然颠倒了;那么它是隐于文本中的客观存在吗?这倒是更为接近作品意义的来源及形成了,因为作者创作出了文学文本,而读者又从文本出发通过细读发掘出它的意义,因此文本居于意义的中心地位就是毋庸置疑的了。但即使如此也还是不完的。确切地说,文学作品的意义是由作者、读者通过文本这个核心合力共同创造或建构出来的。具体说来,意义的形成及发展经历了这样三个阶段。

首先,作者在头脑里构思出了作品的线索,并将其所要表达的意图写成文字。在这一阶段,作者所构思的文学内容和所要达到的目的基本上可以在作品中得到表达,但有时由于某种原因,作者表达得并非十分清晰,有时

---

1 Jonathan Culler, "In Defence of Overinterpretation," in Umberto Eco, *Interpretation and Overinterpretation*, with Richard Rorty, Jonathan Culler and Christine Brooke-Rose, edited by Stefan Collini. Cambridge: Cambridge University Press, 1992, p. 115.

甚至有可能由于表达方面的局限而给读者以误导。这样，文学作品的意义就自然而然地进入其第二个阶段，即批评家的批评性分析和阐释。在这一阶段，批评家作为一种特殊的读者，将作者原本想表达但由于某种原因而未能清晰表达的意思揭示并阐发出来，从而对更为广大的读者群体起到某种"导读"甚至"启蒙"的作用。因为我们都知道，训练有素并有着深厚理论功底的批评家完全有能力通过仔细阅读文本并结合当时作者写作的社会和文化语境将作者所要表达的意思大致表达出来，有时批评家结合自己的亲身经历和阅历有可能将文本中隐含的衍生意义揭示出来，但只要他细读文本不作太远离文本的过度阐释，所揭示出的文本的意义应该大致与作者本来想表达的意思相接近。因此这第二个阶段是作品意义形成的关键，作家和广大读者都对批评家寄予厚望：作家希望批评家能够发掘出自己在创作时未曾预料到的一些东西，而广大读者则希望批评家为自己的阅读起到一个导引的作用。接下来的第三个阶段便是作品意义的发展演变阶段。原作品发表后在批评家的帮助下很快进入更为广大的读者的视野，读者在细读文本的同时可能会参考批评家的阐释，然后再根据自己的期待视野有可能将作品的意思大加发挥，有时甚至与作者的本来意愿大相径庭。这样，一部作品的意义就进入了其发展演变的阶段。

我想在此强调指出的是，并非每一部文学作品都会经历这第三个阶段。相当一部分作品也许在发表之后就很快淹没在无数作品的汪洋大海之中，产生不了任何反响就成了过眼云烟；而另一部分写得不错的作品则首先引起批评家的关注和批评而产生一些反响，进而很快引起广大读者的阅读和关注；但最终只有少数优秀的作品在经过第三个阶段的筛选后得以流传进而载入文学史册或成为经典。它们的意义也会在每一代读者-批评家和研究者的阐释过程中得到发展演变。优秀的作品就像一座意义的宝库，不同的读者和批评家可以从中发掘出取之不尽用之不竭的创作、批评和理论资源，研究者也可以从中取得学术资源。这也正是我们今天的文学专业博士论文大多以研究经典为主而很少涉猎当代作品的原因所在。

最后，我还想强调指出，在中文的语境中，我们经常将"意思"和"意义"相混同，而在英语中，尤其是在读者反应批评家那里，这二者则有着清晰的区别："意思"（meaning）指作者本来想表达的东西，又叫作"原意"，而"意义"（significance）则是批评家和读者对原文的仔细阅读后发掘出的由原文衍生出来的意义，也即"衍生义"。文学作品的完整意义应该由这二者相加而形成。任何一方，无论是作者还是批评家都不是原作品意义的唯一创造者和拥有者。文学作品的意义一旦形成，原作者就确实无法对之产生影响了，它会在不同的时代经过不同的批评家的阐释和读者的接受不断地产生出衍生的意义。伟大的作品的意义必将经历这三个阶段的发展，而平庸的作品只需一位批评家的评点就能够穷尽其意义。对于我们学院派批评家而言，我们的任务不仅仅是要通过仔细阅读文学作品，发掘出作者隐含在作品中的原意以及该作品所可能产生出的衍生义，还要通过我们的批评性和学术性阐释，使得一部部优秀的作品得以跻身经典的行列。这应该是每一位严肃的批评家应尽的使命。

全球化语境下汉语疆界的模糊与
文学史的重写

　　汉语，或称"华语"，历来就是一种疆界不甚确定的语言，或者说是一个人为建构出来的现象。它本来只是中国的一个民族——汉族所使用的语言，但实际上却常常是整个中国的官方语言和文字的代名词。正如后殖民主义理论家霍米·巴巴在《民族和叙述》一书中所指出的，"民族就如同叙述一样，在神话的时代往往失去自己的源头，只有在心灵的目光中才能全然意识到自己的视野"。[1]汉语虽然随着汉民族的形成而形成，但汉语的疆界早已超越了汉民族，甚至超越了中国的疆界，成了一种世界性的语言，至少在当今世界的华人社区中如此。它在当今这个全球化时代的现状以及在未来的岁月里将发挥何种作用？它的疆界的拓展对未来文学史的重新书写将产生何种影响？这些都是本文所要探讨的。我首先要讨论的是长期笼罩着汉语之发展的巨大阴影——英语的强势地位及未来发展走向。

---

1 Cf. Homi Bhabha, ed., *Nation and Narration*, "Introduction", London and New York: Routledge, 1990, p. 1.

全球化时代英语疆界的拓展以及英语的裂变

毫无疑问,全球化给各民族文化带来的影响是巨大的,有时甚至是难以估量的。对于这一点,我们必须有充分的估计。我们今天看到一个定居在加拿大的时髦西班牙女郎身穿意大利服装,口中咀嚼着美国制造的口香糖,坐在一辆由越南人驾驶的奔驰轿车来到一家豪华的中国餐馆用餐,已经不觉得好奇了,因为在这样一个硕大无朋的"地球村"中,文化的互相渗透和互相影响已经是一个不争之事实。一方面是强势文化向弱势文化的大举入侵和深层次渗透,另一方面则是弱势文化的反渗透和抵抗。所谓"全球本土化"就是这样一个相对来说有效的对策。语言作为文化传播的主要媒介,面对全球化时代的来临更是首当其冲。对于英语国家的公民来说,全球化对文化的影响在很大程度上有助于英语的普及,因为当全世界的人都在学习英语的时候,作为以英语为母语的人们,自然感到由衷地自豪和骄傲。他们不需要去花费更多的时间学习另一门外语,似乎也不需要为交流的困难而感到发愁。但事实果真如此简单吗?恐怕并非如此吧。毫无疑问,伴随着英语在全世界范围内的普及,另一种隐伏着的危机也不知不觉地凸显了出来:面对全球化时代美国英语的大举入侵,以往被人们尊为"神圣"语言的英式"国王的英语"或"女王的英语"此时又被放逐到了何处?这是一个我们不得不面对的现实问题。

诚然,任何一种语言要想永远保持其固有的生命力,应当在任何时代都处于一种发展的状态,应当始终处于一种动态的包容状态中。英语所走过的漫长历史便是如此。当年罗马帝国征服盎格鲁-撒克逊人,带来的一个直接后果就是大量法语词汇进入英语,但这些法语词汇很快就被逐渐同化而最终成了英语语言中不可分割的表达法。英语在当今时代的强大生命力,在很大程度上是由于作为英语之"宗主"的大英帝国曾是19世纪末以前世界的大一统"日不落"帝国所致。它的公民无论旅行到何处,都可以用自己的母语和当地的人进行交流,甚至都可以见到大英帝国国旗的升起和降落,这实际上在某种程度上确立了英语的语言文化"霸主"之地位。而到了20世纪,随着英帝国实力的日益削弱和大批原先的殖民地国家的独立,大英帝国在各方面都受到另一些大国的挑战。在语言文化上,法语、德语、西班牙语、阿拉伯语、汉语以及俄语都曾试图拓展其疆界,跻身于世界上的语言之林，但这些尝试都在英美霸主地位的置换面前黯然失色。英语的地位非但丝毫没有动摇，反而变得越来越牢固。英语作为一种使用范围最广的世界性语言，实际上承担着一种世界通用语的作用。所谓的"世界语"(Esperanto) 完全是一种由少数人不切实际地制造出来的"乌托邦"式的语言，它的诞生非但未能取代英语的世界性语言之地位，反而加速了英语的普及。那么，为什么会出现这样的情况呢？这是我们首先应当正视并予以分析的。

首先，文化的殖民是一个相当漫长的过程。殖民主义者在花了很长时间征服一个弱小民族之后，立即会想到对其民族文化进行殖民，而要想从文化上真正征服一个民族，则要花费更多的时间和精力，有时甚至需要几代人的努力。语言作为传载文化习俗的重要手段，其不可忽视的重要性往往首先进入殖民征服者们的视野，但是要让一个民族彻底改变其固有的交流方式和手段，自然是一个艰难的任务。在这方面，英语成为其殖民地的官方语言甚至母语，应当是十分成功的。而语言一旦成为一个民族的文化习俗和表达媒介，便很难有所改变。我们至今仍可在原先的殖民地诸国和地区，如南非、印度尼西亚、印度、巴基斯坦以及中国的台湾和香港，见到老殖民主义者留下的语言影响的痕迹。[1]因此，当原先的殖民地纷纷宣告独立、大英帝国的地位岌岌可危时，英语的地位倒没有随之动摇。它在很大程度上倒是与原先的民族土语和方言加以结合形成了各种具有地方特色的"英语"(english) 之变体。这就是我们现在所说的"世界英语"(world englishes) 或"全球英语"(global englishes)。[2]它是全球化在文化领域内的影响的一个直接的产物，它的出现正好体现了文化全球化的两个极致：文化的趋同性和文化的多样性。对于这一点我们应当采取一种辨正的态度，也即既认识到全球化可能给文化带来某种趋同

---

[1] 在这些国家和地区，如南非、印度尼西亚、印度、巴基斯坦以及中国的香港地区，虽然英语仍作为其官方语言或主要的交际语言，但其形式却有了很大的不同，而且将会越来越远离英式英语。而在中国的台湾地区，大学生的英语水平普遍低于大陆的学生，年轻一代的日语水平也大大下降。甚至有人公然主张研发出一种"台语"，试图以此来取代汉语，但这显然是行不通的。

[2] 尽管不少学者喜欢使用"全球英语"(global English) 一词 (Cf. Michael Singh et al., *Appropriating English: Innovation in the Global Business of English Language Teaching*, New York: Peter Lang, 2002.)，但我认为这个术语隐含有"趋同"的倾向，我倒更主张用"世界英语"(world englishes) 一词，以强调不同国家和地区所使用的英语之不同。

性,但另一方面又不可忽视文化多样性的必然趋势。任何片面强调某一方面而忽视另一方面的做法都有可能阻碍我们的民族文化朝着健康的方向发展。

其次,一些民族-国家的自我"殖民化"也为英语的霸主地位的形成推波助澜。毫无疑问,对于一个正在崛起的发展中国家来说,要想实现本国和本民族的现代化,首先就要与已经完成现代化大业的西方强国相认同。中国现代文化和文学历史上出现过的"全盘西化"之浪潮就说明了这一事实:为了彻底砸烂封建传统的枷锁,摧毁旧的文化及其载体语言,鲁迅、胡适、梁启超等新文化运动的主将们号召大面积地翻译西方学术著作和文学作品,以此来催生一种现代汉语和现代文学话语的诞生。他们的翻译主要是通过英语的媒介来实现的,因而也导致了现代汉语的"欧化"倾向。再加之中国作家们在致力于推进中国文化和文学的现代性和世界性的过程中,逐步认识到了英语的重要性,因而相当一部分现代作家和文学批评家的英语水平,至少是阅读水平,都是相当不错的。到了第二次世界大战结束时,英语的霸主地位实际上已经逐步形成了。虽然在中华人民共和国成立后,高校课程中曾有一个时期主要的外国语是俄语,但"文革"一结束,这种英-俄语在高等学校的外语课程中并置的天平便迅速有所倾斜,最终形成了英语一统天下的局面。可以设想,在一个有着十四亿人口的大国大力普及和推广英语,在客观上也促使英语成为世界上用途最广的第一大语言。况且,由于英语被科学家公认为国际性的学术语言,一些致力于冲击国际学术前沿的优秀学者便自觉地用英语发表自己的最新研究成果。在中国的一些著名高校,一些主干课程也改用英语讲授,以吸引更多国际学生前来就读,进而使中国的著名大学跻身世界一流大学之行列,等等。对于这种种尝试,有人称其为"自我殖民化"。当然,这种实践的功过得失将由未来的历史学家作出评价,现在就匆忙作出结论,似乎为时过早。

最后,也许是最重要的一个原因,由于以英语为母语的美国的崛起和全方位称霸世界的事实,再次导致了英语在全世界范围内的普及。我们今天走进任何一家书店的外语柜台,往往能轻易地找到出版于美国的教科书,美式英语大有压倒英式英语之势头。再加上麦当劳和好莱坞等典型的美国文化现象在全世界走红,更是使得一些年轻知识分子认为,全球化就是西方化,而美国居于西方国家之首位,因而西方化实际上也就等于美国化。要想向美国认同，唯一的途径就是首先要学好英语，以便赴美国留学。[1]这一系列的尝试终于使得美国英语取代了英式"国王的英语"或"女王的英语"之地位，使后者被放逐到了边缘，但同时却大大地拓展了（美式）英语的疆界，使之稳坐世界英语之霸主的地位，并逐步将其影响向其他语言渗透。

当然，这只是问题的一个方面。毫无疑问，英语的普及同时也带来了明显的不利因素：它的疆界的无限制扩张导致了它作为早先的不列颠民族–国家之母语的身份的模糊。我们今天用英语进行文化学术交流时，完全无须将其视为英美两国的民族–国家语言，而视其为一种全球性的工作语言或世界范围内的"普通话"。因此，对于以英语为母语的人们来说，这种世界性的"普通话"的语言的文化身份又何在？由此，英语疆界的拓展同时导致的是两方面的效果：一种（民族–国家）语言的解体和一种新的（全球性）语言的确立。这一事实对于我们下面讨论汉语疆界的拓展也提供了有益的参照。

汉语普及的意义与全球文化新格局的形成

英语的普及自然有其积极的和消极的方面，那么作为使用范围仅次于英语的汉语，在全球化浪潮的冲击面前又是何种情形呢？既然我们并不否认，在全球化的时代，文化的全球化更为明显地导致了文化多样性的出现，那么这一现象具体体现在何处？就体现在边缘文化向中心的运动，也即巴巴所说的，一方面是（由西向东快速运行的）全球化进程，另一方面则是（由东向西缓慢运行的）"少数人化"进程，也即另一种形式的全球化。可以说，未来世界文化的发展就取决于全球化与本土化之间的张力和互相制约。因此用"全球本土化"这一策略来形容这种张力是比较合乎实际的。

诚然，全球化的浪潮使得每一个国家和民族都卷入了其中。对于谋求跨越式发展的中国来说，我们已经别无选择地且全方位地融入了全球化的进程。应当承认，全球化带给中国的主要是发展机遇，也即全球化为中国的跨越式发展提供了一个广阔的空间和得以与西方强国进行平等竞争和对话的平台。就经济的发展而言，虽然中国的经济迅速增长令世人瞩目，人民币

---

1 在这方面尤其要提及北京的新东方学校，这所民办学校的发迹完全靠的是培训"托福"和GRE的考生。可见出国留学热，尤其是"留美热"，已经波及了青年知识阶层。这无疑也是助长中国的英语热的一个重要因素。

在西方国家的压力和自身价值的提升的双重压力下不得不逐步升值,但中国要在各方面都赶上西方发达国家还需要一段时间。这主要是由于中国各地区发展的不平衡状态和贫富等级的差距过大所致。而在文化领域,情况则大不相同。虽然中国是一个幅员辽阔、人口众多的大国,并在历史上有过"中央帝国"之称谓,但在鸦片战争之后,一系列丧权辱国协议的签署和大片土地的割让导致这个曾经显赫一时的中央帝国分崩离析,并最终退居到了世界的边缘。它不得不向经济发达的帝国主义列强认同,因而在全盘西化的实践之下,中国的文化几乎成了一种边缘的"殖民"文化。大批移民移居海外后,首先想到的是如何跻身当地的主流文化,而要想真正跻身主流文化就得熟练地使用其语言,而要真正掌握一门语言的精髓,就得进入其独特的符号和发声系统,甚至要暂时忘记自己的母语直接进行外语的思维和表达。这一点尤其体现在定居美国的华裔作家和知识分子的发展历程。[1]他们中的不少人往往处于一种矛盾的状态:一方面试图用英语来表达中国的东西,另一方面又不得不为了取悦主流社会的欣赏趣味而对中华民族的文化习俗进行歪曲性的描写和批判,因而毫无疑问便招来了另一批人的猛烈抨击和批判。[2]他们中的另一些人,尤其是中国改革开放以来的新移民,如哈金(原名金雪飞),则充分发挥自己的独特语言优势,或者游刃有余地跻身主流文化之中,以其具有独特中国内容的英语写作打入美国市场;或者,如卫慧等女作家,首先用自己的母语写作,在中国市场大获成功后再由别人将其作品译成英文,而最终进入国际图书市场。无论他们用英文写作或用中文写作,他们的创作实践实际上已经纳入了比较文学和文化研究学者们的研究视野,被当作华裔文化语境中的"流散写作"现象来研究。而华裔英文流散写作在全世界的迅速发展则在客观上起到了向非汉语世界传播中华文化的积极作用。当然,我们对这批精英的努力及其成效不可忽视,但另一方面也更应该重视仍然用汉语思维和写作并试图拓展汉语的疆界使之成为一门世界性语言的人们的尝试。后者的努力虽然此时在全球化浪潮面前仍显得步伐

---

1 关于美国华裔文学的历史及现状,可参阅陈爱敏的博士论文《美国华裔文学与东方主义》,山东大学,2004。

2 关于美国华裔作家之间,尤其是汤亭亭和赵健秀之间,关于中国文化本真性的争论,参见阿里夫·德里克,《跨国资本时代的后殖民批评》,王宁等译,北京:北京大学出版社,2004年版。尤其是其中两篇文章,《美国亚裔社会结构中的跨国资本和地方社群》,第82—105页,以及《从亚裔美籍人角度透视亚太区域构成》,第200—227页。

缓慢,但其长远的效果将随着中国经济更为迅猛的发展以及中国综合国力的日益强大而逐渐显示出来。

显而易见,在今天的全球化时代,汉语的崛起和成为又一大世界性的语言已成为一个无可争议的事实。对于汉语在全世界范围内普及的意义,我们也许只注意到了世界范围内的"汉语热"的令人鼓舞的方面,或意识到了汉语疆界拓展的积极的方面,却有可能忽视了它的另一方面,也即在拓展汉语疆界的同时也不可避免地模糊了汉语的民族语言-文化身份,使其也像英语一样变得日益包容和混杂。对此不少语言学家难免感到忧心忡忡,试图呼唤汉语的纯洁化。但我认为,汉语的普及果真能达到这一效果的话,倒有可能早日促使汉语成为仅次于英语的世界第二大语言:它在某些方面将起到英语所无法起到的作用,而在另一些方面,则与英语一道成为可以与之互动和互补的一种世界性语言。这一未来的前景实际上已经在下面几个方面露出了端倪。

首先,一批又一批华人的大规模海外移民,使汉语始终处于一种动态的状态,它的疆界既是不确定的,同时又是不断扩大的。对华裔流散现象有着多年研究、现居新加坡的华裔学者王赓武概括说:"在散居海外的华人中出现了五种身份:旅居者的心理、同化者、调节者、有民族自豪感者、生活方式已彻底改变。"[1]这五种身份在当今的海外华人作家中都不乏相当的例子,而在成功的华人作家中,第二种和第四种身份则尤为明显,而拥有另三种身份的华人首先关心的则是自己的生活状况和如何以牺牲自己的民族文化身份为代价而迅速地融入居住国的主流社会和文化并与之相认同。但具有上述第四种身份的则大有人在,他们有着强烈的民族自豪感,不仅本人自觉地使用汉语,同时也培养自己的后代学习汉语和中国文化,使得中华文化的精神后继有人。他们中的不少人在事业成功后不惜筹措资金在海外兴办汉语学校,不仅向华人移民的后代教授汉语,同时也向当地的居民教授汉语。可以预见,他们的努力将在未来的年月里逐渐显示出积极的成效。

其次,汉语的大本营——中国的综合国力大大增强,也成为一个重要的因素。近三十多年来中国经济的飞速增长,致使中国政府及其主管文化的

---

1 Cf. Wang Gungwu, "Roots and Changing Identity of the Chinese in the United States," in *Daedalus* (Spring 1991): pp.181-206, especially see p.184.

官员们逐步认识到在全世界推广汉语的重要性，光是政府对国家对外汉语领导小组办公室的研究项目拨款近十多年来就有了成十倍的增长，而各高校以对外汉语教学为主要任务的海外教育学院则更是把对外汉语教学当作一种文化教育产业，并取得了较大的社会效益和经济效益。[1]在学习汉语的外国学生中，除了大部分土生土长的外国人外，还有相当一部分海外华裔的第二代甚至第三代移民。他们的父辈或祖先当年为了跻身主流社会，不得不努力学习定居国的语言，甚至不惜以牺牲自己的母语和民族文化为代价向所定居的民族-国家的文化认同。但中华文化的记忆从来就没有消失在他们的民族意识或无意识中，一旦这种文化记忆被召唤出来，就成了促使他们努力学习汉语并掌握中华文化精神的强大动力。而他们学成回国，则会把汉语中的最新词汇和在当代的发展趋势带到当地的华人社区，客观上起到在海外推广汉语的作用。

最后，互联网的作用也不可忽视。当年英语在全世界的大规模普及在很大程度上就得益于计算机时代的来临。具有非凡聪明才智的中国科学家很快就开发出了各种汉语软件，使得计算机迅速在汉语世界得到普及。虽然在现阶段，互联网上百分之八十左右的信息都是靠英文传播，但几乎各个主要的英语网站很快便有了中文版。这种中文版的网站一方面在形式上保留了原有的栏目和版块，另一方面在内容上大大地作了更新，使之主要服务于汉语社群的网民，因而实际上成功地实现了"全球本土化"的战略。可以预见，随着汉语网站的日益增多，用汉语写作（至少是将其视为第二语言）的人数的增多，以及新的汉语软件的不断开发，用汉语传播信息的百分比也会逐步上升。对此我始终持一种乐观的态度，并将继续为这种不可逆转的大趋势推波助澜。

综上所述，全球化在文化上的进程打破了固有的民族-国家之疆界，同时也拓展了世界上主要语言的疆界。在这一过程中，一些生命力不强的语言成了文化全球化的牺牲品，新的世界语言格局已经形成。在这一大的格局中，不仅是英语，汉语也受益甚多。因此可以预见，在未来的时代，新的世界文化格局也将逐步形成：它不仅以国家-民族作为疆界，同时也以语言作

---

1 2005年6月在北京举办的世界汉语大会，无疑也为中国政府在全世界范围内大规模地推广汉语和中国文化的既定国策奠定了基础。

为疆界；它绝不只是一种单边的（英语）文化（culture），而是多姿多彩的（多语种）文化（cultures）。在这一多元文化共存的新格局中，汉语文化将日益显示出越来越重要的地位和不可替代的影响。

汉语文学史的重新书写

在上面两部分，我主要用比较的方法讨论了英语和汉语疆界的拓展以及带来的结果。在本文即将结束时，我谨对这种语言疆界之拓展给文学身份的建构和文学史的重新书写带来的结果作一小结。近二十多年来，在西方和中国的文学理论界以及比较文学界，重写文学史的尝试依然没有减少，我本人也在这方面作过尝试，此处不再赘言。[1]我在此仅提出，语言疆界的拓展对文学史的重新书写也将产生重要的作用，将为文学史的重写带来新的契机：从简单地对过去的文学史的批判性否定进入一种自觉的建构，也即以语言的疆界而非国家或民族的疆界来建构文学的历史。在这方面，保罗·杰伊（Paul Jay）在讨论英语文学疆界的拓展及其结果时有一段话颇有启发意义：

> 有了这种意识，在不将其置于特定情境的情况下研究英美文学便越来越难了，在与全球化相关联的跨国历史中研究这种文学所产生的文化也越来越难了。同时，英美两国之外产生的英语文学的明显扩张也表明，这一文学变得越来越依赖语言来界定，而非国家或民族来界定，因为来自不同文化和种族背景的作家都用这种语言来写作。从这一观点来看，英语的全球化并非人文学科内的激进分子旨在取代经典而发展起来的一种理论主张或政治议程。英语文学确实是跨国家和跨民族的……[2]

作为仅次于英语的世界第二大语言的汉语，难道不也面临着语言疆界的拓展和文学史的重新书写吗？在将"中国文学"和"汉语文学"这两个术语译成英文时，人们往往用的都是一个英文术语，而我本人对之的界定却是

---

1 在这方面，可参阅王宁，《世界文学格局中的二十世纪中国文学史断代》，载《文艺研究》，2001年第6期；以及接下来的一章。

2 Cf. Paul Jay, "Beyond Discipline? Globalization and the Future of English," *PMLA*, Vol. 116, No. 1 (January 2001): p. 33.

有所区别的，Chinese literature 虽然可分别译为"中国文学"和"汉语文学"，但它的开头第一个字母 c 却应有大小写之分，因为它包含着两个意义，也即两种身份：前者 Chinese literature 指在中国本土（包括香港、澳门和台湾）产生的文学 (literature produced in China)，后者 chinese literatures 则泛指全世界范围内所有用汉语写作的文学 (literature written in the Chinese language)；前者应用 Chinese 来表达，因为它代表了特定的文学所固有的民族性，后者则应用 chinese 来表达，因为它反映了用（包括汉语文学在内的）所有语言撰写的文学都共有的世界性；读者也许已经注意到，前者中的 literature 用的是单数，后者中的 literatures 则用的是复数。对此区别，我将专门予以论述。

现代性、翻译文学与中国现代文学经典重构

在当今这个多元文化共存的时代，从跨中西方文化和文学理论的角度反过头来讨论现代性问题，也许是一些当代中国的后现代主义研究学者感兴趣的一个研究课题，[1] 因为，介入后现代主义在中国的接受及变形这个问题的讨论的不少学者实际上都是在尚未对现代性问题有着充分认识的基础上仓促上阵的，因而在后现代主义大潮日趋衰落时重新反思现代性似乎是很有必要的。所以说，现代性在中国的语境下仍是一个"未完成"或至少是一个"不完整的"计划。而另一方面，确实，在西方学术界，在关于后现代主义和后现代性问题的讨论中，相当一部分学者也忽视了与后现代性有着密切关系的现代性问题。既然参加后现代主义大讨论的不少学者都来自文学理论批评领域，那么毫不奇怪，在作为一种文学艺术思潮的后现代主义大潮在西方学术界逐渐衰落之际，重新回过头来反思现代性问题就不足为奇了。和后现代主义或后现代性一样，既然现代性首先是一个来自西方的学术话语，而且涉及不同的学科领域，那么对关于这一讨论和研究在西方理论界的历史和现状作一回顾就显得十分必要了。然后由此出发，我们便可以来重

---

1 在这方面，除了我本人以外，另外一些曾经介入后现代主义讨论的中青年学者，如陈晓明、张颐武、王一川、王岳川、陶东风等，也都以积极的姿态结合中国当代的现代性/后现代性混杂一体的状况对现代性问题进行反思，并涉及了全球化/全球性现象。

新审视现代性在中国的境遇及其对中国现代文学经典的形成所产生的重要影响。

现代性、后现代性和全球性

关于现代性问题的论述在西方学术界已经进行了多年，并且在很大程度上与另外几种理论话语相互交织：后现代性、后殖民性以及广为人们所热衷谈论的全球性或全球化现象。[1]诚然，当我们涉及现代性这一理论课题时，我们必然会碰到对这一概念所下的种种不同定义的问题。在这方面，西方学者在过去的几十年里已经有了种种不同的解释，并对中国学者的研究有着直接的影响。[2]纵观现代性这一理论概念的历史演变和当代意义，我们大概不难作出这样的归纳，即现代性早已不再是西方社会的专利，而是一个超越时空界限的世界性现象和一个跨越各门学科和理论话语的综合课题。它既可以在最宽泛的艺术层面上被视为一种文学艺术精神（即现代主义文学艺术），同时也可以在最广义的文化和知识的层面上被定义为一种政治文化启蒙大计（即我们通常所说的文化现代性）。正是在二者的综合意义上，我们才可以证明现代性所具有的生命力。在前者的意义上，我们可以看出，无论在主题和本质内容还是在语言媒介的形式上，不少西方作家都作出了重要的建树；而在后者的层面上，后现代理论家们也多有论述，而且对我们今天在一个广阔的全球化的语境之下重新探讨现代性这个老课题仍有着重要的启迪意义。

那么究竟什么是现代性呢？为什么每一个时代的学人都要探讨这个话题呢？在两千多年的西方文学史上，古今之争几乎是每一代传统学者与新锐学者所无法避免的，它已经成为我们今天探讨这个问题的出发点和契机，尽管我们今天所谈论的现代性早已不同于那些素朴的古今之争。对后现代主义的研究有着重要影响的美国新马克思主义理论家弗雷德里克·詹

---

1 关于全球性与现代性和后现代性的相互交叉之关系，罗兰·罗伯逊（Roland Robertson）有着独特的见解。参阅他于2001年11月26日在清华大学的专题演讲《全球性：一种西方的视野》（"Globality: A Western View"），中译文由生安锋译，收入王宁编，《全球化与文化：西方与中国》，北京：北京大学出版社，2002年版，第17—28页。

2 实际上，对中国学者影响最大的现代性理论主要来自马克斯·韦伯（Max Weber）和于尔根·哈贝马斯（Jürgen Habermas）。而对于西方文学批评界所讨论的现代主义和现代性方面的观点，中国学者则知之甚少，主要是因为这方面的不少著作尚未译成中文。

姆逊对现代性问题以及与后现代的关系作出了全新的阐释。[1]在回顾并讨论了让-弗朗索瓦·利奥塔 (Jean-Francois Lyotard)、于尔根·哈贝马斯以及安东尼·吉登斯 (Anthony Giddens) 等人对现代性的论述后，詹姆逊颇为意味深长地总结道，他所思考的现代性是一种"重新建构的具有后现代特征的现代性"，或者说是一种"另类的现代性"。在此，我们注意到，詹姆逊实际上打破了以往的有着明显中心意识的现代性建构，承认了现代性是一个可作多种阐释的开放的理论话语，它与后现代的关系并非一种线性关系，要想说明自己具有现代性，那首先必须是后现代的。这就相当辩证地站在一个马克思主义的理论高度分别汲取了哈贝马斯和利奥塔对现代性和后现代性的描述的合理部分，发展出一种后现代时期的现代性。这种开放的现代性绝不仅仅产生于西方的语境，它可以像其他的理论一样，旅行到西方以外的地方，比如拉丁美洲、印度、中国等。此外，詹姆逊还对衡量现代性的四种准则作了规定：(1) 首先，现代性是不能被分期或作历史断代的；(2) 它并不是一个概念，而是一种叙述范畴；(3) 不是任何现代性都可以叙述的，只有处于特定情境中的现代性才可被叙述；(4) 任何现代性理论若不与后现代性相关联就没有意义。他的这番重新描述不仅推进了现代性研究在西方的进程，更为重要的是，它对我们以此来反观中国的文化现代性及其在文学上的结果——中国现代文学经典的形成有着直接的启迪意义。

当然，要准确地理解詹姆逊对现代性建构的推进，首先要回顾一下哈贝马斯对现代性的经典论述。在哈贝马斯看来，每一个时代的人们都可以标榜自己的思想文化和艺术具有现代性，但是只有在另一个时代仍可产生新的意义并诱发人们的探索兴趣的东西才称得上真正是具有现代性特征的东西。"文化现代性同样也滋生出自身的两难"，[2]它可以算作一种未完成的启蒙大计，与后现代性有着千丝万缕的联系。因而连大力推进后现代主义的利奥塔也不得不承认，"后现代应当被看作是现代的一部分"来考察，[3]因

---

1 这部分中未标明页码的詹姆逊对现代性和后现代性的论述均出自他本人于2002年7月31日在中国社会科学院发表的英文演讲。笔者根据记录整理，会后曾就个别问题与詹姆逊当面作了探讨。在此特致谢忱。

2 Jürgen Habermas, "Modernity—An Incomplete Project," in Hal Forster ed., *The Anti-Aesthetic: Essays on Postmodern Culture*, Seattle, Wa.: The Bay Press, 1983, p. 8.

3 Jean-François Lyotard, *The Postmodern Condition: A Report on Knowledge*, trans. Geoff Bennington and Brian Massumi. Minneapolis: University of Minnesota Press, 1983, p. 81.

为在他看来，后现代既与现代有着诸多对立的方面，同时又与现代有着千丝万缕的联系，它往往在现代出现之时也就作为其对立物出现了。因此，"在现代性中，宗教生活、国家和社会以及科学、道德和艺术都被转化成了主体原则的多种体现"。[1] 总之，现代性是一种理性的体现，它所弘扬的是一种主体，也即在现代性的框架之下，人的作用被发挥到了某种极致，但是一旦越过这一极致，它的对立面"后现代性"也就被凸显出来了。因而，连被称为现代性之代言人和捍卫者的哈贝马斯也不得不承认，如果后现代性确实存在的话，那么进入后现代性的标志就应当追溯到尼采，[2] 因为早在尼采的时代，或者再往前推一段时间，后现代性就作为现代性的对立面而存在了。因此可以看出，在西方文化理论界和文学批评界持续了三十多年的关于后现代主义问题的讨论，最终仍以对现代性的重新思考和建构而与之殊途同归。

当然，上述几位思想家对现代-后现代问题的思考是居于哲学和思想的高度。若是仅仅将现代性用于对文学艺术现象的描述，我们还可以参照比较文学学者马泰·卡利内斯库 (Matei Calinescu) 对现代性的五个基本概念所作的描述：现代主义、先锋派、颓废、媚俗艺术和后现代主义。[3] 由此可见，从当代东西方文化艺术的角度来看，只有这五个基本概念加在一起才真正构成文学现代性的当代形式之全貌。

那么，现代性与后现代性或后现代主义的关系究竟是如何演变的呢？学者们一般均认为，这二者既有着连续性同时也存在着断裂性，而当年对于这种断裂性强调得最明显的当推詹姆逊所建构的后现代主义理论。他那有着后现代多元性和包容性特征的马克思主义批评理论充满了强烈的社会使命感，而他本人也尤其善于透过各种错综复杂的社会现实，提出自己的批判性见解，虽然这些见解并不一定能真的充当解决社会问题的良方，但却为当代人观察社会现实提供了新的视角。在1950、1960年代后现代主义风靡整个北美文化界和文学理论批评界时，一大批美国批评家，如欧文·豪 (Irving Howe)、苏珊·桑塔格 (Susan Sontag)、伊哈布·哈桑 (Ihab Hassan)、莱斯

---

1 Jürgen Habermas, *The Philosophical Discourse of Modernity: Twelve Lectures*, Lecture 1. trans. Frederick Lawrence, Cambridge, Mass: MIT Press, 1987, p. 18.

2 Ibid., pp. 84–105.

3　Matei Calinescu, *Five Faces of Modernity: Modernism, Avant-Garde, Decadence, Kitsch, Postmodernism*, Durham, NC: Duke University Press, 1987.

利·费德勒 (Lesley Federer) 等，都以极大的热情投入了这场理论争鸣。直到1970年代末利奥塔的小册子《后现代状况：关于知识的报告》的出版，才将那些零散的、不成体系同时又容易遭人攻击的观点系统化，并使这场讨论上升到哲学和认识观念的理论层面，地域也逐步扩大到欧洲。而詹姆逊则从马克思主义的基础/上层建筑的历史唯物主义视角，对产生于西方后工业社会的后现代现象作出了全新的解释。

1980年代初，詹姆逊率先从后现代消费文化入手，开始了他对后现代主义的进一步深入考察研究。在一篇题为《后现代主义与消费社会》的演讲中，他指出，除了考察后现代主义的种种特征外，人们"也可以从另一方面停下来思考，通过对近期的社会生活各阶段的考察对之作出描述……在二次大战后的某个时刻，出现了一种新的社会 (被人们从各种角度描述为后工业社会、跨国资本主义、消费社会、传媒社会等)。新的人为的商品废弃；流行时尚的节奏日益加快；广告、电视和传媒的渗透在整个社会达到了迄今为止空前的程度；城郊和普遍的标准代替了原有的城乡之间以及与外省之间的差别；高速公路网的迅速扩大以及汽车文化的到来——这一切都只是标志着与旧的战前社会的彻底决裂，因为在那时的社会，高级现代主义仍是一股潜在的力量"。[1]对于这一迥然有别于现代社会的现象，詹姆逊描述为后现代社会。他从马克思主义的角度出发对后现代主义持一种批判的态度，但他仍实事求是地承认后现代主义的不少合理因素，并予以充分的肯定。他认为，后现代主义或后现代性带来的也并非全是消极的东西。它打破了我们固有的单一思维模式，使我们在这样一个时空观念大大缩小了的时代对问题的思考也变得复杂起来，对价值标准的追求也突破了简单的非此即彼模式的局限，因此，"在最有意义的后现代主义著述中，人们可以探测到一种更为积极的关系概念，这一概念恢复了针对差异本身的观念的适当张力。这一新的关系模式通过差异有时也许是一种已获得的新的和具有独创性的思维和感觉形式；而更为经常的情况则是，它以一种不可能达到的规则通过某种再也无法称作意识的东西来得到那种新的变体"。[2]因此在詹姆逊看

1 Quoted in Hal Forster, *The Anti-Aesthetic: Essays on Postmodern Culture*, Seattle, Wa.: The Bay Press, 1983, pp. 124-125.

2 Fredric Jameson, *Postmodernism or, The Cultural Logic of Late Capitalism*, Durham, NC: Duke University Press, 1991, p. 31.

来,后现代主义与消费社会有着密切的关系。作为一种对现代主义主流的既定形式的特殊反动而出现的后现代主义,其明显的特征就是消解了大众文化与精英文化之间的界限,标志着现代主义的终结和后现代主义的断裂和崛起。应该承认,1980、1990年代在西方学术界人们所热烈讨论的后现代主义问题在很大程度上基于詹姆逊早期的理论建构,而在他之前的一些后现代主义批评家的著述则随着时间的推移而很少再为人们提及。

由此可见,在界定现代性的同时,我们已经不知不觉地打破了现代性本身的整体性,而是取了后现代性的多元价值取向,也就是说,有着多种形式的现代性,而且每一个时代都有着自己对现代性的描述和界定。如果有一天,对现代性的定义已经全然固定,现代性的生命也就停止了。同样,我们也可以得出这样的结论,现代性是一个动态的经典概念,它在不同的时代,甚至在不同的民族和地区也有着不同的形态,尤其是在当今这个全球化的大背景之下,全球性已经在某种程度上弥合了现代性和后现代性的明显断裂,使这二者在一定的程度上得以重叠和交合,因此现代性又在我们的理论界激发出了新的生机和意义。如果承认这一点的话,我们就不难据此来讨论中国文化的现代性特征及其对中国现代文学经典的形成所产生的影响了。

现代性文化在中国:翻译和混杂的结果

不可否认,现代性在不同的国家和地区有着不同的表现形式。在中国的语境下讨论现代性,就免不了涉及文化的翻译和理论的旅行。[1]就目前的中国现当代文学研究而言,学者们一般都不否认,在中国的语境下有着自己独特的现代性形式,它同时也是整个世界的现代性运动和计划的一个组成部分。但是,不管中国的现代性形式与西方的现代性有何不同,我们都不否认,这是一个通过文化翻译从西方引进的理论概念。目前在中国的语境下广为学人们引证和讨论的后殖民理论家爱德华·赛义德在出版于1980年

---

1 Cf. Homi Bhabha, "How Newness Enters the World: Postmodern Space, Postcolonial Times and the Trials of Cultural Translation," in *The Location of Culture*, London and New York: Routledge, 1994, pp. 212–235; Edward Said, "Traveling Theory Reconsidered," in *"Reflections on Exile" and Other Essays*, Cambridge, Mass: Harvard University Press, 2000.

代初的论文集《世界、文本和批评家》[1]中收入了他的一篇著名的论文,也就是那篇广为人们引证的《旅行的理论》。在那篇文章中,赛义德通过卢卡契·久尔吉(Lukacs Gyorgy)的"物化"理论在不同的时代和不同的地区的流传以及由此而引来的种种不同的理解和阐释,旨在说明这样一个道理:理论有时可以"旅行"到另一个时代和场景中,而在这一旅行过程中,它们往往会失去某些原有的力量和反叛性。这种情况的出现往往受制于那种理论在被彼时彼地的人们接受时所作出的修正、篡改甚至归化,因此理论的变形是完全有可能发生的。毫无疑问,用这一概念来解释包括现代性和后现代性在内的西方理论在第三世界和东方诸国的传播和接受以及所产生的误读和误构状况是十分恰当的。因此这一论点所产生的影响也自然是巨大的,但赛义德对此并不感到十分满足,而是在另一场合又对之作了重新思考。那篇反思性文章就收入他出版于2000年的论文集《〈流亡的反思〉及其他论文》。在这篇写于1994年的论文《旅行的理论再思考》中,他强调了卢卡契的理论对西奥多·阿多诺(Theodor Wiesengrund Adorno)的启迪后,又接着指出了它与后殖民批评理论的关系,这个中介就是当代后殖民批评的先驱弗朗兹·法农(Frantz Fanon)。这就是卢卡契的理论旅行到另一些地方并产生新的意义的一个例证。在追溯了法农的后殖民批评思想与卢卡契理论的关联之后,赛义德总结道:"在这里,一方面在法农与较为激进的卢卡契(也许只是暂时的)之间,另一方面在卢卡契与阿多诺之间,存在着某种交接点。它们所隐含着的理论、批评、非神秘化和非中心化事业从来就未完成。因此理论的观点便始终在旅行,它超越了自身的局限,向外扩展,并在某种意义上处于一种流亡的状态中。"[2]这就在某种程度上重复了解构主义的阐释原则:理论的内涵是不可穷尽的,因而对意义的阐释也是没有终结的。而理论的旅行所到之处必然会和彼时彼地的接受土壤和环境相作用进而产生新的意义。这一点我们完全可以从来自西方的现代主义和后现代主义理论思潮在中国语境下的传播和接受之情景见出端倪。

　　既然我们承认,现代性是一个从西方引进的概念,而且又有着多种不同

1　Edward Said, The World, the Text, and the Critic, Cambridge: Harvard University Press, 1983.

2　Cf. Edward Said, "Traveling Theory Reconsidered," in *"Reflections on Exile" and Other Essays*, Cambridge, Mass: Harvard University Press, 2000, p. 451.

的形态,那么它又是如何有效地在中国的文化土壤中植根进而成为中国文化学术话语的一个有机组成部分的呢?这大概和一些鼓吹现代性的中国文化和文学革命先行者的介绍和实践密切相关,而他们的介绍和实践又在很大程度上是通过翻译的中介来完成的,当然这种翻译并非只是语言层面上的意义转述,更是文化意义上的翻译和阐释。因此从翻译文学的视角来重新思考中国文化与文学的现代性的形成和历史演进无疑是可行的。[1]在这方面,鲁迅、胡适、梁实秋、康有为和林纾等新文化和文学先行者所作出的开拓性贡献是不可忽视的。

诚然,中国的现代性开始的标志是五四新文化运动的兴起。鲁迅作为中国新文化运动的先驱和新文学革命的最主要代表,不仅大力鼓吹对待外来文化一律采取"拿来主义"的态度,而且自己也从事翻译实践,为外来文化植根于中国土壤进而"为我所用"树立了榜样。他的那些论述和实践至今仍在学术界的讨论中引起一定的理论争鸣。我们今天的比较文学学者和翻译研究者完全有理由把五四时期的翻译文学当作中国现代文学的一个不可分割的组成部分,因为无论从思想内容还是艺术形式来看,就其影响的来源而言,中国现代作家所受到的影响和得到的创作灵感都更多地来自外国作家,而非本国的文学传统。鲁迅的创作道路就是这一外来影响和本土创造性转化的结合体。对此,他曾十分形象地描绘过自己开始小说创作的过程:

> 但我的来做小说,也并非自以为有做小说的才能,只因为那时是住在北京的会馆里的,要做论文罢,没有参考书,要翻译罢,没有底本,就只好做一点小说模样的东西塞责,这就是《狂人日记》。大约所仰仗的全凭先前看过的百来篇外国作品和一点医学上的知识,此外的准备,一点也没有。[2]

可以说,鲁迅的这番非常直率的陈述在某种程度上也反映了相当一批"五四"作家的创作道路。他们不满日益变得陈腐和僵化的中国传统文化,

---

1 在这方面参阅乐黛云、王宁主编,《西方文艺思潮与二十世纪中国文学》,北京:中国社会科学出版社,1990年版。

2 鲁迅,《我怎么做起小说来》,载《鲁迅全集》,北京:人民文学出版社,1989年版,第4卷,第512页。

试图借助于外力来摧垮内部的顽固势力，因此翻译正好为他们提供了极好的新文化传播媒介，而不少中国新文学作家就是从翻译外国文学开始其创作生涯的。这也许正是一些恪守传统观念的学者对"五四"的革命精神大加指责的一个重要原因。既然鲁迅在所有的新文学作家中影响最大，因而鲁迅就成了他们攻击的主要对象。另一位新文化运动的主将胡适，则通过为《新青年》杂志1918年卷编辑的"易卜生专号"，开启了全面翻译介绍易卜生及其作品的先河。随后，由鲁迅挑起的关于"娜拉走后怎么办"的讨论，更是把对易卜生与中国的现代性大计之关系的研究推向了新的高度。[1]对此，国内已有不少论述，我本人也就此作过论述，因此本文不再重复。

如果我们再考察一下"五四"之前翻译文学所起到的奠基性作用，就应该关注另两位学人作出的建树。毫无疑问，和上述两位新文学运动的主将一道，康有为 (1858—1927) 也为"五四"前后大量翻译介绍外来文化作出了重要贡献，而对于这一点许多论者并未予以重视。康有为不仅是中国近代的思想家和革命家，同时也是一位有着自己独特思想的文学家。他曾以文学家的身份，对大面积地向国人翻译介绍西方和日本的科学文化知识，发表过一些精辟的见解，但是他所指的翻译并非传统意义上的字面层次上的翻译，而是我们现在经常讨论的"文化翻译"和"文化阐释"，[2]其目的在于唤起国内民众对新知和理想的向往。这对中国近现代文学思想和翻译思想产生过一定的影响。这里有必要简略介绍一下康有为的贡献。

早在光绪八年 (1882)，康有为便游览了香港和上海。这两个地方当时均为西方列强所控制，一度思想保守的他因而也有幸接触了西方人的治国方略。他不禁有感于清政府的弱势和无能，对香港等本属于中国的地方竟为他人所统治备感惋惜。与此同时，他也读了不少西学经典，改变了他过去认为外域均为不开化之夷狄之看法。从此他认为，要使得国富民强，唯有大力提倡并弘扬西学，用西方先进的科学文化知识来更新旧的国学体系。毫无疑问，与一些激进的革命党人相比，康有为的思想显然是保守的。但他依然发愤向清帝上了万言书（《上清帝第一书》），提出"变成法，通下情，慎左

---

1 参阅王宁编，《易卜生与现代性》，天津：百花文艺出版社，2001年版。

2 实际上，在西方学术界，尤其是近十年来，越来越多的大师级理论家，如德里达、米勒、伊瑟尔、斯皮瓦克等，开始从文化的角度关注翻译问题，并将其视为一种文化阐释和建构策略。而国内从事翻译研究的学者对此却知之甚少。

右"。由于顽固派的从中阻挠,此书虽未能上达,但却在朝野上下引起强烈的震动。康有为曾和与他齐名的另一位改良派文人梁启超一起上书清帝,试图实行戊戌变法,其初衷并未能实现,但他一生都念念不忘改良和变法。在中国新文化与传统文化的交替期间,康有为无疑属于今文经学派。他的著述之丰在近代中国文人中是罕见的,他的不少著作对后人的学术思想都产生了广泛的影响。在文学创作方面,他主要擅长作诗,但同时兼及散文政论。他一方面对中国传统的诗歌大家景仰不已,另一方面又不满于旧的形式,试图锐意开拓创新,发展出自己的独特风格。毫无疑问,康有为的文学思想和学术思想的形成,和他国学的深厚底蕴及对西学的通晓和娴熟掌握是分不开的。尽管他本人并不从事翻译实践工作,他所主张的翻译介绍西方典籍也仅用以服务于中国的改良革新,但他的不少文学思想却同时反映了他对西方的科学文化知识的渴求和深刻体悟。他也和一切学贯中西的大学问家一样,反对抱残守缺的思想,认为独尊东方的古老文化是没有出息的。这种固步自封不求上进的态度非但不能促进中国文化的进步,反而会导致中国文化的衰落。只有不断地从西方引进先进文化的成分,才能使古老的中国文化再创辉煌。这些精辟思想无疑对他的同代人梁启超所主张的翻译小说以推动文学革命的观点有着一定的影响。

如果说,上述几位思想家主要是在理论上为中国的文化和文学现代性作了必要准备的话,那么林纾的文学翻译实践则大大加速了中国文化和文学的现代性进程,对于中国现代文学经典的形成作出了独特的贡献。与上述几位思想家的激进做法相比,林纾显然更为保守,但作为中国晚清时期最著名的文学家和翻译家,他的翻译实践所起到的启蒙作用却是无人可以比拟的。林纾知识极其渊博,广泛涉猎各学科知识门类,同时也爱好诗词书画。林纾的深厚古文功底,为他从事文学翻译打下了很好的中文表达基础。尽管林纾本人并不懂西文,而且他涉足翻译也纯属偶然,但他却依靠和别人合作翻译了大量西方文学作品。他最初和留法归来的王子仁(号晓斋主人)合作于1899年译出了法国著名作家小仲马的《茶花女》(他当时的译名为《巴黎茶花女遗事》),而该译著的大获成功大大增强了林纾日后从事文学翻译的信心。当时正值甲午战争之后,国破家亡使得一切有良知和正义感的知识分子十分关心国家的命运。这时梁启超大力提倡翻译西方小说,试图用以改良社会。林纾自然受其影响,后又与魏易合作译出了美国女作家斯托夫人的反黑奴制小说《黑奴吁天录》(又译《汤姆叔叔的小屋》)。我们从今天的角度来看林纾的翻译,并非要从语言的层面上对他的一些误译吹毛求疵,而主要是要着眼于他的翻译对中国现代性进程和现代文学经典的形成所起到的积极推进作用。毫无疑问,林纾一生所翻译的大量世界文学名著,极大地激发了中国现代文学先驱锐意创新的决心,他们在文学观念和语言形式上都深受启发,这在中国文学史和翻译史上都是罕见的。

诚然,如果我们从传统的语言学层面上来考察林纾的翻译,那么我们无疑可以发现其中的谬误比比皆是,至于语言文字风格上的不忠实则更为明显。造成这一后果的直接原因就是林纾本人不能直接阅读外文原著,而且在翻译时所依赖的口译者也未必可靠。不仅如此,他还常常将自己的理解建立在对原著的有意误读之上,这样实际上就达到了用翻译来服务于他本人的意识形态之目的。因此,有意的修改和忠实的表达常常同时存在于他的一篇译文中,实际上起到了对原文形象的变异作用。确实,从字面翻译的意义来说,林纾的译文并不能算是忠实的翻译,而是一种改写和译述。对此翻译界一直有着争论。但正是这样的改写和译述却构成了一种新的文体的诞生:翻译文学文体。这种文体的形成实际上从语言的角度为中国现代文学经典的形成奠定了语言文体基础。五四时期的不少作家与其说在文体上受到外国文学影响颇深,倒不如说他们更直接地是受到了(林译)外国文学的影响。如果说,从语言的层面上对林译进行严格的审视,他并不能算作一位成功的翻译家,但从文化的高度和文学史建构的视角来看,林纾又不愧为一位现代性话语在中国的创始者和成功的实践者。相当一批"五四"作家的文学写作话语就直接地来自林译的外国文学名著语言。因此从当今的文学经典重构理论来看,林纾的翻译至少触及了这样一些问题:翻译文学究竟与本国的文学呈何种关系? 外来文学的翻译对本国文学经典的形成与重构究竟能起何种积极的和消极的作用? 如何处理好翻译的"归化"和"异化"之张力? 这些问题即使是在今天的翻译理论界和文学理论界都属于前沿理论课题,而林纾的翻译实践却预示了这些理论问题在当代的重要性,这不能不说他具有理论前瞻性。应该承认,不少在我们今天看作经典的西方文学作品最初正是由林纾率先译出的。因此,在钱锺书先生看来,林纾翻译的一个最大的成功之处,就在于他将外国的文字"归化"为中国的文化传统,从而创造出一种与原体既有相似之处又有更大差异的新的略微"欧化"的中国现代文学话语:"林纾认为原文美中不足,这里补充一下,那里润饰一下,因而语言更具体、情景更活泼,整个描述笔酣墨饱。不由使我们不联想起他崇拜的司马迁在《史记》里对过去记传的润色或增饰。……(林纾)在翻译时,碰见他心目中认为是原文的弱笔或败笔,不免手痒难熬,抢过作者的笔代他去写。从翻译的角度判断,这当然也是'讹'。尽管添改得很好,终变换了本来面目……"[1]这就相当公正地对林译的意义给予了准确的客观评价。钱锺书虽未点明林译在文化建构意义上的贡献,但却为我们今天重新评价林纾作为中国现代文化翻译和文学翻译先驱者的地位以及他的翻译对中国现代文学经典的形成所产生的积极意义奠定了基调。

毫无疑问,林纾不仅是中国翻译史上的一位开拓者,同时也是中国资产阶级革命的一位先驱。他的翻译实际上推进了中国的文化现代性和中国现代文学话语建构的进程。从内容的转达上说来,林纾的翻译是基本忠实的;更为重要的是,他的译作还保持了原文的风格情调,大部分兼有文字和神韵之美,其中有些竟高于原作。尤其值得指出的是,他甚至连原作中的幽默风味和巧妙的遣词造句也能惟妙惟肖地表达出来。[2]但他不懂原文和过快的翻译速度也造成了一些有意无意的错误和遗漏,从而成为后来的翻译研究者不断诘难和批评的对象。大多数有意的"误读"表现出他本人的思想倾向和意识形态目的,这些"误读"已产生出了新的意义。因而我们完全可以这样认为,林纾的翻译本身也可算作中国现代文学的一部分。

林纾的翻译在中国现代作家中产生了较大的影响,许多现代作家正是读了林纾的翻译文学作品才步入文坛并在日后成为大作家的。郑振铎曾十分中肯地评价了林纾的翻译对中国现代文学的积极作用和影响。在他看来,林译的三大功绩体现在:(1) 使中国近现代知识分子通过阅读西方文学作品真切地了解了西方社会内部的情况;(2) 使他们不仅了解了西方文学,而且知道西方"亦有可与我国的太史公相比肩的作家";(3) 提高了小说在中国文学文体中的地位,开了中国近现代翻译世界文学作品之风气。[3]我认

1 钱锺书,《林纾的翻译》,北京:商务印书馆,1981年版,第26页。

2 关于林纾翻译的具体个案分析,参阅香港理工大学罗蔚芊女士的硕士学位论文《林纾翻译的真真假假》,1999年。

3 关于郑振铎对林纾翻译的评价,参阅郑振铎,《林琴南先生》,载《中国文学研究》,北京:作家出版社,1957年版,第1215—1229页。

为,还应当再加上一点,就是林纾的翻译对于加快中国的文化现代性进程进而重写中国现代文学史都起到了别人无法替代的作用。

翻译文学之于中国现代文学经典的意义

关于文学经典的构成与重构问题,我已在另一场合专门作了论述,此处不再赘言。[1] 我这里仅想强调指出,导致一部文学作品成为经典的因素十分复杂,但最主要的因素不外乎这样三个:文学市场、文学批评家和大学的文学教科书。20世纪已经成为刚刚过去的一段历史,对这一历史阶段的文学进行书写无疑是文学史家的任务。既然产生于20世纪各个阶段的文学被称作现代文学,而且有必要从中西比较文学和现代性理论的角度来重新审视这一历史时期的文学,那么我们完全可以断言,中国现代文学已经形成了一种既不同于自己的古代传统同时又与西方现代主义和后现代主义文学有着一定差异的独特传统。虽然中国现代文学作品所探讨的大都是发生在中国土地上的事件和问题,但它所用的文学叙述话语却是"混杂的"和"不中不西"的,而造成这一现象的一个重要因素就是翻译文学。可以说,我们实际上在通过文学翻译进行文学史的重新书写;同样,通过文学翻译,我们也可以加速中国文学的世界性和全球性扩展。这正是全球化进程的另一极致取得的成果。

最近五十多年来,在西方和中国的文学研究领域,重写文学史的呼声日益高涨。对于文学史的重新书写,不仅仅是文化现代性计划的一个重要组成部分,同时也是每一代文学研究者的共同任务。因为从长远的历史观来看,每一代的文学撰史学者都应当从一个新的视角对文学史上的老问题进行阐释,因而应当写出具有自己时代特征和精神的文学史。对于重写文学史的合法性,我们已经毋庸置疑,本书在前面也有过讨论。同样,文学经典的确立也不是一成不变的,昨天的"经典"有可能经不起时间的考验而在今天成了非经典;昨天被压抑的"非主流"文学也许在今天的批评氛围中被卓有见识的理论批评家"重新发现"而跻身经典的行列。究竟从何种角度来确立经典进而重写文学史,则是我们首先应当选定的。就20世纪中国文学所越来越具有的现代性、世界性和全球性而言,我们不难发现,在20世纪西

---

1 参阅王宁,《文学经典的构成与重铸》,载《当代外国文学》,2002年第3期。

方各种批评理论中，接受美学对重写文学史有着最重要的启迪，尤其对于重写中国现代文学史的意义更是越来越引起我们的注意。对此，我已另文专述，此处无须赘言。[1]我在这里仅想再次指出，在整个漫长的中国文学史上，20世纪的文学实际上是一个日益走向现代性进而走向世界的过程。在这一过程中，中国文学日益具有了一种整体的意识，并有了与世界先进文化及其产物文学进行直接交流和对话的机会。一方面，中国文学所受到的外来影响是无可否认的；但另一方面，这种影响也并非消极被动的，而是更带有中国作家（以及翻译家）的主观接受-阐释的意识。通过翻译家的中介和作家本人的创造性转化，这种影响已经被"归划"为中国文化的一部分。它在与中国古典文学的精华的结合过程中，产生了一种既带有西方影响同时更带有本土特色的新的文学语言。同时，在与世界先进文化和文学进行对话与交流的过程中，中国文化和文学也对外国文化和文学产生了不可忽视的影响。[2]可以预见，在当今的全球化语境之下，翻译的功能非但没有丧失，反而会更得到加强，只是体现在文化翻译和文学翻译中，这种取向将发生质的变化：翻译的重点将体现在把中国文化的精华翻译介绍到世界，让全世界的文化人和文学爱好者共同分享中国文化的博大精深。在这方面，"五四"的新文学先行者所走过的扎实的一步至少是不可缺少的，可供我们借鉴。

---

1 参阅王宁，《世界文学格局中的二十世纪中国文学史断代》，载《文艺研究》，2001年第6期。

2 至于中国现当代文学在西方的翻译、介绍和研究之现状，参阅王宁，《中国现当代文学研究在西方》，载《中国文化研究》，2001年第1期。

作为文化"非殖民化"的翻译

如果我们在全球化的背景下考察翻译的意义，那么对于这一不确定的现象和实践，我们便可以有许多种不同的定义和描述。我们至少可以从语言学的角度、文化研究的角度和跨中西方文化的比较视角来进行翻译研究。近十多年来，翻译研究已经越来越多地与文化研究密切相连。虽然我在其他场合已经强调了翻译与文化的联系，但在这里，我仍想再次强调，翻译按其最终的阐释应是一个文化问题，特别是当我们把翻译的交流和阐释功能与对文化和文学的阐释联系在一起时，情况便更是如此了。任何一个从事翻译或翻译研究的人都将无一例外地会遇到这一问题。对一部文化内涵丰富的文学作品的翻译，实际上是把其文化内容和美学精神重新用另一种语言加以表述的过程。但是，文化的因素又是如何在实际上操纵翻译的呢？如果翻译具有文化"殖民化"和"非殖民化"的双重功能的话，那么这种功能又是如何具体体现的呢？本文将从文化批评和理论建构的角度，以中国现代文学的发展为例，来具体探讨这一问题。正如本书前面所示，在中国现代文学传统或经典的形成过程中，翻译的作用是不可替代的。

作为一种能动的文化再现的翻译

众所周知，翻译在中国和西方的存在已有很长的历史。文学翻译在帮

147

助不同国家和民族以及来自不同文化背景的人们阅读和欣赏其他国家的文学作品方面扮演了很重要的角色。试想，如果没有翻译的中介作用，我们怎么可能读到用古希腊文写的《荷马史诗》？同理，外国人怎么可能阅读并欣赏中国唐诗宋词的美妙诗句呢？从这个意义上来说，翻译在不同的国家和民族以及不同的文化和语言之间架起了一座桥梁，它使得来自不同国家/民族和不同文化传统的人们可以在一个"地球村"里自由地进行交流。无疑，好的翻译作品会把优秀的文化产品带入到另一个文化传统中，从而实现文化的传播并促进译入语国家和民族的文学创新。而糟糕的翻译则无疑会降低文学作品固有的价值。既然翻译的标准无法确定，那么我们怎样才能获取好的或确当的翻译呢？许多证据表明，世界上不存在纯粹好的或完全确当的翻译，因为具体的翻译工作毕竟是由人来完成的，翻译的标准也是由人来制定的。翻译者不是机器，而是有着能动的理解和创造性接受能力的个体。在具体的翻译过程中，译者对原文的理解和解释无疑会影响原文意义在译文中的表现或再现。同时，译者的文化和语言能力也会决定他是否有能力提供一个与原著在语言形式、文化和美学精神方面都尽可能接近的译文。

虽然我们无法产生出一种完全确当的译文，但是这一标准却是值得探索的。雅克·德里达对任何形式的真理的终结性都抱怀疑的态度。他在对西方文化和文学中的逻各斯中心主义的教义和概念进行解构时，提出了自己对确当的翻译的初步理解。虽然德里达解构了所谓的逻各斯中心，但他仍很清楚地认识到要达到一种真正确当的翻译几乎是不可能的。他认为，不断地尝试着接近这一理想是值得的，正如许多后现代主义者所追求的是一种过程，而不是结果。德里达的解构性阅读实际上模糊了文学和翻译的界线，预测了传统意义上的哲学的终结和文学的解放。所以在他看来，人们尽可能接近真理，而永远也无法完全掌握真理的本质。将此理论应用于翻译也是如此：翻译只能被看作一个阐释的循环，而位于其中心的则是真理的终极性的缺席。对文学话语的翻译和阐释也是如此。文学作品蕴含了丰富的内容和意义，不同的理解会产生出不同的解释。翻译实际上也是一种对话性的实践，也就是说，译者总是同时在与原作者和文本进行对话，而翻译的意义就是在这种对话中产生的。因此，对完全确当的翻译的追求是一个漫长的过程，而其最终的目标却是无法实现的。这就为翻译界不断地重译文学名著的尝试奠定了理论的依据。

显然，文学作品由一些具有任意性的审美符号组成，而这些审美符号的不确定性则使得在目的语中几乎不可能完全再现文学作品所蕴含的微妙之处。特别是在跨文化翻译过程中，例如在英汉翻译或汉英翻译的过程中，这种不确当的翻译就会展现出来。中国和西方的翻译理论家和翻译研究学者都一直在努力寻求一种不破坏原义的翻译，但是他们的努力最终证明并不完全成功。严复这位近代中国翻译理论和实践的先驱提出的信、达、雅标准，自产生之日起就不断地引发争议。在这一翻译标准中，信始终处于首要的位置，但是对于信的程度，他却没有阐发清楚，同时他自己的翻译作品也没有证明已经达到了这一点。从这一点来看，严复的翻译标准一方面缺乏理论阐述，而更重要的是忽视了文化的因素，因此，虽然他的理论为后来的理论发展和讨论留下了很大的空间，却无法说服后来的译者。这也是中国的翻译理论探索总是以讨论或阐释严复的翻译标准为出发点的原因所在。尽管西方的翻译理论和翻译实践发展迅速，但中国的翻译研究在这方面的成就却不太明显。造成这种状况的一个重要原因，就是中国学者长期以来自我封闭进而无法与国际同行在同一个层次上展开平等的对话。我认为这不仅是一个语言的问题，更重要的是文化和理论的问题，因为对每一个翻译者来说，他/她都至少掌握了一门外语，应该至少熟悉两种或两种以上的不同的文化。

中国的翻译界会经常提到尤金·奈达，确实他在结构主义盛行时在西方有着很大影响。他试图强调在文本的翻译中译者的"能动角色"。在奈达看来，翻译涉及文化问题，而由于不同文化之间存在着微妙的差别，因此完全对等的翻译是不可能的也是没有必要的。但是奈达所使用的"接受者"与接受美学理论家所使用的"接受者"一词比起来，其能动性没有那么明显。为了实现其能动的翻译策略，奈达提出用"动态对等"的方式来实现对原文意义的再现。很明显，他的解决方法在探索翻译过程中的功能方面已经走在了前面。虽然奈达强调了译者的能动性功能，但是我们依然不难看出，他的观点仍是建立在语言学基础之上的，或者说，是建立在语言间性而非文化间性基础上的。因此他的翻译理论在文化和文学翻译中就不那么有效了。

　　这样一来,我们也许会提出这样的问题:什么是文学翻译的特征? 文学翻译和其他种类的翻译究竟有何不同? 文学翻译,按我的观点,是一种最高级别的翻译实践,因为它与文学而不是语言学紧密相连,虽然文学首先是一种语言的艺术。作为一种艺术,它所追求的就不仅是忠实,而更多的则应是一种能动性的创新和再创造,也就是说,文学翻译应该是一种在给定文本上进行创新的艺术。文学作品的特点是其丰富的文化内涵和美学精神,所以一个文学翻译者首先应该是一名出色的创造性作者。他/她的译作将会决定该文学作品是否会得到译入语国家读者的欣赏和接受。有时,成功的翻译会起到"重构经典"的作用,[1]反之,拙劣的翻译则会使本来优秀的作品黯然失色。从这种意义上讲,翻译者又是一个修正者,而不是一个背叛者,因为他/她总是要对一些文本以自己的主观理解和能动性阐释对其进行重构。这也就是文学翻译总是受到比较文学学者和文化研究者关注的原因所在,因为这两种类型的学者都非常注意翻译在文学经典建构和重构方面的独特功能。

从"殖民化"到"非殖民化":中国现代文学的重构

　　即使是在今天的全球化时代,在英语越来越流行、越来越多的人开始在学术研究和日常交流中使用英语时,翻译仍在我们的文化和学术研究中扮演着重要的角色。如果你想在互联网上获取信息,那么最好懂得英语,因为上面几乎80%左右的信息都是以英语来表述的。如果你要出国,而又不想把自己与外界隔离起来,最好也要懂一点英语,虽然语言是维系国家和民族身份的重要手段。在许多场合,我们仍然需要翻译的存在。提到文学和文化的全球化,我们可以想象一下当前英语的发展趋势。在全球化浪潮的波及下,英语也在逐渐裂变为不同的形式,从原先的标准英语(English)逐步裂变为许多带有土著发音和语法规则的英语(englishes)。正是由于不同的民族文化以英语为媒介产生出了不同的文学表现形式,英语在当今世界已经变成了一种世界性的语言,它的民族语言的身份正在逐步丧失。

---

1 这里我想举两个明显的例子:(1)英国汉学家戴维·霍克斯(David Hawkes)对中国古典小说《红楼梦》的翻译,(2)爱尔兰诗人谢默斯·希尼对英国古典史诗《贝奥武甫》的翻译。两者都对文学经典在译入语国家中的流行作出了很大的贡献,也获得了较好的市场价值。

实际上,全球化根本不是现代社会的产物,而是始自哥伦布发现美洲新大陆并在20世纪后半期凸显出来的一个漫长的历史进程。同样,伴随着文化全球化的进程,汉语也在经历着一种裂变,从带有北京味的标准的普通话裂变为带有方言土音的不同形式的汉语,例如上海式的普通话、广东话、香港台湾式的"国语"、新加坡等海外华人聚居区的汉语以及欧美的华人社区所使用的中文,等等。这样我们便有了两种类型的汉语文学:中国(包括香港、澳门、台湾地区)的中国文学和其他地区的人用汉语创作的文学。[1]国内知识分子可能对此提出疑问,即随着全球化进程中文化趋同性的出现,我们应把我们的文化放在一个什么样的位置?我们不得不承认,"民族文化的'本土化'既不是统一的,也不能被认为是超越它以外的一种'他者'"。[2]按照我的观点,随着文化全球化的加剧,世界上的一些主要语言的裂变会越来越频繁,因而会带来民族文化的多样性。就这个意义上来说,翻译将变得更加不可或缺。

关于全球化与文化的关系问题,我同意罗兰·罗伯逊的观点,即全球化,特别是文化上的全球化现象,绝不只是20世纪的产物。如果我们认为经济全球化开始于哥伦布1492年发现美洲新大陆的话,那么文化上的全球化也许更早一些。在这一过程中,翻译扮演着一个重要的角色,并加速了文化全球化的进程。为了能在经济和文化方面赶上发达国家和欠发达国家,中国总是不遗余力地从发达国家引入科技、文学和文化。在中国现代文学和文化的历史上,翻译为中国文化的现代性和中国现代文学批评话语建构发挥了很大的作用。如前所述,除了严复以外,康有为、梁启超和林纾也都对中国文学的现代性作出了很大的贡献。他们竭力呼吁大面积地翻译外国文学和学术著作。他们的理论主张和实践努力为西方的学术理论思潮在20世纪后期再度进入中国铺平了道路。正是从这些翻译过来的西方文学和理论著作中,"五四"作家获取了创作的灵感。对那些"五四"作家来说,特别是对鲁迅、郭沫若和巴金来说,影响他们的绝不是中国的传统文学,而是外国文学,特别是西方的文化和文学。中国也因此在20世纪上半期出现了第一

---

1 后者又称为"华文文学"。

2 Homi Bhabha, ed., *Nation and Narration*, "Introduction: Narrating the Nation," London: Routledge, 1990, p. 4.

次"全盘西化"的浪潮,而在一些保守的知识分子看来,中国的文学和批评话语以及文化模式也因此被"西化"或"殖民化"了。

在全球化的语境下,这种文化上的"殖民化"趋势也许表现得更为明显。在这样一个有着后工业征兆的信息社会,信息意味着力量,信息更意味着财富。为了能使其研究成果为国际学术界所接受,科学家们不得不用英文撰写学术论文并尽力在一些知名的国际期刊上发表。对于人文社会科学学者来说,情况也是如此:要想使自己的学术观点得到国际同行的承认并在国际上产生影响,他们也必须用英文撰写学术论文在国际期刊上发表。所以,既然翻译至少涉及了两种文化,那么如果存在一种文化"殖民化"的话,这种"殖民化"也就不可能是单向度的。根据罗兰·罗伯逊的观点,全球化在使全球文化发生趋同的过程中,也带来了文化上的多样性。在当代中国也是如此,随着越来越多的人开始学习英语,翻译的作用也发生了变化,从一开始把外国文学和文化译成中文,发展到把中国的文化和文学译成其他语言,其中主要是译成英语。其他国家的人们正是主要借助英语这一中介来欣赏中国的文学和文化产品的。可以说,中国北京成功地申请主办2008年的第29届奥林匹克运动会,实际上就是这方面的一个很有说服力的例子,因为在这一申请过程中,把中文申报材料翻译成英文的确起到了很大的作用。[1]

就目前的情况而言,让世界各地的人都懂我们的汉语显然是不可能的。一方面是这种语言很难学;另一方面,中国目前的经济实力也无力承担所有外国学者和学生来华学习汉语和从事中国文化研究的费用。即使我们的西方同行掌握了汉语,对他们来说,准确地理解中国文化的微妙之处和中文的美学精神也是非常困难的。因此,目前我们只能借助于英语的媒介与国际同行进行交流。通过这种交流,我们可以把我们优秀的文化产品和理论介绍到国外。如果我们想以我们自己的理论构建说服我们的国际同行,那么我们现在就得暂时使用我们从西方引进的批评和理论话语与他们进行交流。因为即使是这样,这种引进的西方话语也已经在我们的使用

---

1 根据国际奥林匹克运动委员会的规则,其成员不能接受邀请参观申请主办城市。对于北京奥申委来讲,能在很短的时间内把所有的文献资料翻译成地道的英语真是一个奇迹。甚至其发言人也能用流利的英语讲话,这样便拉近了双方的距离。代表中国申奥代表团的何振梁先生能用流利的英语和法语表达,也感动了每一位委员。

过程中与我们本土的批评和理论话语相融合。在中国的文学创作和理论批评实践中,这些引进的西方理论话语已经变形并被"汉化",进而产生出一种新的意义,也正是这种新的意义反过来又影响了我们的西方同行。因此,这种存在于文化"殖民化"和"非殖民化"之间的人为的二元对立应该消除,因为翻译在国际文化交流和对话中扮演了一个双重角色:"殖民化"和"非殖民化"。

文化翻译的全球本土化策略

毫无疑问,在我们这个全球化的时代,其中的一个文化表征就是文化的趋同性,即强势文化总是试图把它们的文化价值观和美学原则通过翻译强加给弱势文化。但是另一方面,在文化翻译的过程中,这些价值和原则又被"本土化"了,因为文化阐释总是出现在国际文化交流中。在这一过程中,翻译起了很大的作用。下面是霍米·巴巴对全球化后殖民语境中文化翻译之作用的描述:

> 翻译在文化交流中具有施为特征,它是语言的阐发,而不是语言的命题。翻译的符号不断地分辨出或表明文化权威和它的施为特征的实践。翻译的"时间"包括了意义的运动,交际的原则和实践,用德曼的话说,"让原著运动起来,使其非经典化,使其分裂、游荡,甚至是一种永远的放逐"。[1]

很明显,从一方面来讲,翻译必须通过语言来完成;但是从另一方面来讲,这种手段已经扩大到了文化和叙事的范围。也就是说,翻译总是在跨文化交流的层面而不仅是在语言的层面来完成的。这也就是为什么今天翻译在对一种民族文化"殖民化"的同时,又产生了对其"非殖民化"的功能。正如爱德华·赛义德逝世前在一篇论文中所指出的那样:

> 在人文学科中不断出现的令人困惑和支离破碎的研究范式,例如那些通过一些新的领域,像后殖民主义的、种族的和其他特殊的或以身份为基础的研究,反映了旧的权威和欧洲中心

---

1 Homi Bhabha, *The Location of Culture*, New York and London: Routledge, 1994, p. 228.

模式的丧失和全球化、后现代意识的上升。在这种上升过程中，
正如贝尼特·帕里 (Benita Parry) 和其他人所认为的那样，历史
的重心已经被切离，反殖民主义的解放理论和真正的历史上的
帝国，伴随着它的屠杀和剥削，已经把注意力转向了殖民者的焦
虑和模棱两可，沉默者从某种程度上已被殖民化所取代。[1]

  这里很明显的是，殖民化和反殖民化之间的斗争就从来没有停止过。
这也就是越来越多的翻译学者开始对后殖民主义理论感兴趣的原因所在，
因为它与翻译实践密切相关。从后殖民主义的观点来看，它们也能探讨一
些理论问题。实际上，由于面对文化全球化的趋势，每一种文化已经或多或
少地受到影响，因为它在影响其他文化的同时，也不可避免地受到其他文化
的影响。在中西文化翻译的过程中，不论西方文化价值和文学理念多么强
势并多么具有影响力，它们也只能以一种地道的和可被理解的中文表达出
来，才能被中国读者所理解和接受，而在把这些文学价值和美学观念翻译成
中文的同时，一种"本土化"的过程或"非殖民化"的过程就已经实现了。
因为根据奈达的"动态对等"的观点，这些理念和价值已经被汉语语言学家
和文化成规所制约，并且逐渐地被汉化，最终将成为中国语言和文化的一部
分。例如，具有西方传统的词汇，像"沙发"、"咖啡"、"逻辑"和"的士"在
中国已经被人们广泛接受，而且收录到了汉语词典中。同样，具有中国传统
的英语词汇，mahjong (麻将) 、tofu (豆腐) 和 kung fu (功夫) 在英语国家也广
泛地为人们使用，甚至计算机软件也能加以识别，[2] 因此，我们不能仓促地得
出结论：将西方文化翻译成中文是对中国语言和文化的"殖民化"，因为在
这一"殖民化"的过程中，另一种"非殖民化"效果已经产生了。因此"殖民
化"和"非殖民化"体现为一种辩证的张力，而翻译则是协调这种张力的最
好中介。

  我曾经指出，从文化的角度来看，全球化不可能使所有的民族文化趋
同，因为它同时也带来了文化的多样性。在全球化时代，随着人们从一个地

---

1 Edward Said, "Globalizing Literary Study," *PMLA* 116, No. 1 (January 2001): p. 66.

2 既有意思同时又不无讽刺意味的是，当我在写这一部分时，我的计算机文字处理系统显示
decolonization、postcoloniality 和 postmodernity 是错误的用法，而 kung fu 和 tofu 等则被认为是
正确的。

方向另一个地方的迁移,民族的和文化的身份将裂变为不同的身份,也即从单一的身份 (identity) 裂变为多重身份 (identities)。斯皮瓦克在提到她在美国的印度身份和印度文化传统时不无见地地指出,既然新一代移民的民族出身对于美国没有确认的遥远历史并无多大贡献,那么我们所要求的便是美国承认我们的梦想是美国历史的一部分。[1] 在当前时代,文化全球化受到了另一个顽强有力的"本土化"势力的抵制,这在翻译过程中则体现为"归化"和"异化"。事实上,全球化和本土化都是未来文化发展中必不可少的因素。未来世界文化的走向将是上述两种趋势的并置、互动和互补。也就是说,我们应该思考问题时着眼于全球,而付诸行动时则立足于本土。更精确一点讲,就是出现在我们面前的将是一种文化上的全球本土化。也即全球化的实现只有取决于是否能够驻足于特定的本土文化土壤,否则那就是一种飘浮在空中的海市蜃楼。既然翻译是由人来做的,因而它不可避免地要做出变通,而这又有可能在另一种文化语境中产生出新的意义。"在通常的文化解释中,不论是古典的还是现代的,在印度一元论中对变通的严格超越与那些通过从寓言到争论变通的现象并存。"[2] 究竟有哪些因素会帮助我们实现这一目标呢?很明显,正是翻译,因为翻译按其最广的意义来界定,它不仅仅指从一种语言到另一种语言的转变,而且还指从一种文化到另一种文化的转换。作为中国的翻译学者,如果我们想从西方获取先进的理论和理念,我们首先便应当把重点放在从英语到汉语的翻译上。当我们已经获取了足够的知识而能和西方学界平等对话时,我们则应理直气壮地把我们自己的文化翻译介绍给西方乃至国际同行。如果在某些人眼中前者是一种文化的"殖民化"的话,那么无疑后者便是一种文化上的"非殖民化"。从这一角度来看,如果说我们的文化和文学已经真正被"殖民化"了的话,那么中国的译者和研究者则应该肩负起这种文化和文学"非殖民化"的重任。

---

1 Gayatri C. Spivak, *A Critique of Postcolonial Reason: Toward a History of the Vanishing Present*, Cambridge, Massachusetts: Harvard University Press, 1999, p. 395.

2 Gayatri C. Spivak, "Moving Devi," *Cultural Critique* 47 (Winter 2001): p. 124.

惠特曼与现代性：中国现代文学
语境中的惠特曼

在当前经济全球化、文化全球化和传媒全球化的时代，伴随着文化和文学市场的萧条，文学和其他形式的精英文化已经变得越来越边缘化。但是，为什么直到今天我们仍在讨论美国精英文化和文学的代表，19世纪后期重要的浪漫主义诗人惠特曼？惠特曼究竟在中国的文学和文化语境中扮演了何种角色？按照我的理解，惠特曼的意义不在于他在全球文化语境中扮演的角色，而在于他与这个缺乏想象力和仔细阅读阐发的时代相关的美学精神。每当我们提及惠特曼时，他在文学领域内的探索，他那神奇丰富的想象力以及他的诗歌创作在与后现代性和历史先锋派相关的现代性语境中所扮演的独特的角色，都会映入我们的脑海。毫无疑问，惠特曼和他的诗歌在西方现代文化以及受其影响的中国五四时期文学达到顶峰时宣告了实验诗歌的来临。惠特曼作为一个伟大的天才超验主义者和诗歌革新者，以其无与伦比的诗歌和诗学话语，对中国和西方的政治和文化现代性的发展进程产生了重大的影响。现代性虽然是全球化语境下的又一个热门话题，但从中西文学比较的角度来看，讨论出生于19世纪的惠特曼及其诗歌创作仍应置于现代性的比较框架之内。

惠特曼的现代化：西方与中国

长期以来，惠特曼被认为仅仅是一个浪漫主义的诗人，或是美国历史上的一位民主斗士。本文则试图把惠特曼放置于一个现代性的框架中，也就是以今天的视角对他以及他的诗歌进行现代性视角的描述。诚然，文学上的现代性是对19世纪浪漫主义的一种超越。一般认为，现代性的代表人物有爱伦·坡（诗歌）、易卜生（戏剧）和福楼拜（小说）。而令人感到遗憾的是，20世纪的大多数文学学者在讨论文学现代性时，一方面忽视了19世纪后期美国文学的上升现象，另一方面则由于其顽固的欧洲中心主义思维模式而忘记了美国的一位重要作家惠特曼所起到的先驱作用，其原因大概是当时惠特曼及其作品在英国文学的阴影笼罩下尚未崭露头角。而正是这一伟大的人物，以其诗歌的号角，在19世纪后半期的政治和审美领域奏出了民主的最强音。我们经常说惠特曼诗歌的基调是浪漫主义的，而他在审美探索中的浪漫主义又与一种先期的现代主义相伴相生。在所有的现代主义文学学者当中，也许只有马尔科姆·布拉德伯里（Malcolm Bradbury）和詹姆斯·麦克法兰（James Mcfarlane）这两位富有远见的学者注意到了惠特曼在欧洲现代主义进程中的先驱角色："当19世纪80年代德国作家思考现代文学时，他们考虑到的是谁呢？当然是易卜生、左拉、托尔斯泰、都德和布莱德哈特，当然还有惠特曼。"[1]所有这些作家或是对现代主义作家提供了灵感的源泉，或本身就是现代化的开拓者。在西方学术领域，具有不同批评取向的学者都高度赞扬和欣赏惠特曼的艺术成就和世界性影响。有些学者因惠特曼在美国民族和文化身份的形成以及在世界文学之林发出美国的声音方面的贡献而把他看作"现代诗歌的开拓者之一"或"现代自由诗体裁的革新者"。他们同时也发现了惠特曼的民主精神以及他在探索与20世纪的历史先锋派文学相关的美国民族的真正身份方面所作出的不懈努力。[2]如果我们把他的诗歌与一些美国当代实验派诗歌进行比较，我们就会发现惠特曼与那些后现代诗人

---

1 Malcom Bradbury and James McFarlane, eds., *Modernism: 1890–1930*, New York: Penguin Books, 1976, p. 43.

2 Ibid., p. 243.

之间有一种必然的联系。[1]这也就是人们仍在当今的后现代语境中讨论惠特曼及其创作的原因。

很明显,中国学者讨论惠特曼也是因为他在推进中国的政治、文化和文学现代性方面所起到的重大作用。众所周知,在五四时期,惠特曼是少数几位对中国的进步作家产生影响的美国作家之一。他们包括:郭沫若、胡适、田汉、徐志摩、闻一多、刘半农、艾青以及其他作家。他们或是把惠特曼的诗歌译介到了中国,或是在自己的作品中引证了他的作品。[2]惠特曼的民主精神和在审美探索方面的开拓精神对中国当时仍幼稚的现代文学是一个强有力的启迪和激励。而对他的批评性和创造性接受则与当时中国的社会革命和文学革新密切相关,也与当时的文化和接受环境有很多联系。不可否认的是,他的作品在很长一段时间内被打上了浪漫主义的烙印,但是根据最新的西方学术研究成果,惠特曼更多的是作为一个现代主义先驱者而不是一位浪漫主义诗人来讨论的,这是因为他的出现预示了20世纪诗歌的产生,同时其预言性和具有洞察力的思想实际上也铺就了西方文化和现代性之路。正是在这种启发下,我们在这里从现代性的视角对惠特曼在中国的翻译以及创造性接受方面进行探讨。

西方学术界对惠特曼的现代性的讨论实际上并不是最近的一个话题。他的作品今天仍然受到重视也是因为他的作品中蕴含了多重价值和文化代码,除了浪漫主义和现代性的代码外,还有其他重要的组成部分。据我观察,在其文学和文化代码中,现代主义和现代性又使得他的作品与当前我们热烈讨论的现代性和后现代性相关。在提到当代后现代主义文学时,杜威·佛克马指出:"在所有文学代码中最民主的后现代主义中,读者的角色比在现代主义中更加重要。"[3]既然惠特曼的诗中包含了多重代码,那么读者也会在其诗歌中发现浪漫主义以外的具有重要意义的代码。他的诗歌不

---

1 Cf. Gerald Graff, *Literature against Itself: Literary Ideal in Modern Society*, Chicago: University of Chicago Press, 1979, p. 58. Also cf. Ihab Hassan, *The Dismemberment of Orpheus: Toward a Postmodern Literature*, New York: Oxford University Press, 1971, especially pp. 7, 8 and 252.

2 关于惠特曼在中国的批评性和创造性接受,参见范伯群、朱栋霖合编《中外文学比较史 1898—1949》(南京:江苏教育出版社,1993年版),第420—428页。其中有一章是关于郭沫若对惠特曼的接受的文章"中国的惠特曼"。

3 Cf. Douwe Fokkema, *Literary History, Modernism, and Postmodernism*, Amsterdam and Philadelphia: John Benjamins Publishing Company, 1984, p. 48.

但激励了现代主义作家，同时对后现代主义作家也是一种推动。他在《草叶集》中对性的象征性描写启发了艾略特，而后者在其《荒原》中则模仿并发展了这一主题，进而提出了一种与惠特曼所赞美的不同的时代精神。如果说惠特曼的诗歌所表现的是一种崇高和热情，那么艾略特的作品所呈现的则是一种把人带入沉思状态的深沉。在金斯伯格等"垮掉的一代"诗歌中，我们也能发现惠特曼那种强调破坏所有旧事物的主题。不论他们承认与否，这些作家都免不了把惠特曼作为其文学创作的灵感源泉。随着时光的流逝，我们很容易地发现，一个世纪以前惠特曼所涉猎的主题今天仍在讨论，而在这些讨论中，现代性虽然受到了强有力的挑战，但它远未结束。[1]正如易卜生一样，惠特曼是为一个处于上升期的民族和社会而写作的。他赞美了一个不断进取、有远大理想并且其身份也在不断凸显的民族，也就是说，他不但是为了现在而写，更多的是为了将来而写。这也就是他的观点与当时的那些批评家的观点不相容并受到那些目光短浅的批评家的质疑的原因。如今那些挑战惠特曼的人大多已被人遗忘，而惠特曼和他的诗歌却在中西方仍然受到人们的热烈讨论和深入研究。

当我们从现代性的角度来讨论惠特曼时，我们遇到的问题是，不同的学者对现代性有不同的理解和定义。在其宽泛的和美学的意义上来讲，它是一种文学和艺术精神，而在其政治、文化和学术意义上来讲，它又是一项文化启蒙的大计。我们这里首先对现代性和现代主义作一区分。前者是指一种文化或知识状态或计划，而后者则指一场文学艺术运动。虽然不同的学者可以从不同的方面来界定现代主义，但是大多数人都把它看作一场主要兴起于欧洲的文化和文学运动。[2]这也就是惠特曼在思想和艺术革新中被称为现代文学的开拓者之一的原因。按照我的观点，惠特曼之于西方现代性的意义，一方面表现在文化和知识启蒙方面，另一方面则表现在文学革新方面。他的象征性的对性爱的描述为弗洛伊德的精神分析学派批评家提供了宝贵的资源。他对诗歌写作成规的突破则开启了现代诗歌的大门。他对

---

1 就后现代主义或后现代性的不同的一面而言，参见 Matei Calinescu, *Five Faces of Modernity, Avant-Garde, Decadence, Kitsch, Postmodernism* (Durham, NC: Duke University Press, 1987)，特别是其"介绍"部分。

2 Cf. Douwe Fokkema and Elrud Ibsch, *Modernism Conjectures: A Mainstream in European Literature 1910–1940*, London: Hurst and Company, 1987, pp. 1–47.

自然的赞美又受到了当代生态批评家的重视。这也就是为什么当初和惠特曼一样出色的作家已经大都被当代人遗忘，而惠特曼却仍然生活在我们之中，不断地走在时代的前列。所以说，如果现代性是一个仍能引起当代学者讨论的具有魅力的理论话题的话，那么惠特曼和他的诗歌就永远不会过时，因为正是惠特曼及其创作一定程度上帮助形成了欧洲、美国和中国的文学和文化现代性。

毫无疑问，惠特曼也像其他伟大的作家一样，在其文学理想和艺术技巧方面是十分独特的。他的目的，用他自己的话说，"就是要完整地、自由地和真实地推出一个人，一个人类个体（在美国 19 世纪后期的'我自己'）"。所以他具有"游吟诗人"的个性，为了美国人（和所有的人类）而说话，因为他知道，其他的人类个体与他自己基本上是一样的。这也是他的诗歌能够帮助形成美国的民族精神和身份，同时又充满了人文精神的主要原因之一。因此他的遗产不仅属于美国，同时也属于全人类。《草叶集》中充满了对人类的同情，同时也蕴含了其他的一些成分。在 1855 年的《草叶集》序言中，惠特曼宣布，"人类最伟大的诗人就是平等的人"。在《蓝色的安大略湖滨》一诗中，我们再次听到了这一话语的回响，在这之中，"平等"一词恰当地总结出了诗人与众不同的性格特征。民主和自由被喻为处于世间最底层的自生自灭的野草。在他看来，生活如同古典建筑的精确结构这一想法其实是一种虚构。恰恰与其相反，生活是自然界的一个物体，这一物体本身有着一种无法期待的、不对称的甚至是任意构成的有机体形式。对他来说，讲述自己实际上隐瞒了"其诗行根源中的节奏和统一性，因为这是别人看不到的，它就像丁香花，带有香瓜或栗子的形状，含苞待放"。因此惠特曼对诗人的看法不同于他的许多同时代诗人。他认为，诗人"不像法官那样判断，而像阳光一样降临在每一个无助者的身上"。很明显，也像其他诗人对诗人之作用的描述一样，这也是一个诗人对自己的作用的描述。惠特曼贴近人类，也贴近自然，这在野草的显在意义和潜在意义中表现得尤为明显。他试图在他的诗歌中通过对自然的美化和象征来弥合自然与人类世界的鸿沟。他为人类而写作，为自然而歌唱。他认为，一个诗人如果不能直接与人类对话，也至少应该为人类说话。惠特曼的诗正是代表了一种时代精神，表达了这个新生国家就像野草一样所蕴含的勃勃生机。甚至是在 20 世纪初期，当现代主义早已取代浪漫主义文学的时候，美国正处在一个上升的阶段，美国文学也鲜有"世纪末"的精神。因此惠特曼把握了这一民族的脉搏，把握了其时代精神，预测了它的未来前景。

惠特曼与中国现代文学：重新思考

在我们讨论惠特曼在美国文学史上的重要意义时，美国的主要惠特曼研究者詹姆斯·米勒 (James Miller) 把他称为亚当式的歌手，他的《草叶集》为亚当式的赞歌，[1]因为他的诗歌从文化和美学的角度把握了时代精神的脉搏。更应该指出的是，惠特曼和其他西方作家一样，以其自由诗行的实验对中国作家和学者产生了重要的影响，甚至促进了中国新诗运动的形成。这些作家，例如郭沫若和胡适，都是中国现代文学的主将。惠特曼的影响实际上在某种程度上帮助中国的文学史家改写了中国现代文学，特别是诗歌的历史。

与西方学术领域的研究成果相比，中国的惠特曼研究走的是一条完全不同的道路。在中国，他长期被看作一个浪漫主义者，更确切地说看作一个革命浪漫主义者。他的关于社会变革的诗歌并没有得到充分的认可，同时其具有象征主义意义的诗歌也被忽视了。这主要是中国对惠特曼的能动性翻译和创造性接受所造成的。虽然他的具有神秘意味的象征主义成分在他的诗歌中经常显现，但人们对它们的分析却不够深入。这也与当时的翻译和学术氛围有关，那时惠特曼的作品被当作中国的文化现代性和新文化运动的工具。当时正值五四时期，而这一时期则标志着中国新文学运动和中国的文化现代性的开始，中国确实需要一些来自国外的力量来推进其本土的文化和文学革命。当时的作家和知识分子，例如郭沫若和胡适，都十分推崇惠特曼的诗歌和写作风格，欣赏他的民族精神和对新生事物的热情态度。惠特曼也因此成了中国文化和学术界为数不多的偶像之一。

就中国的现代性而言，首先必须关注中国的现代性和西方语境中的现代性的不同。中国的知识分子素来以"拿来主义"而闻名于世。他们从国外借鉴一切对自己有用的东西，而这在五四时期尤为突出。那时几乎所有的西方文化和学术流派都通过翻译进入了中国。因此从接受-影响研究的

---

1 Cf. James E. Miller, Jr., *A Critical Guide to* Leaves of Grass, Chicago: University of Chicago Press, 1957, especially pp. 36–51.

比较视角来看待中国的文化现代性,对中国现代文学史的重新书写将是一个重要策略。[1]首先必须承认,如果中国的现代性确实存在的话,那也是从西方翻译过来的,虽然它在一定程度上也体现了中国现代文学和思想的内在发展逻辑。像在其他地区存在的现代性一样,中国的现代性也是世界现代性的一部分,也有其整体性和启蒙的功能。五四时期的中国学者崇尚具有启蒙大众功能的科学和民主,热情欢迎惠特曼的强有力的民主诗学及其诗歌创作。虽然爱伦·坡和惠特曼是当时经常被人们引证的美国诗人,但是根据可获取的研究资料,在五四时期译介到中国的外国诗人中,惠特曼名列第七位,即仅仅排在莎士比亚、德莱顿、歌德、弥尔顿、雨果和詹姆斯一世的后面。[2]令人深思的是,在这一具有实证意义的排名中,除了雨果这位出生于欧洲的19世纪浪漫主义诗人外,惠特曼竟是唯一的一位出生在美国的19世纪浪漫主义/现代主义大师!

　　虽然我不想对惠特曼在当代中国的翻译和介绍情况作详细的论述,但在探索惠特曼与中国的现代性和现代主义的联系及其意义方面,我认为有必要说明一些事实。在五四时期,伴随着对西方学术思潮和文学作品的翻译与介绍的热情,惠特曼是少数几个同时吸引了中国翻译界、文学界和理论批评界的人物。1919年7月,即五四运动三个月以后,先锋派杂志《少年中国》创刊,也标志着中国大规模翻译外国作品的开始。在这一刊物的第一期上,中华人民共和国国歌的词作家田汉发表了一篇题为"平民诗人惠特曼的百年祭"的文章,在其中,他不但介绍了惠特曼的生平和作品,而且强调了其民主思想和美学观点。[3]对田汉和中国其他学者来讲,惠特曼对现代中国——或是田汉意义上的"少年中国"——及其文学意义来讲,不但表现在文学形式的创新,更多的在于其诗歌中所散发出的民主思想,而这又是当时两个最激励民心的因素,民主和科学中的一个重要方面。这也加速了中国的文化和知识的现代性进程。在当时的第一种文学期刊《诗》(共发行七期)中,惠特曼以及其他的印象派诗人成了当时最值得翻译和介绍的对象。

---

1 有关从影响和接受的比较角度来看待中国现代文学,参见乐黛云和王宁主编《西方文艺思潮与二十世纪中国文学》(北京:中国社会科学出版社,1990年版)一书中的有关部分。

2 同上书,金丝燕,《新诗的期待视野》,第362页。

3 参见范伯群、朱栋霖合编《中外文学比较史 1898—1949》(南京:江苏教育出版社,1993年版),第405—406页。

根据可获取到的研究结果以及我本人的进一步研究，我们可以肯定，郭沫若是当时受到惠特曼影响最大的中国作家。像惠特曼一样，郭沫若崇敬那些借助文学想象来自由表达的人。郭沫若同时受到了泰戈尔、雪莱、海涅、歌德和惠特曼的影响，特别是惠特曼那狂放不羁的诗歌语言的影响。通过借助国外诗歌和他自己的创造性翻译和转化，他建立了具有中国传统风格和主要特点的新的诗歌形式。[1] 也许在很大程度上，正是由于郭沫若在"五四"和其后在中国文学界的影响，惠特曼在中国的影响和名声超出了其同时代的许多人，以至于郭沫若被称为"中国的惠特曼"。这一点他自己也不否认。后来他甚至坦白地说，"当我接近惠特曼的《草叶集》的时候，正是五四运动发动的那一年，个人的郁积，民族的郁积，在这时找到了喷火口，也找到了喷火的方式，我在那时差不多是狂了"。[2] 显而易见，郭沫若对惠特曼的崇敬在其著作《女神》中已经有了充分的体现。它被视为中国文学的现代经典，通过对自我和大自然的颂扬，强调了一种惠特曼式的民主和自由。他坦白地指出：

> 而尤其是惠特曼的那种把一切的旧套摆脱干净了的诗风和五四时代的狂飙的精神十分合拍，我是彻底地为他那雄浑的豪放的宏朗的调子所动荡了。在他的影响之下……我便作出了《立在地球边上怒号》、《地球，我的母亲》、《匪徒颂》、《晨安》、《凤凰涅槃》、《天狗》、《心灯》、《炉中煤》、《巨炮的教训》等那些男性的粗暴的诗来。[3]

毫无疑问，郭沫若是中国现代诗人中少数几个对中国文化和知识现代性以及现代文学作出全方位贡献的人。而他的创作灵感又来自对中国现代性有着显著贡献的惠特曼。

如果我们认为当时的郭沫若主要是一位诗人，而且他的贡献主要表现在文学创作上的话，那么我们便无法忽视胡适在中国知识界的影响。作为五四新文化和新文学运动的主将之一，胡适强烈地希望中国能加入现代性的进程中，而且他本人也多方面为之推波助澜。除了对中国的文化和文学

---

1 龙泉明，《中国新诗流变论：1917—1949》，北京：人民文学出版社，1999年版，第170页。

2 郭沫若，《序我的诗》，载《沫若文集》13卷，北京：人民文学出版社，1959年版。

3 郭沫若，《我的作诗的经过》，载《沫若文集》第11卷，北京：人民文学出版社，1959年版。

现代性的推进作用外,郭沫若和胡适同时也为中国新诗的产生和发展作出了很大的贡献。

在20世纪30年代到40年代以及在"文化大革命"以前的十七年中,惠特曼一直具有很大的影响并受到中国各个时代作家的欢迎。甚至是"文化大革命"以后,当现代主义被再度翻译和介绍到中国以后,年轻一代作家在热情地阅读与讨论乔伊斯、普鲁斯特、福克纳、伍尔夫和奥尼尔时,也并没有忘记惠特曼的先驱作用。在那些年轻的朦胧诗人当中,顾城很坦率地承认了惠特曼对他的影响。[1]甚至在后朦胧时期,我们在美学精神和诗歌词语方面也能看到惠特曼的影子。根据惠特曼《草叶集》的两个中译本以及中国对惠特曼的研究,中国学者和学术界已经充分认识到惠特曼预示了在西方文学中现代主义的来临,同时也朦胧地预示了中国的现代性和文学现代运动。[2]今天,我们如果从现代性的角度对惠特曼在中国的翻译和接受进行重新思考并阐释,便可以得出这样一个结论:惠特曼及其诗歌的意义在于帮助中国从一个新的角度重写中国现代文学的历史。

全球化语境中对惠特曼的重新理解

当我们在全球化的语境下讨论惠特曼的时候,我们不能不想到他和他的诗歌在全球化语境中的重要意义。惠特曼是一个典型的美国诗人,发出的也是以美国民族和文化为特征的声音。同时,惠特曼的诗歌创作于19世纪,当时的浪漫主义和以后的现实主义主宰了诗人的创作意识和艺术想象力。但重要的是,他的同时代的人大多已经被历史所忘记,在现代主义和后现代时期也极少被人提及,而惠特曼不但在英语国家仍然备受关注,在近来日益频繁的中西文化交流中也经常得到学者们从全球化的理论视角的讨论。这便使我们得出这样一个结论,惠特曼的遗产不仅属于整个英语文学世界,同时也超越了东西方民族和文化的界限,弥补了不同文学流派间的美

---

1 关于惠特曼对顾城的影响,参见刘树森在"惠特曼在2000年:全球语境中的美国文学"(Whitman 2000: Ameircan Poetry in a Global Context)国际研讨会上宣读的论文《顾城和惠特曼:探寻一种新的诗学》("Gu Cheng and Whitman: In Search of a New Poetics")。该文修改后收入Ed Folsom主编的《东方和西方的惠特曼:解读惠特曼的新语境》(*Whitman East and West: New Contexts for Reading Walt Whitman*)(Iowa City: University of Iowa Press, 2002),第208—220页。

2《草叶集》的两个中译本分别由楚图南、李野光(人民文学出版社,1992)和赵萝蕤(上海译文出版社,1996)翻译。

学差别。自从20世纪初期开始，许多文学流派和文化思潮，以及它们的代表性作家及其作品陆续被引入中国，对中国的文学创作和文化现代性产生了重要的影响，但是很少有作家和思想家能像惠特曼一样对中国的文化和文学现代性运动产生如此之大的影响。如果让我说出一些代表性的人物，我会不假思索地说出，除了20世纪的马克·吐温、海明威、福克纳和艾略特以外，惠特曼是唯一一位帮助中国形成文学现代性和重写中国现代文学史的19世纪作家。在这种意义上说，在全球化的语境中对惠特曼的深入研究仅仅是一个开始，因为从理论和比较文学的角度，对惠特曼的研究还有许多工作等待着中国学者去继续努力，而中国的惠特曼研究理应达到应有的国际水平。

浪漫主义、《镜与灯》及其"乌托邦"的理论建构

在当今这个大谈现代性、后现代主义、后殖民主义和文化全球化的时代，讨论浪漫主义文论和文学似乎有些不合时宜，但实际上，我们今天在讨论后现代主义理论思潮中所涉及的不少理论问题和文学作品都可以在浪漫主义研究中见到先声，而且不少活跃在1980、1990年代的西方现代主义和后现代主义研究的学者都是早先的浪漫主义研究领域内的权威性学者。因此，在今天的全球化语境下重新回顾浪漫主义文论以及浪漫主义文学思潮在中国的传播和接受，也许对我们重新认识当今这个全球化时代的本质特征及其文化形态具有一定的启发意义。而要研究浪漫主义文论，就得首先从讨论这一领域内的经典性理论著作开始，而本文就是从解读《镜与灯：浪漫主义文论及批评传统》开始。

《镜与灯》的奠基性意义和影响

在当今，任何一个从事西方文学理论或浪漫主义文学或文论研究的学者，大概都不会不知道 M. H. 艾布拉姆斯这个名字，尤其是他的那本经典性的著作《镜与灯：浪漫主义文论及批评传统》。这不仅因为这本书自 1953年出版以来就一版再版，并被翻译成多种文字在全世界范围内不断地出版

重印,广为东西方学者所引用和讨论,而且还因为作者在书中提出的作为总结西方文论发展史的四要素至今仍不断地为学者们用于比较文学和文学理论研究。在今天的全球化语境下,重温艾布拉姆斯的批评思想仍不失一定的现实意义。

在欧美现当代文学理论家中,艾布拉姆斯可算是一位大师级的人物。他于20世纪30年代考入哈佛大学,受过哈佛文学史学派的严格训练,其间曾赴英国剑桥大学师从I. A. 理查兹,后于1940年毕业于哈佛大学,获博士学位。这种严格的训练为他日后的理论研究奠定了坚实的基础。他在哈佛大学的博士论文就是那本经过不断修改扩充并在日后产生巨大影响的《镜与灯》。他一生著述甚丰,其中较有代表性的著作除了《镜与灯》外,还有《自然的超自然主义:浪漫主义文学中的传统与革新》《相似的微风:英国浪漫主义文学论集》《探讨文本:批评和批评理论文集》《文学术语词典》等。此外他还长期担任不断修订、扩充、再版的权威性《诺顿英国文学选读》的总主编及其浪漫主义分卷的主编。这套具有权威性的教科书不仅长期以来一直是英语国家大学的文学学生的必读书,同时也是非英语国家专攻英语文学专业的学生的必读参考书。由此可见,我们无论是谈论英语文学或文学理论,都无法绕过这位重要的人物。今天,当我们翻开那本颇具权威性的《约翰·霍普金斯文学理论批评指南》时,首先映入我们眼帘的(由于姓名的英文字母顺序)就是关于艾布拉姆斯的条目。[1]

艾布拉姆斯高于他的不少同时代人的地方在于,他既不同于那些仅擅长于文本阅读的"实用批评家",同时也不赞成专事纯理论演绎的"元批评家"。他在骨子里仍是一位人文主义者,或者是一位类似(他的学术同行)诺思洛普·弗莱和(他的学生)哈罗德·布鲁姆那样的具有诗人气质的理论家。因此阅读他的著作,我们一方面能感到他学识的渊博,另一方面又能欣赏他那气势磅礴同时又行云流水般的文风。他的代表性著作《镜与灯》就属于这样一类理论著作。关于《镜与灯》的隐喻意义,正如作者在序言中所指明的,"本书的书名把两个常见而相对的用来形容心灵的隐喻放到了一起:一个把心灵比作外界事物的反映者,另一个则把心灵比作发光体,认为

---

1 参阅 Michael Groden, Martin Kreiswirth, eds., *The Johns Hopkins Guide to Literary Theory and Criticism*, Baltimore & London: The Johns Hopkins University Press, 1994, pp. 1–2.

心灵也是它所感知的事物的一部分。前者概括了从柏拉图到18世纪的主要思维特征；后者则代表了浪漫主义关于诗人心灵的主导观念。这两个隐喻以及其他各种隐喻不论是用于文学批评，还是用于诗歌创作，我都试图予以同样认真的对待，因为不管是在批评中还是在诗歌中，使用隐喻的目的尽管不同，其作用却是基本一致的"。[1]事实上，古今中外用镜子充当比喻的例子不胜枚举，但艾布拉姆斯的这种比喻已经有意识地将浪漫主义文论与自柏拉图以来的西方文学批评传统连接了起来，对于我们完整地理解西方文论的各个阶段的发展历程有着画龙点睛之作用。

《镜与灯》虽然主要讨论的是浪漫主义文学理论，但我认为，它对我们今天的文学理论研究者所具有的普遍指导意义和价值远远超出了他对浪漫主义文论本身的讨论。这种意义在很大的程度上就体现在他所提出的文学批评四要素，也即世界、作品、艺术家和欣赏者[2]。确实，在今天的不少文学批评中，不谈作品、不涉及具体的文本而空发议论已经成为一种时髦，但这样下去有可能会使文学批评失去众多的读者。在这一语境下重温艾布拉姆斯对文学作品的强调，大概至少可以使我们的批评家清醒一些吧。

在这四大要素中，作品与艺术家（也即其作者）的关系也是作者讨论的重点，因为这正是浪漫主义作家的创作特色。崇尚浪漫主义批评原则的批评家很容易在浪漫主义的作品中轻易地窥见其作者的身影、性格、文风和气质，也即我们中国古典文学批评中常说的"文如其人"。我们甚至可以这样设想，假如艾布拉姆斯能够通晓中文的话，他必定会从中国古代文学和文论中受益匪浅。

文学作品一度被当成自满自足的封闭的客体，似乎与外在世界没有任何关系。作家的创作几乎都是本着"为艺术而艺术"的目的，而他们的作品常常被那些曾在批评界风行一时的英美新批评派批评家当作反复细读的"文本"。这种文本中心主义的批评模式后来被结构主义批评推到了一个不恰当的极致而受到各种后结构主义/后现代主义文论的反拨。主张批评的多元价值取向的艾布拉姆斯则同时兼顾了批评的各种因素，当然这也正是

---

1 M. H. 艾布拉姆斯：《镜与灯：浪漫主义文论及批评传统》，郦稚牛等译，王宁校，北京：北京大学出版社，2003年修订版，序言，第2页。

2 参见《镜与灯》第一章导论部分的有关论述及坐标图，第5页。

他能和各批评流派进行对话的原因所在,但这种批评的"多元论"倾向也导致了他本人的批评倾向不那么鲜明因而最终未能成为一个批评理论流派的领军人物。

毫无疑问,《镜与灯》的出版,为浪漫主义文论的研究树立了一座令后人难以逾越的丰碑。可以说,和作者同时代的诺思洛普·弗莱以及后来的保罗·德曼和哈罗德·布鲁姆等致力于浪漫主义研究的文论大师都在某种程度上受惠于本书,或者直接从中受到启发。我认为,这本书能产生巨大影响的另一个原因则在于,作者凭着自己对古今文论发展了如指掌,从纵的历时方面也对历史上和当今文学理论的范式给予了颇为恰当的归纳:模仿说,这不仅是现实主义文论所要追求的崇高审美理想,同时也是浪漫主义文论孜孜追求的目标;实用说,往往强调艺术的直接教益性功用,这在西方的实用主义批评那里被推到了极致,后来又在注重读者作用的批评流派那里得到进一步弘扬;表现说,则是该书着重讨论的浪漫主义文论的基本特征,也是传统的弗洛伊德精神分析学派所一贯注重的方面;客观说,强调的是批评的客观性和科学性,这一点尤其体现在20世纪的各种形式主义批评学派的实践中。可以说,艾布拉姆斯的这种宏观的总结是相当全面的。随着时间的推移,他的不少同时代人及其著作早已被人们遗忘,而他和他的经典著作《镜与灯》却仍广为人们阅读,这就是原因所在吧。

在谈到浪漫主义所注重的文学风格与作家本人之关系时,艾布拉姆斯也颇有见地地指出:"把风格视为文学的外观和思想的衣饰,这一概念中有两个暗含的断言:A. 一个人的作品中有着某种个性,把他的作品同其他作者的作品区别开来;我们可以看出一种'维吉尔特性'或'密尔顿特性'。B. 这种文学特性与这个人本身的性格相关;维吉尔式的风格特性是与生活中的维吉尔的某个方面相应的。"[1]这就依然强调了浪漫主义文论的重要方面,把作者的行为举止与作品中所体现出的文风相关联,并说明了前者对后者的重大影响和作用。

毫无疑问,在各种批评倾向中,浪漫主义理论最注重人文精神,这也是它很容易被人们认为与科学主义思潮相对立的原因所在。实际上,对浪漫主义批评中科学与诗歌的关系,艾布拉姆斯也有着精辟的论述。在他

1《镜与灯》,第282页。

看来,浪漫主义也强调真实,只是这种真实不同于科学的纯客观具体的真实。他在分析诗歌的真实时归纳了五个方面:(1) 诗是真实的,因为它如实地反映了超乎感觉世界之上的现实;(2) 诗是真实的,因为诗篇是存在的,很有价值,是实际的情感和想象经验的产物和致因;(3) 诗是真实的,因为它对应着这样的事物,这些事物包含了观察者的情感和想象力,或者被它们改变;(4) 诗是真实的,因为它符合具体的经验和各种整体事物,而科学则正是从这些经验和事物中抽象出某些特性,以达到分类和概括之目的;(5) 诗是真实的,因为它与诗人的心境一致:因此它是"诚实的"。[1]在艾布拉姆斯看来,这种"诗性的真实"虽然在某些细节上有悖客观的真实,却是一种超越的更高的真实,因为它的真实性具有普遍的意义。

我们都知道,浪漫主义研究者往往都十分注重天才,艾布拉姆斯也不例外。在讨论艾迪生关于天才的区分时,他进一步阐述道,有两种类型的天才,"自然天才"和造就的天才。"自然天才人物有荷马、平达、写作《旧约》的那些诗人和莎士比亚,他们是'人中奇才,只凭借自然才华,不需求助于任何技艺和学识,就创造出荣耀当时、流芳后世的作品'。另一类天才人物与他们则不同,这倒不是说孰优孰劣,而是说类型不同,这些人'按照规则办事,他们的自然天赋的伟大受制于艺术的修正和限制';柏拉图、维吉尔和密尔顿就属于这一类。"[2]显然,艾布拉姆斯更加推崇自然天成的天才,而许多浪漫主义诗人恰恰就是这样一类人,他们从事诗歌创作往往取决于下列因素:(1) 诗的灵感;(2) 诗的韵致;(3) 自然天才。但在他看来,即使是天才的诗人也难逃模仿的途径,只是他的模仿并不是简单的重复,而更是一种创造。在天才的诗人那里,自然呈现出一种镜子的作用,也即一种"第二自然"。为什么说它是一种第二自然呢? 因为它源自自然同时又高于自然,经过作家的主体接受和创造性转化之后最终变成了"第二自然"。这就辩证地说明,作家在遵循模仿自然的原则的同时,更应该充分发挥对自然的能动接受乃至创造性想象。当现实主义大潮衰落后,形形色色的现代主义批评理论都可以从浪漫主义文论中找到灵感和启示。

当年英国浪漫主义诗人华兹华斯和柯尔律治对诗歌作过一个十分经典

1《镜与灯》,第 390—395 页。

2 同上书,第 228—229 页。

的定义,那就是一切诗歌都是"情感的自然流露"。也就是说,在浪漫主义作家那里,写作实际上是一种"无意识"的行为。艾布拉姆斯在讨论无意识说的演变时指出:"把'无意识'的概念引进艺术创造过程,谢林并不是第一个,但是,这个变幻无定的术语最终得以成为艺术心理学中不可避免的一部分,谢林却比任何人都有更大的责任。"[1]他不仅影响了他的同时代大人物歌德和席勒,而且也启迪了20世纪的弗洛伊德,后者正是在推崇浪漫主义作家的基础上找到了探测无意识的科学方法的。

关于诗歌与科学话语的区别的讨论,不少评论家都发表了自己的见解,艾布拉姆斯在书中也作了概括。在他看来,"诗乃是真实的表现,这种真实受到虚构和修辞的装饰,目的是为了取悦并打动读者;单纯表现真实而不顾及其他,则不是诗;所运用的装饰如果带有欺骗性或用得不得体,则是劣诗"[2]。毫无疑问,在诗歌话语与科学话语之间始终存在着某种张力,但这二者并不总是呈对立状态的,有时它们也可以对话以达到互动之效果。这些从前人和今人的创作实践中抽取的真知灼见,对我们在一个更高的层次讨论科学与人文的关系具有一定的启发意义。可以说,在西方学术界,后来整整半个世纪的浪漫主义研究者都是读着《镜与灯》而对浪漫主义文论有所发展的。这种发展的一个高峰,就是后来的理论家不断从文学的角度对现代性进行的建构。

无论我们今天的研究者如何强调浪漫主义的主观性和个人性,都无法摆脱其模仿的特征。正如艾布拉姆斯所总结的,"从模仿到表现,从镜到泉,到灯,到其他有关的比喻,这种变化并不是孤立的现象,而是一般的认识论上所产生的相应变化的一个组成部分。这个认识论就是浪漫主义诗人和批评家关于心灵在感知过程中的作用的流行看法。从18世纪到19世纪初,人们对心灵是什么,在自然中居何地位的认识发生了转变,这种转变表现在隐喻的变化上,它与当代有关艺术本质的讨论中出现的变化几乎毫无二致"[3]。综上所述,浪漫主义在今天的文学理论中的现实意义和文学史上的地位,绝不仅仅在于它曾经是西方19世纪文学艺术史上的一种文学运动或

1《镜与灯》,第255页。

2 同上书,第375页。

3 同上书,第63页。

思潮流派，更不仅仅在于它曾是文学创作上的一种方法，而在于它是迄今世界文学史上为数不多的跨越了东西方文化传统的具有广泛世界意义的文学艺术运动和思潮，同时也是一种超越了西方世界的具有普遍意义的文学理论和思潮。

浪漫主义：文学的全球化现象

我们说，浪漫主义是一场真正的具有世界性影响的文学艺术运动和批评理论思潮，是相对于在此以前的跨国/民族文学艺术思潮或思想运动而言的。当然，在此之前的文艺复兴运动和启蒙运动，都曾由某个欧洲国家开始"旅行"，最后波及整个欧洲：前者产生了一批具有世界性影响的思想文化巨人，并催生了文学艺术中的人文主义思想；后者则是一场几乎同时在欧洲诸国兴起的思想文化运动，在这场运动中"世界文学"作为一种未来文学发展的理想化概念被歌德正式提了出来，使得文学艺术的世界性走向逐渐明显。后来这个概念又在马克思和恩格斯的《共产党宣言》中得到进一步阐发。在他们那里，世界文学实际上就是我们今天所说的比较文学的早期阶段：文学生产的日益跨国性/世界性致使文学的研究也应当超越国别/民族的界限，进入比较和综合研究的阶段，而当比较文学发展了一百多年之后进入全球化的时代时，世界文学的时代将再度来临。文学研究由一对一的比较逐步走向多学科和多重理论视角的整合和跨文化的建构。由国际比较文学协会主持的大型国际合作项目"用欧洲语言撰写的比较文学史"在很大程度上就是基于这样的考虑。这一巨大的项目之所以从启蒙主义开始，在很大程度上正是因为启蒙运动作为一场具有全欧洲性质的思想文化运动，已经超越了国别/民族文学的疆界，进入了总体文学和世界文学的境界。尽管如此，我们仍可看出启蒙运动的历史局限性。它虽然后来波及了美国，对美国的思想文化产生了某种影响，但并没有大规模地"旅行"到西方文化以外的地方，比如说，至少在当时并没有对包括中国在内的诸多东方国家产生较大的影响，或在这些国家和地区产生某种启蒙文化和文学的变体。倒是有不少启蒙时代的思想家或作家，如法国的伏尔泰、英国的笛福等，对包括中国在内的东方文化发生过兴趣，或受到其启迪或影响。我们今天在一个全球化的语境下重新审视浪漫主义的世界性或全球性特征，完全有理由得出这样的结论：如果全球化确实在文化和文学生产方面有着成功的范例的话,那么浪漫主义实际上就是全球化在文化和文学上产生作用的一个较早的直接结果。这一点已经在众多学者合作的多卷本《用欧洲语言撰写的比较文学史》的撰写中得到了充分的弘扬。[1]在比较文学学者看来,浪漫主义虽然出现在欧洲,但很快就旅行到北美,在19世纪后半叶的美国作家惠特曼那里得到了最为充分的表达。它在其后向东方旅行的过程中,又在20世纪初的日本和中国掀起了巨大的波澜,并产生了新的具有东方文化和审美特色的诸种浪漫主义文学的变体。这也说明,文学也和理论一样,是可以旅行的。任何一种具有普遍意义和世界性影响的文学流派和思潮在旅行的过程中,只有植根于某个具体民族/国别的文化土壤里,和那里的文学传统相作用才能产生一种新的变体。反过来,产生于本土的文学变体又会通过与它们原来的概念进行对话而对这些概念的建构或重构起到必要的补充作用。浪漫主义之于今天的全球化时代文学和理论的意义就在于此。

我曾在另外的场合指出,马克思和恩格斯是最早涉及全球化的文化方面研究的理论家。[2]确实,早在1848年,他们就在《共产党宣言》中触及了全球化这一始自经济并逐渐波及文化和文学的现象。他们虽然没有直接使用全球化这一术语,却颇为准确地描述了资本主义从原始积累到大规模的世界性扩张的过程,并且富有预见性地指出,由于资本的这种全球性扩张属性,"它必须到处落户,到处创业,到处建立联系。资产阶级,由于开拓了世界市场,使一切国家的生产和消费都成为世界性的了……物质的生产是如此,精神的生产也是如此。各民族的精神产品成了公共的财产。民族的片面性和局限性日益成为不可能,于是由许多种民族的和地方的文学形成了一种世界的文学"。[3]这里所说的世界文学,显然已经把歌德的理想化的"世界文学"构想付诸具体的实践,是各民族文学之间的相互交流和互动而必然形成的一种历史趋势。

---

1 有一个事实必须在此指出:在多卷本《用欧洲语言撰写的比较文学史》中占据最大篇幅的是长达四卷的"浪漫主义",它广泛涉及诗歌、小说和文学理论;而相比之下,关于历史先锋派和现代主义各占两卷,后现代主义一卷。该丛书由荷兰约翰·本杰明出版公司(John Benjamins Publishing Company)出版。

2 关于马克思主义与全球化理论的建构,参阅王宁,《马克思主义与全球化理论建构》,载《马克思主义与现实》,2003年第1期。

3 参见马克思和恩格斯《共产党宣言》,人民出版社,1966年版,第26—30页。

　　我们因此可以推断，马克思和恩格斯在作出上述论断时，一方面是基于对资本运作的客观内在规律的把握，另一方面也许是基于对文学艺术发展的内在客观规律的把握。如果没有对后者的丰富知识和深刻造诣，很难想象他们会作出上述符合历史辩证法的判断的。对于浪漫主义在世界不同民族/国别的文学中的演变和发展，国内外学者已经作了一些深入的研究，[1]我这里并不想重复。我这里只想指出，如果我们并不否认文化上的全球化倾向或全球性特征确实存在的话，那么在文学创作和理论批评方面，浪漫主义应该是最早的真正具有全球性特征的理论思潮和文学流派。作为一场声势浩大的文学运动，它虽然起源于18世纪后期和19世纪初的欧洲，但经过"理论的旅行"之后于19世纪后半叶在美国生根并产生了一批具有世界性影响的大作家。与在此之前的文艺复兴和启蒙文学所不同的是，它并没有停止旅行，而是继续向东方诸国旅行，最后于20世纪初在日本和中国的文学创作界产生了巨大的反响，催生了一大批浪漫主义作家和作品。而作为一种批评理论，浪漫主义虽产生于19世纪的欧洲文论界，但它经过一些理论家的不断发展和完善，甚至在20世纪的西方文论界依然占据着重要的地位，对表现主义、精神分析学、新批评、现象学批评以及生态批评等众多理论流派都有着举足轻重的影响，并且对后来的关于现代主义和后现代主义问题的讨论以及当今学术界对现代性问题的反思都有着许多启示和促进。可以说，只要有文学创作和理论批评存在，浪漫主义的地位就不可动摇。它总是以不同的变体形式闪现在不同的理论思潮和批评流派中，渗透在作家和批评家的意识和无意识中。尤其在今天这个缺乏想象力的时代，我们更需要一种浪漫主义的人文精神去建构我们的审美"乌托邦"。

---

1 在总体文学和文学理论的高度上，除了艾布拉姆斯的两部专著外，还有下列西方学者的著述在这方面有着较大的影响：Paul de Man, *The Rhetoric of Romanticism* (New York: Columbia University Press, 1984); Paul Hamilton, *Metaromanticism: Aesthetics, Literature, Theory* (Chicago & London: The University of Chicago Press, 2003); 等等。应当指出的是，由于语言和文化知识的局限，上述学者都未能在一个比较文学和世界文学的视野下涉及浪漫主义与中国文学和文论。而在这方面，下列著述作出了开拓性的工作：Leo Oufan Lee 的 *The Romantic Generation of Modern Chinese Writers* (Cambridge, Mass.: Harvard University Press, 1973); 罗钢的《浪漫主义文艺思想研究》(陕西人民出版社，1986年版); 伍晓明的论文《浪漫主义的影响与流变》，收入乐黛云、王宁主编《西方文艺思潮与二十世纪中国文学》(中国社会科学出版社，1990年版); 李庆本的《20世纪中国浪漫主义美学》(现代出版社，1999年版); 蔡守湘主编的《中国浪漫主义文学史》(武汉出版社，1999年版); 陈国恩的《浪漫主义与20世纪中国文学》(安徽教育出版社，2000年版); 肖霞的《浪漫主义：日本之桥与"五四"文学》(山东大学出版社，2003年版); 等等。

浪漫主义：走向一种当代形态的乌托邦建构

不少理论家和学者已经注意到了浪漫主义与现代主义的内在联系。美国的现代主义/后现代主义文学研究者马泰·卡利内斯库在研究文学现代性的奠基性著作《现代性的五副面孔》中，从文学史和文学理论的视角对现代性的文学维度作了相当精当的描述。按照他的看法，现代性的五个基本概念分别是现代主义、先锋派、颓废、媚俗艺术和后现代主义。[1]这要是仅局限于文学方面，自然具有较为宽泛的包容性。我们要是考虑到西方文学与文化在经历了后现代主义大潮的冲击之后返回文学的"自然生态"以及重建"乌托邦"的呼声日益高涨的话，[2]可不可以将其视为浪漫主义在当今时代的某种"复归"现象呢？如果我们认为文化现代性是一个不断促使人们反思当代各种文化现象的叙述范畴的话，那么，我们是不是可以把浪漫主义在当代的形态也纳入现代性的视野来考察呢？既然现代主义和后现代主义被认为是一种文化建构，它们可以在不同的时代被重新定义和重新建构，那么浪漫主义作为一种历史现象，也可以当作一种审美文化形态的建构在今天的情景下得到重构。

此外，理想主义形态，在很多方面近似一种"乌托邦"的建构。在这方面，不少从事文学批评的学者早已注意到，西方文学理论界在经历了后现代主义以及其后的后殖民主义和文化研究大潮的冲击之后，文学创作越来越远离纯文学的精英意识，文学理论批评也越来越流于泛文化批评的倾向，甚至越来越远离对文学本体的研究。批评家们往往热衷于抽象枯燥的理论术语的演绎以及时髦话语的轰炸，整个时代成了一个缺乏想象力的时代，通俗的消费文化取代了高雅的审美文化，因而一些对文学的审美特征情有独钟的学者不禁对浪漫主义产生了某种怀旧感，对浪漫主义的重新思考甚至理论建构也成了一些学者的新的研究课题。[3]我认为，对浪漫主义的人文情

1　Cf. Matei Calinescu, *Five Faces of Modernity: Modernism, Avant-Garde, Decadence, Kitsch, Postmodernism*, Durham: Duke University Press, 1987, p. 18.

2　这两种呼声尤其体现在弗雷德里克·詹姆逊等生态批评和马克思主义批评家的著述中。

3　这方面尤其应该关注 Paul Hamilton, *Metaromanticism: Aesthetics, Literature, Theory*, Chicago & London: The University of Chicago Press, 2003。该书中提出的"元浪漫主义"之概念对我们在当今时代重访浪漫主义不无启迪。

怀的呼唤是可以理解的，但是简单的复归并非出路。浪漫主义作为一种历史现象，已经载入文学和文论发展的历史。我们今天在一个全球化的语境之下重新建构浪漫主义时一定要首先将其"历史化"，也即探讨其本来的含义，然后我们才有可能在当代的语境下对之作出新的理论建构。

弗雷德里克·詹姆逊在论述现代性的专著《单一的现代性：论当代本体论》中，从后现代性的理论视角对现代性作了全新的阐述。他的论述对我们的浪漫主义理论重构无疑有着不少启示。在詹姆逊看来，关于现代性的四种论点包括："第一，它是一个我们不得不对之进行分期的东西。第二，现代性并不是一个概念，而是一个叙述范畴。第三，通过主体性是不能对之加以叙述的（其论点是，主体性是无法再现的。只有现代性的情境才能得到叙述）。第四，在当今时代，任何一种现代性'理论'如果不和一种与现代断裂的后现代假设相关联就没有意义。"[1]显然，从上述论点中我们不难看出，詹姆逊本人在经过对后现代主义问题的思考和研究之后又返回了对现代性的重新思考和包容性建构：现代性要想在当代仍有意义就必须与后现代相关联。按照詹姆逊的理论建构，我们可以作这样的重新阐释：作为一个历史现象，现代性应该首先被"历史化"，也即放在历史的语境中来探讨，但现代性并没有成为过去，它仍可以用来描述当下的现象。作为一个历史现象，它是不可能简单地复归的，因此只有将其置于一个特定的情景才能使其在当代产生出新的意义。这个情景就是今天的我们讨论的后现代性。[2]既然讨论现代性须与后现代性相关联，那么我们在讨论现代性在文学艺术上的先驱浪漫主义时，也就理所应当地把它与它在20世纪的变体现代主义相关联，这样浪漫主义在文化全球化的语境下的意义就会凸显出来。

有鉴于此，我们不妨借鉴詹姆逊讨论现代性的思路，在今天的现代性/后现代性语境之下重新思考浪漫主义文论的本质特征和当代意义，这样我们大概也不难对之作出新的描述了。确实，在当今这个物欲横流的商品经济时代，高雅文化被挤压到了边缘地带，缅怀浪漫主义时代的人文情怀已成了人文学者所孜孜追求的"乌托邦"。从唯物主义的观点来看，乌托邦是

---

1 Cf. Fredric Jameson, *A Singular Modernity: Essay on the Ontology of the Present*, London and New York: Verso, 2002, p. 94.

2 我在2004年4月赴美国杜克大学讲学时，曾就此当面和在该校任教的詹姆逊教授探讨。他对我的理解表示赞同。

不存在的,但它作为一种理想的形态却始终存在于我们人文学者的心中,成为我们毕生追求的目标。如果我们有一天真的失去了这一理想的"乌托邦",我们的人文科学研究也就进入了终极的阶段。因此我们在今天的语境中重新思考浪漫主义文学和文论,在很大程度上就是一种"乌托邦"的建构和重构。

作为艺术家的易卜生：易卜生与中国重新思考

　　作为现代主义文学运动的先驱者之一，挪威剧作家亨利克·易卜生为20世纪的世界戏剧艺术的发展作出的贡献是无与伦比的，他的艺术家形象早已在东西方文化的语境下得到了肯定。尽管在当今这个全球化的时代，精英文化及其代表性产品——文学——越来越受到大众文化的挑战和冲击，但一个令人奇怪或使人难以理解的现象则是，易卜生仍然在东西方文化语境下不断地为学者和艺术家们讨论和研究，各种形式的国际性研讨会仍然频繁地在一些东西方国家举行。[1]这一点确实使那些为精英文化和文学的命运而担忧的人感到欣慰。但是，同样令人担忧的是，在中国的语境下，易卜生在很大程度上并没有作为一位艺术家而为人们所接受，他的作用和角色曾一度被不恰当地误构为仅仅是一位具有革命精神和先锋意识的思想家和社会批判者。这在很大程度上确实由于他所塑造出的一个个令人难忘的具有叛逆精神的女性形象所致，如娜拉和海达·高布勒等。因为这

---

1 我这里仅列举几次影响较大的关于易卜生研究方面的国际研讨会：易卜生与现代性：易卜生与中国国际研讨会（1999年6月26—28日，北京）；第九届国际易卜生国际学术研讨会（2000年6月5—10日，贝尔根）；易卜生与艺术：绘画、雕塑和建筑国际研讨会（2001年10月24—27日，罗马）；易卜生与中国：走向一种美学建构国际研讨会（2002年9月12—16日，上海）；国际易卜生研讨会和戏剧节：《玩偶之家》的翻译与改编（2002年11月8—14日，达卡）；等等。

些人物给中国的观众和戏剧研究者留下的印象实在是太深刻了，以至于他们几乎忘记了一个事实，即易卜生首先应该被看作一位艺术家，或者更确切地说，一位戏剧艺术家，现代戏剧之父。他对于中国文化现代性的形成所具有的意义自然应当受到重视，但是作为一位艺术家的易卜生则不仅对20世纪中国话剧的崛起作出了重要的贡献，更重要的是，他还影响了一大批锐意创新的中国现代剧作家。这样看来，把一位以戏剧创作为主要成就的艺术家当作思想家来研究，至少在某种程度上起了误导作用。特别是在当今时代，当人们更多地讨论尼采、弗洛伊德、福柯 (Michel Foucault)、德里达、德勒兹 (Gilles Louis Rene Deleze)、利奥塔等西方思想家时，易卜生在西方思想界所曾经产生过的影响已很少被人提及。尽管他确实对文化现代性和现代主义文学的形成作出过重要贡献，而且还给过弗洛伊德一些文学灵感，但与上述那些思想家相比，易卜生的作用不禁相形见绌。与上述几位大师相比，易卜生对中国知识分子的影响主要是通过其戏剧艺术创作而产生的，因而"返回"作为艺术家的"真正的"易卜生，将使我们能够准确地、恰如其分地评价易卜生之于中国现代戏剧的美学意义。本文的写作就从质疑易卜生形象的"误构"开始，主要从戏剧艺术本身来讨论易卜生的成就。

易卜生与中国的现代性之反思

毫无疑问，在中国和西方的现代性进程中，易卜生及其剧作都起到了重要的甚至不可替代的作用，这一点尤其体现在西方现代主义文学的全盛时期和中国的五四新文化运动高涨时期。这时易卜生主要被当作一位伟大的思想家和有着天才的创新意识与预见性的作家来接受，他的剧作极大地影响了西方和中国的现代性进程。确实，在西方学术界，不同的学派和有着不同的批评倾向的学者与批评家都对他的艺术成就或社会影响作出了不同的评价。有些学者认为他是"莎士比亚以来世界上最伟大的戏剧艺术家"或者说"现代戏剧之父"，因为他的作品以现实主义的方法反映了当时的时代精神，因而有着典型的现实主义意义。毫无疑问，易卜生在自己的剧作中对社会现实予以了强有力的批判，这一点与他所生活的时代以及他那与当时的社会习俗格格不入的个人性格有关。这也许正是易卜生一开始就被当作一位批判现实主义大师介绍到中国来的原因之一。由于他的剧作与当时的中国社会现实密切相关,同时也由于当时的文化土壤和接受语境,他被划入19世纪的欧洲现实主义传统之列。但根据当代西方现有的研究成果来看,易卜生倒是更多地被当作一位现代主义艺术大师来讨论的,因为他在19世纪的出现实际上预示了西方文学中的现代主义的崛起,而且他的不少富有预见性的洞见实际上为西方文化和思想的现代性进程铺平了道路。我正是在这些已有的研究成果的启发下,试图从文化和审美现代性的角度出发对易卜生及其剧作作一新的探索。我认为,易卜生首先应被当作一位文学大师,更为确切地说,当作一位戏剧艺术大师来研究,把他当作一位思想家来研究实际上遮蔽了他那显赫的艺术成就,尽管他确实激发了中国的知识分子去反抗当时的社会现实和保守的意识形态。许多中国知识分子和作家首先正是为娜拉、海达·高布勒、斯多克芒医生和昂各斯特郎德这些主人公所打动的,因而他们的创作和批评实践便深受其影响。为了对易卜生对中国戏剧的贡献作出较为中肯的评价,我先花费些篇幅来回顾一下西方学术界近二十多年来对易卜生的研究,并将之与在中国的接受相关联。[1]

诚然,从现代主义的理论视角来讨论易卜生及其剧作,在西方学术界早已不再新鲜了,我本人也曾作过这样的尝试。我在先前发表的一篇论文中曾指出,易卜生如此受到观众青睐和学者研讨的一个重要原因,就在于其剧作中所蕴含的多重代码。也就是说,"除了现实主义的代码外,还有着另一些具有批评价值的代码"。[2]我通过仔细的考察,可以肯定地认为,易剧中除了现实主义等文化代码外,现代主义或现代性完全可能成为其最重要的代码之一,这一点使得易剧至今仍与当前关于现代性和后现代性的理论争鸣密切相关。弗雷德里克·詹姆逊受到后现代主义在中国的接受之事实的启发,结合其与后现代性的关系,对现代性的概念作出了全新的解释。[3]在他看来,现代性若不与后

---

1 关于易卜生在20世纪中国的接受,我认为下列专著值得一读:何成洲的博士论文《易卜生与中国现代戏剧》(*Henrik Ibsen and Chinese Modern Drama*, Oslo: Unipub Forlag, 2002);谭国根(Kwo-kan Tam)的《易卜生在中国:1908—1997》(*Ibsen in China: 1908-1997*, Hong Kong: The Chinese University Press, 2001);以及王忠祥的《易卜生》(北京:华夏出版社,2002年版)。上述三部著作都是在对易卜生的原著(或借助于英文译本)进行细读和研究之基础上写出的,代表了中国学者的研究水平。

2 Cf. Wang Ning, "Multiple Codes in Ibsen's Drama," in Meng Shengde et al., eds., *Ibsen Research Papers*, Beijing: Chinese Literature Press, p. 271.

3 詹姆逊于2002年7月31日在中国社会科学院的公开演讲中对现代性问题作出了全新的阐释,在某种程度上超越了他自己以往的观点。

现代性相关联是不能在当代产生新的意义的。确实，易卜生在生前与他同时代的批评界格格不入，其部分原因就在于他那很难为同时代人所容的超前意识，另一部分原因则在于其剧中所隐匿的富有预见性的思想观念。他的一些至今仍为我们所热烈讨论的剧作在当时并不为观众和批评界所接受，其中包括《群鬼》和《人民公敌》。当他的《群鬼》发表时，他受到了同时代批评家的猛烈批评。面对这些恶意中伤式的"批评"，易卜生毫不退让，反而十分自豪地宣称："所有这些抨击我的剧作的小人和骗子总有一天会在未来的文学史上受到毁灭性的审判……我的著作属于未来。"[1]他的为未来而写作的思想无疑是正确的，这已被今天的文学史编写者的实践所证明。也就是说，易卜生的艺术并不是短命的，而是向未来时代的不同解释开放并具有永恒魅力的艺术。与那些生前并不为同时代的人们所重视而嗣后却又被后来的学者和批评家"重新发现"的所有中外文学大师一样，易卜生的剧作虽不乏深受当时观众欢迎之作，但更主要的却是面向未来的读者和观众，因此他的断言是不可能为他同时代的人所证实的。随着时间的推移，我们不难发现，他在一个多世纪前所描述的现象在当今这个后现代社会依然存在。现代性虽已受到鼓吹后现代性的人们的有力挑战，但在很多人看来依然是一个未完成的计划。易卜生的一些戏剧作品在当今时代仍然不断地上演，并且深受西方和中国观众的喜爱。[2]

我们从现代性的角度来讨论易卜生时，首先应当承认，现代性在其广义和多元取向之意义上说来，不仅应当包括其文化和政治的含义，同时也应包括其审美的含义。也就是说，它既应当在其最广泛的艺术意义上被看作一种文学艺术精神，同时又应当在其最广泛的文化和知识层面上被看作一个文化启蒙大计。与此相同的是，在文学艺术领域，不同的学者自然可以对现代主义作出不同的定义，但不少人几乎都将其视为一种欧洲的文化和文学

---

1 关于易卜生于1882年3月16日给他的出版商的信件，参阅 Einar Haugen, *Ibsen's Drama: Author to Audience*, Minneapolis: University of Minnesota Press, 1979, p. 3.。

2 我这里尤其应当欣慰地指出，在易卜生的剧作艺术想象力的影响和启迪下，一些具有鲜明的先锋意识的中国戏剧导演，如吴晓江和孙惠柱等，重新翻译和理解易卜生的一些剧作，如《玩偶之家》、《海达·高布勒》、《群鬼》和《培尔·金特》等，并将它们重新搬上中国的戏剧舞台，从而使得这些老的经典作品在当代中国产生了新的意义。

思潮与运动。[1]约翰·弗莱彻 (John Fletcher) 和詹姆斯·麦克法兰等在讨论易卜生与现代主义文学运动之关系时就中肯地指出,有两条线索可据以追踪现代主义文学运动的起源:"——其一是实质性的和主题性的渊源,另一条则是形式和语言层面的渊源——这二者可以帮助我们指明欧洲现代主义戏剧的源头。一方面,是18、19世纪所赋予我们不得不注意的或然性和当代性,另一方面则是对作为一种戏剧载体的散文之资源的不间断的探索,这二者都殊途同归地返回到了易卜生那里。"[2]毫无疑问,前一种定义难免带有欧洲中心主义色彩,而由布拉德伯里和麦克法兰作出的后一种定义则更为宽泛,几乎带有某种"无边的现代主义"特征,对1980年代中国的现代主义理论争鸣曾产生过某种导向性作用。从他们的清晰描述中,我们可以很容易地得出这样的结论,即易卜生确实给过不少现代主义大师以创作的灵感,这其中至少可以包括20世纪公认的大师级作家詹姆斯·乔伊斯和塞缪尔·贝克特。一个至今令人难忘的例子是,当年乔伊斯为了能更为直接和有效地阅读易卜生的作品,甚至花费了很多时间去学习挪威语。因此毫不奇怪,易卜生被当作一位更带有艺术创新性而非意识形态批判性的现代主义文学的先驱。显然,布拉德伯里和麦克法兰通过细读易卜生的戏剧文本,注意到了其中所蕴含的某种不同于传统现实主义的东西以及他对其他现代主义作家的影响,因而他们将所有这些创作灵感统统追溯到易卜生那里。我认为,易卜生在西方的现代性进程中所扮演的角色不仅在文化知识启蒙领域里,更在文学革新领域里:他对女性人物的生动刻画预示了20世纪60年代妇女解放运动的崛起,而他与传统的戏剧成规分道扬镳则大大地推进了现代话剧的成熟,使之对广大当代观众有着永久不衰的魅力。这也许正是不少易卜生的同时代人早已被人们遗忘而易卜生却依然高踞于自己的时代之上的原因。我们甚至应当说,在易卜生可能具有的多重身份中,他首先应被视为一位戏剧艺术家,因为正是他的剧作影响和启迪了广大观众和作家。某种流行的意识形态可以转瞬之间变得不流行,而美学和艺术精神则可以具有永久的魅力。

---

1 Cf. Douwe Fokkema & Elrud Ibsch, *Modernist Conjectures: A Mainstream in European Literature 1910–1940*, London: Hurst & Company, 1987, pp. 1–47.

2 Malcom Bradbury & James McFarlane, eds., *Modernism: 1890–1930*, Penguin Books, 1976, p. 499.

诚然，我们现在生活在一个全球化的时代，在这个时代，现代主义的不少成规受到了后现代主义的强有力挑战。为什么易卜生的戏剧仍不时地在世界各地上演？为什么仍有不少学者在从不同的理论视角对他的剧作进行讨论呢？当从事后现代主义研究的学者重新审视他的作品时，他们一眼就可从他对荒诞派剧作的影响见出一些后现代文化代码：他的作品只是提出问题，而从不试图回答这些问题，因而留给读者-观众巨大的想象和阐释空间，由他们在阅读或观赏过程中一一将这些空白填补。这一点尤其体现在《野鸭》和一些后期作品中。[1] 他的剧作从来就不可穷尽其意义，而总是给读者-阐释者开放，从而使他们得以从不同的理论角度对之进行阐释和分析，最终建构出新的意义。他的修辞的含混性、象征的多重所指以及主题的不确定性等，都在某种程度上与后现代精神相契合。[2] 毫无疑问，如果一位作家想使自己的作品被不同时代的读者发掘出新的意义，他就不应当使自己的主题局限于特定的时代，而应当在自己的作品中探讨人类面临的一些基本问题。可以说，易卜生就是这样做的。

著名的易卜生研究学者艾纳·豪根 (Einar Haugen) 在谈到易卜生戏剧作为一个同时具有现实主义和现代主义特征的整体时十分中肯地指出，"……易卜生的每一部戏都是一个具有隐含意义的文本，这是作者或多或少有意识编织进密码的。读者只有对这些文本进行细致入微的阅读和研究才能'打开密码'"。[3] 所以，易卜生不仅被当作一位批判现实主义艺术大师来考察，而且在更多的时候，特别是在现代主义运动处于高涨期时，被当作现代主义文学的主要源头之一。豪根从罗曼·雅各布森的语言交往理论入手，把易卜生的剧作形象地描绘为"为所有的季节"而写的。在他看来，"随着世界的变化，新的问题不断地涌现出来引起政治学界、文化界以及戏剧

---

1 有关从后现代主义的视角对易卜生的剧作的研究，参阅下列论文：Charles R. Lyons, "Ibsen's Realism and the Predicates of Postmodernism," in *Contemporary Approaches to Ibsen*, Vol. 8 (1994), pp. 185–204; Wang Ning, "Postmodernizing Ibsen: Toward a New Interpretation of the *Fin-de-Siècle*," in Maria Deppermann et al. eds., *Ibsen im europaischen Spannungsfeld zwischen Naturalismus und Symbolismus*, Frankfurt am Main: Peter Lang, 1998, pp. 295–307.。

2 Cf. Wang Ning, "Postmodernizing Ibsen: Toward a New Interpretation of the *Fin-de-Siècle*," in Maria Deppermann et al. eds., *Ibsen im europaischen Spannungsfeld zwischen Naturalismus und Symbolismus*, Frankfurt am Main: Peter Lang, 1998, pp. 295–307.

3 Einar Haugen, *Ibsen's Drama: Author to Audience*, Minneapolis: University of Minnesota Press, 1979, p. 74.

界的注意。但是人们不断地发现易卜生所说的东西与这些问题密切相关，因而便使得他或在戏剧舞台上或在新的翻译和改编过程中不断地获得新生"。[1]实际上，易卜生的作品在中国的翻译和改编，帮助中国读者在能动性理解和创造性建构之基础上创造出新的"易卜生"或"易卜生主义"。

布赖恩·约翰斯通（Brian Johnston）从一个与众不同的视角提出了他本人对易卜生戏剧的整体理解和阐释。他一方面承认，现实主义的代码主导了作为单一的现实主义循环的易卜生后期的十二部剧作，这其中蕴含了深刻的诗学意图；另一方面，他又试图表明，"易卜生的现实主义循环是一个具有普遍意义的平台，在这里现实的种种不恰当的概念形式——或曰不恰当的世界——在与绝对精神的抗争中统统败北"[2]。实际上，他所说的现实主义隐含了多种代码，因此易卜生就不仅仅被解释为一位现实主义作家。在约翰斯通看来，易剧中所体现出的易卜生式"策略"显然被认为具有双重性：一方面，它表明了易剧中隐含着的对19世纪现实的辩证意义的颠覆；另一方面，它以一种类似乔伊斯的《尤利西斯》式的步骤展现了对过去原型的强制性恢复。因此，他的剧作实际上编织了三种文本的代码：一种基于作品本身的语言结构的普通文本；一种为作者不断地参照借鉴的具有文化意义的"超文本"；以及更为重要的一种，展现在读者面前使他们得以以一种解构方式来阅读和分析的潜文本。[3]对于当代读者来说，很容易发现，易剧通常隐含着好几种相互矛盾的成分：文本性、超文本性、互文本性和潜文本性。这些相互矛盾的成分彼此间的互动和解构形成了易剧的多重代码、不确定因素和互文性，这些特征尤其体现在他的后期剧作中，如《野鸭》、《罗斯莫庄》、《海上夫人》以及《咱们死人醒来时》。虽然西方学者经常讨论和引证这些作品，但在中国的语境下，这些作品却很少被人提及。在我看来，上述所有这些因素正是我们应当描述为"后现代"的代码。它们的存在恰恰证实了利奥塔的断言，即后出现的东西并不一定是后现代的，而先出现的，如

---

1 Einar Haugen, *Ibsen's Drama: Author to Audience*, Minneapolis: University of Minnesota Press, 1979, pp. 3–4.

2 Cf. Brian Johnston, *Text and Supertext in Ibsen's Drama*, University Park & London: The Pennsylvania State University Press, 1989, p. 7.

3 Ibid., pp. 9–27.

蒙田的小品文，倒完全有可能具有后现代的特征。[1]这正是一种后现代式的悖论。甚至在未来，学者们也同样会进一步从新的视角来探讨他的剧作，易卜生本人也仍将不断地被人们从审美的或文化的角度来讨论和阐释，而在这些讨论和阐释的过程中，新的意义便建构出来了。我想，一位作家如果有这样一种结局，应当是十分理想的。

易卜生与中国的文学现代性之反思

与西方学术界在易卜生研究领域内取得的显赫成就相比，中国的易卜生研究长期以来一直依循着一个十分不同的取向：他始终在中国的语境下被当作一位现实主义者来接受，或者更确切地说，由于他的剧作所反映的社会问题被不恰当地夸大，因而易卜生常常被人认为是一位批判现实主义者，而他剧中的象征主义成分则几乎被全然忽视了。这无疑是导致中国的易卜生研究长期以来被排斥在国际易学研究界之外的一个重要原因。由于最近三十年里，关于现代主义和后现代主义的讨论如火如荼，现实主义不再像以往那样大受重视了，易卜生也就不那么经常地为人们谈论了。虽然易卜生的剧作仍不时地被一些具有先锋意识和创新精神的年轻导演改编并上演，但这种改编已经带有编导们的个人理解和能动性阐释，因此出现在中国观众面前的便是一种"易卜生主义"的中国变体或当代变体。正如对中国现代文学颇有研究的英国汉学家杜博尼 (Bonnie McDougall) 和澳大利亚学者雷金庆 (Kam Louie) 所一针见血地指出的那样，"中国的易卜生变成了一位社会现实主义者，他的剧作帮助形成了中国观众的文学和人生：不仅那些剧作成了中国新文学作家的创作模式，而且娜拉也成了中国的妇女所要效法离家出走的模式"，[2]这一点尤其体现在那些以"离家出走"为主题的"五四"文学作品中。尽管易卜生后期剧作中的神秘主义和象征主义因素有时也被粗略地提及，但由于缺乏理论深度和细致分析而未产生什么影响。这在很大程度上与易卜生首先于"五四"前后被介绍进中国时的文化和知识氛围密切相关。

---

1 Cf. Jean-François Lyotard, *The Postmodern Condition: A Report on Knowledge*, tr. Geoff Bennington and Brian Massumi, Minneapolis: University of Minnesota Press, 1984, p. 81.

2 Bonnie S. McDougall and Kam Louie, *The Literature of China in the Twentieth Century*, New York: Columbia University Press, 1997, p. 156.

　　在返回作为艺术家的易卜生之前，我觉得有必要简略地描述一下中国语境下的文化现代性的形成及其特征，因为这一未完成的大计与易卜生在中国的接受密切相关。众所周知，20世纪上半叶的中国知识分子向来以"拿来主义"而闻名。也就是说，为了反对封建社会和传统的习俗，他们宁愿从国外，主要是从西方，"拿来"或"挪用"一些现成的理论概念，将其创造性地转化为中国本土的东西，应用于中国本土文化产品的创造和批评。20世纪西方文学理论思潮和各种批评理论在中国的接受就体现了这种极具功利性的实用态度，因此建构一种具有中国特色的现代性便成为他们知识生涯中的重要任务。毫无疑问，中国的文学艺术家和理论批评家对这一至今仍有争议的话题均作出了不同的反应甚至争论，其中相当一部分人对"五四"所导致的中国文学传统的剧烈变化持一种敌视的态度，认为这正是现代中国的文化"殖民化"的开始，所以他们试图把"五四"这个案子翻过来。但是历史是在前进的，倒退显然是没有出路的。正是在"五四"的年代里，中国文学才开始了走向世界的进程，并得以跻身世界文学主流进而成为世界文学的一部分。与此同时，通过对各种西方文学潮流和大师的翻译介绍，中国文学开始逐步走出封闭的领地，接受各种西方文化学术潮流和批评理论的影响。因而毫不奇怪，今天的文学研究者往往将翻译文学也当作中国现代文学一个不可分割的组成部分。在所有翻译过来的西方文学大师中，易卜生无疑是其中极少数同时对中国文学思想和创作技巧都产生了巨大影响的一位，这一点完全可以从五四运动的主将胡适为《新青年》编辑的"易卜生专号"中见出。[1]也许正是在很大程度上由于易卜生本人的巨大和持久性影响所致，易卜生才一度被当作一位预示了中国当代妇女解放运动的崛起的革命思想家。同样，也正是由于鲁迅、胡适等新文学运动的主将们的努力，一种带有鲜明本土特色的"易卜生主义"便在中国的文化土壤中诞生了。如果我们并不否认翻译文学是中国现代文学一个不可分割的组成部分的话，那么我们也应该承认，这种"易卜生主义"在很大程度上也是一个翻译过来的或人为建构的产物，主要是用来抨击中国的黑暗社会现实以及封建的社会和文化习俗。在我看来，探讨易卜生之于中国文化现代性的意义

1　在这本专辑中，胡适的长篇论文《易卜生主义》尤其值得一读，见《新青年》，第4卷，第6期（1918），第489—507页。

是十分必要的，但是仅仅将他视为一位革命的思想家而忽视了他的艺术成就则是远远不够的，因为他首先是一位具有强烈的先锋意识的艺术家。他不仅为同时代的读者观众而写作，同时也为未来的读者观众而写作。这也许正是我们要在今天的中国文化语境下讨论易卜生的原因。他不仅与中国的文化现代性大计密切相关，还深刻地激发并影响了中国的文学家和戏剧艺术家的创作思想和艺术技巧，促进了中国现代话剧的诞生。

就中国的现代性而言，我在此不妨花费一些篇幅来讨论它与西方的现代性的差别。中国知识分子擅长拿来主义，也即将国外一切适合我们国情并为我所用的东西统统拿来。这在五四运动时期尤为突出，几乎当时所有在西方风行的文化思潮和文学思想统统被引进中国，并滋生出某种形式的变体。因此，从比较文学的接受-影响之角度来探讨中国现代文学，便成为致力于重写中国现代文学史的学者们的一个重要任务。[1]首先，我们应承认，即使存在这样一种中国的现代性，那它也依然是从西方语境中引入的一个舶来品，尽管它在很大程度上反映了中国文化和思想发展的内在逻辑。因此，也如同其他地区的现代性一样，作为全球现代性大计之一部分的中国的现代性，也具有了自己的整体特征和排他性。它在某种程度上与中国人民的解放事业密切相关，所以也就有着鲜明的功能性和启蒙因素。这样看来，中国的知识分子自然会很容易地将易卜生当作自己的精神领袖和先驱，因为他的戏剧对人类和社会的种种邪恶都予以了尖锐的批判和抨击。另一方面，我们也不应忘记，文学启蒙所产生的效果首先应体现在审美方面，然后才体现在思想观念方面。人们只有通过阅读或观赏文艺作品才能获得思想上的启迪和审美快感。在这方面，我们应当对易卜生对中国现代话剧的诞生和发展所作出的重要贡献给予高度的评价，因为这一新兴的戏剧艺术形式在中国语境下的诞生恰恰是中西文化交流和互动的必然产物。它打破了所谓中国文化"本真性"的神话，为某种不中不西但却同时兼有二者所长的"混杂的"戏剧体裁的诞生铺平了道路，而这正是中国的戏剧得以与世界戏剧艺术进行平等交流对话的一个基点。随着当代中西文化交流的日益频繁和全球化步伐的日益加快，易卜生之于中国现代戏剧艺术的意义将越来

---

1 关于西方文艺思潮对20世纪中国文学的影响和启迪，参阅乐黛云、王宁主编，《西方文艺思潮与二十世纪中国文学》，北京：中国社会科学出版社，1990年版。

越显示出来。在易卜生及其戏剧艺术的影响和启迪下,20世纪上半叶的中国文学史上出现了一批兼通中西文学艺术的戏剧艺术大师:曹禺、洪深、欧阳玉倩等。他们创作出一批具有易卜生精神特征的优秀戏剧作品,在这些作品中他们精心刻画出一批令人难忘的易卜生式的人物。因此,易卜生的形象在中国的文化土壤里实际上发生了某种形式的"变形",它超越其"本真的"特征,成了一个"建构"的形象。既然易卜生已经成为向所有当代理论建构和阐释开放的一个西方经典,既然不同的文化语境中的易卜生学者建构出了不同的"易卜生",那么我们中国的易卜生研究者为什么就不能结合易卜生的戏剧在中国的接受和创造性转化重新建构一个中国语境下的易卜生呢?

建构一种"易卜生化"的美学原则

下面,我将在马克思主义创始人对莎士比亚化的美学原则的建构的启发下,结合易卜生的艺术成就及其对现代戏剧艺术所作出的巨大贡献和产生的广泛影响,提出我自己的美学建构:易卜生化。我认为,当今的国际易卜生研究界正经历着一个从意识形态批评到审美阐释的转折,也即从思想层面来评价"易卜生主义"到从审美理论层面来阐发"易卜生化"的转折过程,而在这个转折过程中,我们中国的易卜生研究者需要从中国的文化知识立场和审美视角出发作出自己的理论创新和建构,以便迅速地使中国的易卜生研究乃至整个外国文学研究达到和国际学术界平等对话的层面。当然,在当今这个文化交流日益频繁的时代,理论的建构与理论的旅行是密不可分的。这就在某种程度上重复了解构主义的阐释原则:理论的内涵是不可穷尽的,因而对意义的阐释也是没有终结的。而理论的旅行所到之处必然会和彼时彼地的接受土壤和环境相作用而产生新的意义。可以说,赛义德本人的以东方主义文化批判为核心的后殖民批评理论在第三世界产生的共鸣和反响就证明了他的这种"旅行的理论"的有效性,而我们以此来描述易卜生的戏剧在不断的旅行中所产生出的新的意义也是十分恰当的。与赛义德的理论旅行所不同的是,易卜生的创作理念和戏剧艺术程式的旅行也和阿多诺、卢卡契以及法农等大师的理论旅行一样,在很大程度上得取决于翻译的中介和另一民族话语转述。我想这一点尤其对我们的中国文学走向世界和中国文学作品在整个世界不断地旅行有着重要的启示。

正如我们所知道的，易卜生及其作品长期以来一直受到东西方文学研究者和理论批评家的不断阐释和建构，其中从意识形态角度建构的一个重要概念就是易卜生主义，这在西方的语境中以萧伯纳的建构最为有名，在中国的语境中则以胡适的建构最有影响力。显然，我并不想否认他们这些有着重要意义的理论建构及其对中国的政治和文化现代性的巨大影响，但我在此却要呼吁中国的易卜生研究界出现一种"美学的转向"。如果我们承认莎士比亚剧作的巨大影响力在很大程度上在于把握了文艺复兴时期的时代精神之脉搏并达到了现实主义与浪漫主义的完美结合之境地的话，那么我将继续提出这一结论：易卜生的剧作，尤其是他的后期作品，同样准确地把握了19世纪后半叶的世纪末精神之脉搏，达到了现代主义和先锋主义完美结合的境地。在这方面，我认为，在探讨作为艺术家的易卜生及其剧作方面，我们仍有着漫长的路要走，但至少在目前，将他作为一位艺术家来研究，将大大有益于将其视为一位思想家或批判现实主义者来研究。当然对于"易卜生化"的美学内涵和原则，我将另外专门予以阐述。

第三编

文化研究与文化理论的阐释

全球化、文化研究和当代批评理论的走向

毫无疑问，探讨全球化的理论以及文化研究，已经成为当今中国人文科学领域内的一个热门话题。[1]我们现在都一致认为，全球化已经成为我们的知识生活中无法回避的一个客观存在，甚至可以这样说，我们现在已经处于这样一个全球化的时代。经济全球化的后果随着中国加入世贸组织的实现，已经变得越来越明显。它给我们的人文社会科学带来的一个直接的影响就在于，它使得西方的，主要是美国的，文化和价值观念逐步渗透到非西方国家，在文化上出现了一种所谓的趋同现象。毫无疑问，全球化模糊了原有的民族文化的身份和认同，因而，全球化在一些发展中国家的部分人文社会科学学者中，遭到了强烈的反对。其实事情并非如此简单。尤其应该指出的是，全球化在欧洲，特别是在意大利和法国，也受到了强烈的反对和抵制。人们认为，全球化不仅仅是一种在我们看来是西方的，而且在欧洲人看来却是美国的价值观念向其他地区的渗透。因此在文化上抵制全球化实际上就是在抵制美国的文化帝国主义入侵和渗透，这一点是完全可以理解的。但是任何事物总是存在着其两面性：全球

1　关于文化全球化问题在中国语境下的接受和讨论，尤其可参阅葛涛的综述性文章：《旅行中的理论："文化全球化"在中国文学理论界的接受与变形》，载《文学理论前沿》第2辑，北京大学出版社，2005年版，第157—178页。

化给我们的知识生活带来了冲击和挑战,同时也给我们知识的生产和文化的全球化旅行带来了难得的发展契机。辩证地认识文化领域内的全球化的二重性,可以使我们有效地抓住这一契机来发展我们自身的文化和批评理论。

全球化的悖论:混杂性和地方色彩

关于全球化与文化问题的研究,国际学术界已经取得了突出的进展。[1]通过近二十年左右的讨论,我们已经不得不认识到,文化上的全球化现象已经是一个我们无法否认的客观存在。既然我们无法阻挡这股大潮,那就应该正视它,以便提出我们自己的应对策略。我们如果把全球化当作一种历史文化批评的话语来考察的话,就应该认识到:它对于有着鲜明欧洲中心主义色彩的现代性,起着强有力的消解作用和批判作用;另一方面,全球化话语作为现代性的一个对立物,与现代性以及其自然延伸和悖逆——后现代性,又有着密切的关系。所以,我们今天在讨论全球化的时候,首先应该认识到,全球化这个术语虽然是我们最近这些年来频繁使用的,但是它作为一个漫长的历史过程,则不是20世纪后半期才有的,而是一个始于几百年之前的过程。正如我们一些学者通过研究所总结出的,这一过程可以追溯到马克思和恩格斯在1848年的《共产党宣言》中所提出的始于1492年哥伦布发现美洲新大陆时资本的运作和向海外的扩张。从那时候起,全球化就已经开始了,而在文化方面,这一过程也许开始得更早。马克思和恩格斯在《共产党宣言》中所描述的一个重要方面,就是全球化实际上是从哥伦布发现美洲新大陆并逐步向其他地区的一种扩张过程。全球化到了20世纪80年代逐渐达到高潮,已经迅速地从经济领域扩展到政治、社会和文化领域,并对我们的文化知识生产和传播产生了强有力的影响。

正如马克思和恩格斯在《共产党宣言》中所指出的,"物质的生产是如此,精神的生产也是如此,各民族的精神产品成了公共的财产,民族的片面

---

1 这方面尤其应该参照两部分量很重的专题研究文集:Roland Robertson & Kathleen White eds., *Globalization: The Critical Concepts in Sociology*, Vols. 1–6, London and New York: Routledge, 2003.。应该指出的是,在这部2559页、收入125篇重要英文论文的六卷本专题研究文集中,仅有两篇出自中国(包括港台地区)学者之手。Fredric Jameson and Masao Miyoshi, eds., *The Cultures of Globalization*, Durham, NC: Duke University Press, 1998.

性和局限性，日益成为不可能，于是有许多种民族的和地方的文学，形成了一种世界的文学"。[1]毫无疑问，马克思和恩格斯提出的这种世界文学的构想，主要是受到歌德当年关于世界文学构想的启迪。世界文学是一个不断地促使我们的文学研究者去想象、去建构的乌托邦。当然我们所说的这个世界文学跟目前所出现的文化上的趋同性，也即全球一体化的文化是不一样的。这种世界文学实际上代表了当前最新的发展方向，并且又保留了各民族的各自特色，是一种世界性的、全球性的文学。虽然在《共产党宣言》中，马克思主义创始人并未明确指明，而且在那时也不可能指明经济全球化可能带来的文化上的趋同现象，但是，他们却隐隐约约地向我们提出，全球化绝不是一个孤立的只存在于经济和金融领域里的现象，它在其他领域中也有所反映，比如说在文化上也有所反映。各民族文化之间的相互交流和渗透，使得原有的封闭和单一的国别-民族文学研究越来越不可能，于是比较文学就应运而生了。应该指出的是，比较文学的早期阶段就是这样一种"世界文学"，而在经历了一百多年的风风雨雨和历史沧桑之后，比较文学的最后归宿仍应当是世界文学，但这种世界文学的内涵和外延已经大大地扩展了，对此西方学者已有专门论述，我这里不再赘言。[2]

由此可见，全球化在文化上的进程中呈现出两个方向：一个方向就是随着资本由中心地带向边缘地带的扩展，原来殖民的文化价值观念和风尚也渗透到这些经济不发达的地区；但随之也出现了其第二个方向，也即全球化的渗透，从中心向边缘运动，同时也导致了边缘向中心的运动。因此这种运动并不是单向的，而是一种互动的双向运动。所以它的第二个方向就体现在，原先被殖民的边缘文化，与主流文化的抗争和互动，也即反殖民性或非殖民化。或者用霍米·巴巴的话来说是一种"少数人化"的策略，也即与全球化逆向相悖的另一个过程，或者说另一种形式的全球化。[3]那么人们要问，为什么在过去的近三十年里，后殖民批评理论几经

---

1 马克思和恩格斯，《共产党宣言》，北京：人民出版社，1966年版，第30页。

2 关于"世界文学"之概念及涉及范围的深入全面地阐释，参见 David Damrosch, *What is World Literature?* Princeton and Oxford: Princeton University Press, 2003, especially "Introduction: Goethe Coins a Phrase", pp.1–36.。在此谨感谢老友 David Damrosch 赠送我的这部专著。

3 参见巴巴于2002年6月25日在清华-哈佛后殖民理论高级论坛上的主题发言《黑人学者和印度公主》，中译文见《文学评论》2002年第5期。

周折仍在整个西方文学理论批评中占有突出的地位呢？这说明，原先的一些被压抑的边缘话语要崛起，与占主流地位的西方霸权的话语进行抗争，所以就导致了一种文化上的本土化趋向和反殖民或非殖民趋向。全球化不仅有利于西方的强势文化向弱势文化侵略和渗透，在某种程度上也为弱势文化对强势文化的抵抗和向强势文化的反渗透提供了契机。对于我们所从事的文化研究和文学研究而言，全球化带来的影响也是明显的。也就是说，全球化的话语在相当程度上取代了我们传统的现代性和后现代性这种二分法，形成了一个可以覆盖这两种学术话语的新的视角，消解了现代和后现代这种人为的对立。因而毫不奇怪，一些对文学研究情有独钟的学者面对这种情形十分担心，他们认为，在全球化的时代，逐步崛起的文化研究的"跨学科性"和"反体制"性有可能会使原有的文学边界无限度地扩张，并最终取代文学研究，而无所不包的文化批评也有可能会取代文学批评。我认为，这样的担心是大可不必的。也如同全球化与本土化无法相互取代一样，文化研究与文学研究彼此也不存在谁取代谁的问题，倒是在一个全球化的语境下建构一种文学的文化研究也许可以使日益处于困境的文学研究获得新生。因此我们便需要对当前仍在西方和中国风行的文化研究作一个准确的界定，并对它在未来的走向作出恰如其分的预测。

文化研究向何处去？

文化研究进入中国已经有了二十多年的历史，而且它在中国（包括港澳台地区）所引发的讨论也已经引起了国际学术界的瞩目。[1]我们所说的"文化研究"之特定内涵和定义曾在相当一部分学者中十分模糊，因而导致的一个直接的后果就是，相当一部分文学研究者甚至错误地认为，文化研究与文学研究天然就是对立的，因此文化研究的崛起标志着文学研究的末日。我认为，在讨论文化研究的未来走向前有必要再次将其进行限定。我这里所提到的"文化研究"用英文来表达就是Cultural

---

1 这方面的英文著述虽然不多，但可以参阅下列两种：Wang Ning, "Cultural Studies in China: Towards Closing the Gap between Elite Culture and Popular Culture," *European Review* 11. 2 (May 2003): 183−191.; Tao Dongfeng and Jin Yuanpu eds., *Cultural Studies in China*. Singapore: Marshall Cavendish Academic, 2005.。

Studies。这两个英文词的开头都用的是大写字母,意味着这已经不是传统意义上的精英文化研究,而是目前正在西方的学术领域中风行的一种跨越学科界限、跨越审美表现领域和学术研究方法的一种话语模式。它崛起于英国的文学研究界,崛起的标志是成立于1964年的伯明翰大学当代文化研究中心,或者说它实际上是一种伯明翰学派意义上的"文化研究"。[1]既然文化研究是在英语世界崛起的,那么它在其他语种中并没有固定的表达,所以我们只好按其字面意义将其翻译成中文的"文化研究"。实际上,这一部分所讨论的"文化研究"的未来走向,并不是指那些写在书页里高雅、精致的文化产品——文学,而是当今仍在进行着的活生生的文化现象,比如说我们的社区文化、消费文化、流行文化、时尚和影视文化、传媒文化,甚至互联网文化和网络写作等等,这些都是每天发生在我们生活周围、对我们的生活产生了无法回避的影响的文化现象。

毫无疑问,对于上述种种文化现象,过去的精英文化研究者是不屑一顾的,他们认为这是不登大雅之堂的。在他们看来,我们所研究的文化应该是高雅文化的结晶——文学作品,但是他们却忘记了另一个无法否认的事实,即我们今天所说的"文化研究",如果在英语世界里追溯其本源的话,应该是从早期的文学研究演变而来,特别是始自英国的新批评派学者F. R.利维斯的研究。利维斯作为精英文化的代表人物,其精英思想是根深蒂固的。他始终认为,要想提高整个劳动人民的文化修养,必须开出一个文学名著的书目,让大家去阅读这些名著,通过对这些文学名著的阅读和欣赏而达到向广大劳动大众进行启蒙的作用,最终使人民大众逐步提高自己的文化修养。[2]可以说,今天的指向大众文化的文化研究正是从早期的精英文化研究

---

1 我于2003年2月去伯明翰大学访问并应邀出席了该校文学院院长爱丽斯·休斯教授举行的欢迎宴会。其间我提出要参观蜚声海内外的该校当代文化研究中心,休斯教授却出人意料地告诉我,该中心已经撤销了。其理由是,随着全球化进程的日益加快,他们已经越来越认识到非英语国家-民族文化的发展,因此校方决定整合全校人文学科的力量成立一个国际性的跨文化研究中心,并把建立和发展与中国学界的学术交流关系放在一个重要的位置。我认为这无疑是当代文化研究的日益国际性/全球性的一个重要转机。

2 利维斯的这种精英思想始终贯穿在他的一系列著作中,例如《大众文明和少数人的文化》(*Mass Civilisation and Minority Culture*, 1930),《教育和大学:略论"英文学派"》(*Education and the University: A Sketch for an "English School"*, 1943),《伟大的传统:乔治·爱略特、亨利·詹姆斯、约瑟夫·康拉德》(*The Great Tradition: George Eliot, Henry James, Joseph Conrad*, 1948),等等。

那里发展而来的。伯明翰学派的另两位代表人物霍加特和霍尔早先也是专事文学研究的学者，尽管他们的主要注意力后来转向了文化研究，但学界也无法否认他们早先在文学研究领域内的建树。这种情形在当代几乎所有主要的文学/文化研究学者的学术和著述生涯中都可见出。

文化研究作为一种异军突起的非精英学术话语和研究方法，其主要特征就在于其"反体制"性和"批判性"。在这方面，不可否认的是，西方马克思主义对文化研究在当代的发展起到了不可替代的作用，例如英国的威廉斯和伊格尔顿，以及美国的詹姆逊等马克思主义理论家，都对英语世界的文化研究和文化批评的发展和兴盛起到了很大的导向性作用。由于文化研究的"反精英"和"指向大众"等特征，它对文学研究形成了严峻的挑战和冲击，致使不少恪守传统观念的学者，出于对文学研究命运的担忧，对文化研究抱有一种天然的敌意。他们认为文化研究的崛起和文化批评的崛起，为文学研究和文学批评敲响了丧钟，特别是文学批评往往注重形式，注重它的审美。不过，也不乏在文化研究和文学研究之间进行沟通和协调者。已故美国文学史家埃默里·埃利奥特在一次演讲中曾指出一个现象：在当今时代，"美学"这个词已逐步被人们遗忘了。它的英文aesthetic这个词也可以翻译成"审美"，照他看来，"审美"这个词已经逐渐被人们遗忘了，它越来越难以在当代批评话语中见到，因此应该呼吁"审美"重新返回到我们的文化生活和文化批评中。他的呼吁一方面给我们敲响了警钟，使我们考虑到，如果一味强调大而无当的文化批评而忽视具有审美特征的精英文化研究，有可能会走向另一个极端，但另一方面则为审美的指向日常生活现象提供了合法性依据。

文化研究在当代人文学术领域所占据的重要地位已经持续了二十多年。有人认为它即将盛极至衰，文学研究将重返中心。我对此并不苟同，因为当今的全球化语境显然更为有利于文化研究的发展。那么在新的世纪，文化研究将向何处发展呢？这自然是学者们所关心的问题。我认为，在全球化的语境下，文化研究将沿着下面三个方向发展：(1) 突破"西方中心"及"英语中心"的研究模式，把不同语言、民族-国家和文化传统的文化现象当作对象，以便对文化理论自身的建设作出贡献，这种扩大了外延的文化理论从其核心——文学和艺术中发展而来，抽象为理论之后一方面可以自满自足，另一方面则可用来指导包括文学艺术在内的所有文化现象的研究；

(2) 沿着早先的精英文学路线,仍以文学 (审美文化) 为主要对象,但将其研究范围扩大,最终实现一种扩大了疆界的文学的文化研究;(3) 完全远离精英文学的宗旨,越来越指向大众传媒和所有日常生活中的具有审美和文化意义的现象,或从人类学和社会学的视角来考察这些现象,最终建立一门脱离文学艺术的"准学科"领域。对于我们文学研究者而言,专注第二个方向也许是最适合我们大多数人的。它既可以保持我们自身的文学研究者的身份,同时也赋予我们开阔的研究视野,达到文学自身的超越。而第一个方向则应成为少数理论家的研究目标,第三个方向则是非文学研究者的任务。

文化研究与文学研究:对立与对话?

从前述可见,文化研究和文学研究不应当全然对立。如果着眼于一个更加广阔的世界文化背景,我们就不难看出,在当前的西方文学理论界,早已有相当一批著述甚丰的精英文学研究者,开始自觉地把文学研究领域扩大,并引进文化研究的一些有意义的课题。他们认为,研究文学不可忽视文化的因素,如果过分强调文学的形式因素,也即过分强调它的艺术形式的话,也会忽视对文化现象的展示。所以他们便提出一种新的文化研究方向,也就是把文学的文本放在广阔的语境之下,也即把 text 放在广阔的 context 之下来研究,最后便达到某种文学的超越。这就是文学的文化研究,或一种文学文化学的建构。这种方向也许是使我们走出文学研究和文化研究之二元对立这个死胡同的可行之路,对于我们中国的文学研究和文化研究有着一定的启发。

辩证地说,全球化在文化上的表现同时带给我们两方面的影响。它的积极方面体现在,它使得我们的文化生产和学术研究更为直接地受到市场经济规律的制约,而不是像过去那样由政府发指令性的号令来规定。全球化的后果也有消极的方面,主要体现在它使得精英文化生产,尤其是文学艺术的创作,变得日益困难,如果处理不当,最终有可能导致新的大众文化和精英文化的等级对立。所以我提出的一个策略就是,面对全球化的强有力影响,我们中国知识分子首先要顺应这一潮流,即承认全球化已经来到了我们这个时代,我们对这一大趋势是无法抗拒的。另一方面,我们又不能只是盲目地跟着它跑。正确的态度是,在不损害中国文化精神本质的前提之下,我们完全可以利用全球化的契机来大力发展中国文化,使得中国文化在全世界的广为传播成为可能。[1]就全球化进入中国而言,这已经成为不可否认的事实,而且它已经不知不觉地对中国当代文化和文学艺术的生产和研究产生了强烈的影响,其中一个重要的标志就是文化研究的引入,以及随之而来的大众文化对精英文化,即文学和文学研究的挑战。诸如网络文化、传媒文化、消费文化以及社区文化这些现象仍然与传统的文学研究有着密切的关系,并且有一大批颇有成就的文化研究者对之加以观照和研究。这些文化研究的学者过去大多是从事精英文学研究的,很大一部分人是大学里的文学教授,所以他们也关注着大众文化的崛起以及给传统的精英文化带来的影响。他们并不主张把大众文化排斥在外,而是要从理论的视角对大众文化进行分析,试图发现里面的合理因素,并且把它加以理论化。就文学经典的形成而言,任何经典文化和经典文学在一开始都是非经典的,有些一开始属于流行的通俗文化产品。随着时间的推移和自身的调整,再加之新的批评理论的"重新发现",它们有可能会发展成为精英文化产品,甚至目前的网络文学也是如此。而有些昨日的经典在今天的新的历史时期有可能因批评风尚的嬗变以及接受群体的不同而丧失其既往的经典地位。这一点我们完全可以从文学史上不少著名作家及其作品的"非边缘化"道路中见出。总之,对于文学经典的形成和重构,文学研究者和文化研究者都作出了重要的贡献。

毋庸置疑,中国文学在过去的一百多年里,已经深深地受到了西方文学的影响,以至于不少恪守传统观念的中国学者认为,一部中国现代文学史,就是一部西方文化殖民中国文化的历史。他们特别反对五四运动,因为五四运动开启了中国新文学的先河,开启了中国文化现代性的先河,而在"五四"期间有一个特别重要的现象,就是大量的外国文学作品,尤其是西方文学作品和文化学术思潮、理论被翻译成中文。鲁迅当年提出的口号

---

1 就中国文化在全世界的传播,值得一提的是,我应新加坡 Marshall Cavendish Academic 出版社约请,主编一套用英文全面反映中国当代政治、经济和文化成果的学术丛书"Materializing China: Visions and Perspectives"。目前这套丛书已出版四种:*Globalization and Cultural Translation* (2004) by Wang Ning; *Dismantling Time: Chinese Literature in the Age of Globalization* (2005) by Lu Jie; *Cultural Studies in China* (2005) edited by Tao Dongfeng and Jin Yuanpu; and *Multinational Corporations' Public Relations in China: An Interpretive Study of Public Relations Culture* (2005) by Liu Xi.。

"拿来主义"对西学东渐确实起到了推波助澜的作用。鲁迅在谈到自己的小说创作时,就曾直言不讳地说,他的小说创作只是在读了百来本外国小说和一点医学上的知识之基础上开始的,此外什么准备都没有。[1]当然这番表述始终成为保守势力攻击的对象,说鲁迅是全盘"西化"的代表人物。还有另一些五四运动的干将,包括胡适、郭沫若,他们通过大量翻译和介绍西方文学作品,对传统的中国文学进行了有力的解构,从而形成了中国现代文学经典。在现代文学的历史上,翻译占有很重要的地位。在我看来,在中国现代文学史上,翻译文学是其不可分割的一部分。如果从比较文学的角度来看,一部中国现代文学史在某种程度上就是一部翻译文学史,而研究翻译也是文化研究的一个重要方面。也就是说,翻译说到底也是一种文化现象。我们今天所提出的翻译的概念,已经不仅仅是从一种语言转变成另外一种语言的纯技术形式的翻译,而是从一种形式转化成另外一种形式,从一种文化转化为另外一种文化,是通过语言作为媒介而实现的。因此西方一些学者甚至认为,如果1990年代初翻译研究领域出现了"文化转向",那么在现阶段,便应该呼吁文化研究领域出现一个"翻译转向",因为任何跨越两种或两种以上的文化研究都是一种翻译。[2]这样看来,翻译实际上也变成了一种文化传播和文化阐释。特别是文学作品,在当今的全球化时代,机器翻译或者人工智能翻译是无法传达其深邃的审美意蕴的。现在既然很多人已经可以直接阅读外文(主要是英文)原著了,我们翻译的重点就应该从外翻中转变成中翻外,也就是说,要把中国文化的精品,中国文学的精品翻译成世界上的主要语言——英文,使它在世界上有更广大的读者。通过这种文化翻译,使得处于"边缘"地位的中国文学逐渐步入被"西方中心主义"主导的世界文学经典的殿堂,通过使其"混杂"和"非西方化"而最终达到新的经典重构。我想这也应该是全球化在文化领域内运作的另一个方向,也即与西学东渐相对应的东学西渐,后者在全球化的语境下有着广阔的前景。

---

1 参阅鲁迅,《我怎么做起小说来》,见《鲁迅全集》,北京:人民文学出版社,1989年版,第四卷,第512页。

2 这方面尤其应该参阅 Susan Bassnett & André Lefevere, *Constructing Cultures: Essays on Literary Translation*, Chapter 8, "The Translation Turn in Cultural Studies," Clevedon: Multilingual Matters, 1998.。

"后理论时代"批评理论的走向及功能转变

任何一个熟悉当代文学和文化理论的学者都清醒地意识到,2003年和2004年间,在西方乃至整个国际文化理论和文学批评界发生了三个对其后的理论思潮走向有着直接影响的事件:一是久病不愈的后殖民理论大师爱德华·赛义德与世长辞,给了进入全球化时代以来再度兴盛的后殖民批评理论以沉重的打击;二是曾以《文学理论导论》一书蜚声欧美大陆的英国马克思主义理论家和文化批评家特里·伊格尔顿出版了颇具冲击力的《理论之后》,为已有的"理论的终结"或"理论的死亡"之噪声推波助澜;三是当代解构主义大师雅克·德里达去世。毫无疑问,德里达的去世是后结构主义理论思潮在福柯、拉康(Jacques Lacan)、德勒兹、利奥塔等大师的辞世以后西方思想界和理论界最重大的损失。如果说,20世纪八九十年代上述各位大师级人物的相继去世标志着后结构主义盛极至衰的话,那么德里达的去世则标志着解构主义的终结。也就是说,当代哲学和人文思想进入了一个"后德里达时代",或者说一个"后理论时代"。

为什么要称之为"后理论时代"?这首先是因为我的这种命名受到了伊格尔顿的专著的启示,其次是因为在上述三个事件之后,理论的盛期确实已过。这一方面是由于大师们的辞世所致,另一方面则是由于文化全球化的进程打破了固有的民族–国家及文化传统的疆界,使得本来被认为具有"普遍价值"的可以解释西方世界以外的社会文化现象的理论面对新的现实无法加以解释。因而在伊格尔顿看来,"文化理论的黄金时代早已过去。雅克·拉康、克罗德·列维–斯特劳斯(Claude Levi-Strauss)、路易·阿尔都塞、罗兰·巴尔特和米歇尔·福柯的开拓性著述已经远离我们几十年了。甚至雷蒙德·威廉斯、露丝·伊瑞格里、皮埃尔·布尔迪厄、朱丽亚·克里斯蒂娃(Julia Kristeva)、雅克·德里达、爱莱娜·西克苏、于尔根·哈贝马斯、弗雷德里克·詹姆逊和爱德华·赛义德早期的那些具有开拓意义的著述也远离我们多年了"。[1]确实,随着上述大师的先后离去或逐渐年迈,与当代文化研究如火如荼的景观相对照的是,理论界并没有出现什么震撼人心的巨著。理论的衰落和虚弱无力使之无法面对严峻的现实,这已经成为无

---

1 Cf. Terry Eagleton, *After Theory*, London: Penguin Books, 2004, p. 1.

人可以挽回的趋势。在伊格尔顿看来，由于文化理论提不出什么新的思想观点，因此在"9·11"之后以及其后的伊拉克战争之后，"一种新的即将来临的全球政治阶段已经展现在人们眼前，对于这一点甚至最为与世隔绝的学者也不能不注意"。[1] 在列举了一系列令人沮丧的例子之后，伊格尔顿总结道："文化理论简直无法使人对阶级、种族和性别所做的同样叙述作出详细的说明……它需要不惜代价去冒险，摆脱一种十分令人窒息的正统性并且探索新的话题。"[2] 同样，在文学批评领域内，也有人惊呼"文学的死亡"和"文学理论的死亡"等等。文学理论的衰弱使之陷入一种自我演绎乃至"自恋"的怪圈。当然，伊格尔顿这本书出版时赛义德已病入膏肓，德里达的癌症也已进入晚期，因而他的预言确实有着一定的超前性，但同时也在西方学术界和理论界引起了一场轩然大波。国内也有一些反理论的学者为之感到高兴，认为理论既然已经在西方丧失了原有的功能，它们在中国是不是也濒临死亡？对此我们完全可以从2004年6月在北京连续举行的几次关于理论的国际研讨会之成果得出答案：理论并没有"死亡"。[3] 那么进入21世纪以来的理论之走向又如何呢？理论究竟还能产生何种功能？

　　随着解构主义大师德里达的去世，作为后结构主义大潮之中坚力量和后殖民理论批评之核心观念的解构主义已经无可挽回地成为一个历史现象，但解构的批评原则却已经渗透到包括文学理论和文化批评在内的人文学科的各个相关领域。也就是说，曾被人认为"铁板一块"的所谓解构早已自身分化为碎片，渗透在研究者和批评家的批评意识和研究方法中。在今后的历史长河中，解构也只能通过其散落在各个时代的"踪迹"被后来的历史学家梳理并建构出一部解构主义的历史。我们今天从文学理论的角度来对"后理论时代"的西方理论思潮之走向作出描述，首先要搞清楚，德里达及其解构理论将留给我们何种遗产？它所产生的"消解中心"和"挑战权威"的结果究竟体现在何处？在进入21世纪后，文学理论和文化批评将向

---

1 Cf. Terry Eagleton, *After Theory*, London: Penguin Books, 2004, p. 7.

2 Ibid., p. 222.

3 主要指2004年6月在中国人民大学和清华大学举行的三次国际研讨会："多元对话时代的文学理论"、"詹姆逊与中国"以及"批评探索：理论的终结？"。国内媒体对此给予了足够的重视和报道。关于国际学术界的关注，主要参见：W. J. T. Mitchell and Wang Ning, "The Ends of Theory: The Beijing Symposium on *Critical Inquiry*," *Critical Inquiry*, Vol. 31, No. 2 (Winter 2005), pp. 265-270.。

何处发展？文学和文化理论将产生何种功能？对于这几点，虽然西方学者已经试图进行种种预测，[1] 但作为中国的文学和文化理论研究者，我们理应作出我们自己的反应，并以积极的姿态介入国际性的理论争鸣，从而在这种跨文化语境的理论争鸣中发出中国理论家的独特声音。

显然，在经过后现代主义大潮的冲击之后，西方知识界和思想界普遍关心的一个问题就是：当代文化理论界还会出现什么样的景观？面对"理论死亡"的噪声越来越大，理论本身还能产生何种功能？我认为，后殖民主义经过一段时期的式微之后已经再度崛起：包括已故的赛义德在内，[2] 三位后殖民理论的代表人物先后出版新著，[3] 使得学界对后殖民主义的研究与文化身份、种族问题、流散现象以及全球化问题融为一体，并在一些第三世界国家酿起了民族主义的情绪。早先的女权主义理论批评分化为"性别研究"、"同性恋研究"和"怪异研究"等，从不同的角度显示了女权主义或女性主义的多元走向。全球环境的恶化导致文学批评中生态理论话语的异军突起，注重环境写作和对经典文学文本的生态视角阅读，使得文学作品被隐匿的意义被发掘出来。随着全球性移民潮的愈演愈烈，"流散"现象日益引起人们的注意，而作为其必然结果的"流散写作"的崛起，尤其是华裔流散写作的崛起，则在某种程度上起到了对文化重建和文学史重新书写的作用。文化研究在经历了一段时期的发展演变后已经愈来愈不满足于英语世界的局限，因而逐步发展为"跨（东西方）文化"的研究。在一个以信息传播为主的高科技时代，人们对文字阅读的兴趣逐渐转向对图像的迷恋，因而出现在文学批评和文化批评中的"图像转向"就有着重要的意义，它在某种程度上标志着"后理论时代"[4] 的来临和理论的功能的转变。可以说，理论的活力仍没有丧失，理论和文化研究并行不悖，形成了全球化语境下的一道五彩缤纷的风景线。

---

1 在这方面尤其值得一提的是美国《批评探索》杂志举行的 2003 年编委研讨会，其主要理论性的陈述刊于 *Critical Inquiry*, Vol. 30, No. 2 (Winter 2004).。

2 除了出版于 2000 年的专题研究文集 *"Reflections on Exiles" and Other Essays*，赛义德去世后的著作是出版于 2004 年的 *Humanism and Democratic Criticism*, New York: Columbia University Press.。

3 尽管斯皮瓦克早在 1999 年就出版了专著 *A Critique of Postcolonial Reason: Toward a History of the Vanishing Present* (Cambridge, Mass: Harvard University Press)，但巴巴除了一些单篇论文外，两本专著却久久没有面世。

4 关于"后理论时代"西方理论思潮的发展走向，参阅王宁，《"后理论时代"西方理论思潮的走向》，载《外国文学》2005 年第 3 期。

全球化时代中国电影的文化分析

在当今的中国和西方人文社会科学领域,谈论全球化问题的热度一直不减,因为这一话题不仅吸引了经济学界和金融学界的学者,甚至对包括电影等大众传媒在内的文化学者也有着相当的诱惑力。就电影学界而言,在最近的四十多年里,一大批优秀的中国电影先后获得了各种国际电影节大奖,从而使得中国电影的"全球化"大大地先于中国文学的"全球化"。确实,随着中国的日益走向世界,中国电影的世界性和全球性进程已经大大地早于文学走向世界的进程,因为理解电影文本较之理解文学文本要容易得多。虽然我已在不同的场合多次论述过全球化及其对文化和文学研究的影响,但本文仍将首先再次追溯一下全球化的起源,然后由此出发将中国电影文化置于一个广阔的全球化语境下,并对新世纪的中国电影的现状以及电影研究所受到的挑战提出一些积极的、切实可行的对策。

当代电影和文化工业的"全球化"

首先我将重申我在其他场合对全球化的不同形式作过的评述。[1] 在我看来,在这样一个被描述为"全球化"的时代,随着经济、文化和信息资本的

---

1 Cf. Wang Ning, "Globalization, Cultural Studies and Translation Studies," *Translation Quarterly*,(转下页)

迅速流动，传统的时空观念也大大地改变了。在这一硕大的"地球村"里，人们之间的相互交流已经变得越来越便利。对于这一点，西方马克思主义理论家和左派知识分子已经作了仔细的研究并写下了不少批评文字。确实，在全球化的时代，政府的职能将在某种程度上为一种隐形"帝国"的全球治理所取代。这个帝国就是全球化："虽然它掌握着巨大的压迫和破坏的权力，但这一事实也不应当促使我们去缅怀过去的那些老的主宰形式。通向帝国的道路以及全球化的过程提供了各种解放力量的新的可能性。当然，全球化并不只是一样东西，被我们认可为全球化的多重过程并不是一个统一体或一种声音。我们将论证道，我们的政治任务并不是简单地抵制这些过程，而是要对它们进行重新组合并将其引向新的终端。支撑帝国的有着创造力的芸芸众生同样也有能力自发地建构起一个反帝国的力量，以及另一种全球流动和交往的政治组织。"[1]也就是说，我们在提出应对其挑战的策略之前，应该首先承认这一现象的客观存在。毫无疑问，在全球化的时代，所有人为的中心结构均被资本的流动和新的国际劳动分工所消解。一种新的身份认同危机随着（处于帝国中心的）西方理论向（处于边缘地带的）东方和第三世界国家的运动而出现在民族文化的机制中。较之文化的其他形式，电影是仅次于电视的另一种最容易受到全球化浪潮波及的艺术形式。既然电影产业最容易得益于全球化同时也最先受到全球化的波及，那么，中国电影便不仅受到好莱坞电影产业的影响和渗透，同时也受制于多种国内的因素，如电视和网络的崛起和挑战等。面临这一境况，我们中国的知识分子不得不提出这样一个问题：面对这一具有威慑力的挑战，我们应该采取何种对策？难道我们将坐等幽灵般的全球化将我们的民族文化吞噬吗？或者说我们在新的世纪将仍然像以往那样固执地抵制这一不可抗拒的历史潮流的冲击吗？

尽管全球化确实如同幽灵一般威胁着我们的民族和文化机制，特别是电影，但情况并非如此简单。诚然，面对上述不利的条件，我们首先应该承

（接上页）15 (2000), pp. 37-50; "Confronting Globalization: Cultural Studies versus Comparative Literature Studies?," *Neohelicon*, XXXVIII/1 (2001): pp. 55-66; "Globalization and Culture: the Chinese Cultural and Intellectual Strategy," *Neohelicon*, XXXIV/2 (2002): pp. 101-114.

1 Micheal Hardt & Antonio Negri, *Empire*, Cambridge, Massachusetts: Harvard University Press, 2000, "Preface", p. xv.

认，全球化向文化的发展提供了"普遍主义特殊化"与"特殊主义普遍化"的双向渗透过程。[1]也即全球化的影响具体体现在两个极致：它的影响从西方运动到东方，同时也从东方向西方反向运动。诚如弗雷德里克·詹姆逊所指出的："我们在这一具体例子中注意到了认同和差异的对立的抽象性被赋予了一种整体与多元之对立的具体内容。"[2]显然，马克思主义的辩证唯物主义教导我们，在任何情况下都不要把自己局限于事物的任何单一的方面，因为全球化的过程始终是与另一种力量并行不悖的：本土化。在世界文化的进程中，时而全球化显得强大有力，时而本土化又从另一方面制约了它的权力。因此，全球化若不落实到某个特定的本土情境是无法实现的。也就是说，用以解决这种悖论的也许是一种妥协和变形了的"全球本土化"策略。只有这样，我们所生活于其中的世界才能始终处于发展之中。

全球化是一个十分复杂的现象，我首先将其视为一个远远早于20世纪的漫长过程。在这方面，重读马克思和恩格斯1848年在《共产党宣言》中的一段论述，将有助于我们深刻地认识全球化的起源及发展。按照他们的论述，美洲新大陆的发现无疑开启了资本主义向全世界扩展的过程，而伴随这一过程而来的则是旅行中的资本。到20世纪后半叶全球化进入了高潮。这不仅为物质生产所证明，同时也为文化生产所印证："物质的生产是如此，精神的生产也是如此。各民族的精神产品成了公共的财产。民族的片面性和局限性日益成为不可能，于是由许多种民族的和地方的文学形成了一种世界的文学。"[3]按照我的理解，这里所说的"世界文学"绝不是指一种单一的具有趋同性的文学，而是一种代表着多重取向的各民族先进文学发展的方向，也即歌德当年理想中的一种跨越国界和民族疆界的文学。与经济领域内的情况所不同的是，文化上的全球化绝不意味着只有一种形式的文化，而是一种既有共通性同时又有着多元发展方向的文化上的全球性特征。它和歌德所追求的"世界文学"有着某种共通之处，而马克思和恩格斯所说的"世界文学"之含义则更广，甚至可用于电影生产和发展的文

---

1 Cf. Roland Robertson, *Globalization: Social Theory and Global Culture*, London: Sage, 1992, p. 100.

2 Fredric Jameson, "Notes on Globalization as a Philosophical Issue," in *The Cultures of Globalization*, eds., Fredric Jameson and Masao Miyoshi. Durham, NC: Duke University Press, 1998, p.73.

3 马克思和恩格斯：《共产党宣言》，北京：人民出版社，1966年版，第30页。

化全球化方向。

马克思和恩格斯的这段话，至少涉及了我们在今天的文化语境下研究全球化的四个问题：(1) 经济全球化的起源及其从西方向东方的运动规律；(2) 资本的崛起以及由此而来的资本的积累和扩张所导致的国际劳动分工；(3) 跨国资本化的出现、资金的流动以及跨国公司的应运而生；(4) 由物质生产所激发的精神文化生产以及世界文学的诞生。尤其是第四个问题与我们的文学和文化生产及研究密切相关。因此，不管我们讨论经济全球化或文化全球化，我们都不得不看到这二者之间内在的关联以及从马克思主义的教义中产生出的一些灵感和理论资源。当然，我们也应该看到，在当时的情况下，马克思和恩格斯还不可能直接地讨论 (经济上的) 全球化与 (文化) 生产以及审美表现之间的关系，更不可能预示 20 世纪后半叶全球化进程的最新发展，但是他们实际上却已经触及这一事实，即精神文化生产的全球性趋向也是由经济全球化的进程所导致的一个必然结果。既然电影工业更加受制于市场经济的法则和以跨国公司为其重要标志的全球化，那么当我们讨论全球化时代的中国电影时，我们首先应该想到全球化这一幽灵所可能导致的影响。

我们都知道，文化上的全球化可以同时带来文化趋同性和文化多样性，而且后者的特征更加明显。尽管我本人并不赞成那种"趋同"式的文化全球化，但我们也不能忽视当代文化中出现的越来越明显的趋同特征：强有力的 (第一世界) 文化越来越向处于弱势的 (第三世界) 文化渗透，这一点尤其体现在美国电影产业在中国市场的大举入侵和强有力渗透。显然，文化传播始终依循了这样的规则：强势文化在全世界的传播总是影响着弱势文化的发展。但有时也会出现逆向运动的现象，这一点尤其可以在一个例子中见出：张艺谋执导的《英雄》同时在中国本土和海外的大获成功，使得行将冷却的"张艺谋热"再度升温。张艺谋的电影所依循的旅行之路正是这种从本土走向世界，然后再由世界返回本土。正如美国的新马克思主义理论家弗雷德里克·詹姆逊在谈到全球化与文化的内在联系时所中肯地指出的："我认为，全球化是一个传播学的概念，它依次遮盖并传播了文化或经济的含义。我们感觉到，在当今世界存在着一些既浓缩同时又扩散的传播网络，这些网络一方面是各种传播技术的明显更新带来的成果，另一方面则是世界各国或至少是它们的一些大城市的日趋壮大的现代化程度的基础，其中也包括这些技术的移植。"[1]作为当今极少数在文学研究和包括电影在内的文化研究领域内著述甚丰的西方马克思主义理论家,詹姆逊的上述文字实际上提醒我们,文化的全球化在很大程度上是由信息的传播造成的。

改革时代中国电影的文化反思

在当今时代,那些高级的文化艺术产品大都被看成了消费品,甚至理论在某种程度上也成了可消费的文化产品:无节制的复制、模拟和戏仿、增殖甚至大宗制作等均取代了现代主义时代对文化艺术产品的精雕细琢,平面的人物描写取代了对人物深层心理的细致描写,碎片甚至精神分裂式的结构取代了现代主义艺术的深度结构,等等。这一切状况的出现都表明,文学艺术的现代主义精神受到了严峻的挑战,同时这些症状也引起了一切有着强烈社会责任感的文化学者和理论家们的密切关注,但是他们的担忧绝不应当是对之抱一种敌视的态度,而应当正视这些复杂的现象以便从理论和文化批判的角度对之进行分析阐释。通过这些分析和阐释也许可以提出一些切实可行的对策。

虽然电影也属于大众文化的范畴,并且曾对精英文化和文学形成有力的挑战,但是它却无法摆脱有着更广大受众的电视业和最近十多年崛起的网络文化更为有力的挑战和威胁,因为后二者无疑有着更为广大的市场。在讨论中国当代电影的走向时,我们很容易想到曾经对电影批评家和文化研究者有着极大诱惑力的关于"本土化"和"非殖民化"问题的争论。我这里首先对近四十年来中国电影所经历的繁荣时代作一文化反思,因为我认为这可以帮助我们从更深广的意义上来理解当今全球化时代中国电影所遭遇到的挑战和不利境遇。

首先,令我们感到振奋的是,在近四十年里,中国电影已经大大地早于文学而率先与国际接轨:中国电影在著名的国际电影节上获得一个又一个大奖,在某种程度上圆了不少中国文化人和电影人试图"与世界接轨"的梦想。这一方面给那些导演和明星带来了巨大的声誉,但另一方面也引发了激烈的争论和截然相反的两种意见。一种意见认为,这些电影节和电影奖

1 Cf. Fredric Jameson and Masao Miyaoshi, eds., *The Cultures of Globalization*, Durham, NC: Duke University Press, 1998, p. 55.

是由西方电影界所操纵的，带有强烈的"东方主义"色彩，因此中国电影的获奖实际上在某种程度上加速了中国文化和电影的"殖民化"进程。在这些学者看来，全球化就是西方化或美国化或"殖民化"的代名词。他们顽固地坚持某种本土主义的立场，排斥任何形式的外来影响，或更具体地说来，拒斥来自西方国家的影响，以便实现中国电影的"非殖民化"目标。一方面，他们指责张艺谋、陈凯歌等有着强烈先锋意识的导演们蓄意歪曲中国和中国人的形象，使其以一个"他者"的面目出现在西方观众的期待视野中，以达到讨好西方人的目的。在他们看来，毫不奇怪，这些电影并非凭借其自身独特的美学价值和高超的艺术手法而获得西方大奖的，而是在很大程度上以对中国人的歪曲描写迎合了西方观众和评奖委员们对东方的不健康的情趣。因此他们基于本土主义的立场试图发起反对中国电影和文化"殖民化"的斗争。另一种观点则认为，中国电影在国际电影节获奖，标志着最终得到了国际同行和权威机构的认可，中国电影终于先于文学而走向世界了，这应该被视为一个良好的开端。它不仅促进了东西方文化之间的相互交流和理解，同时也有助于中国电影业在市场经济的不利环境下的发展和繁荣。我虽然比较倾向于后一种观点，但认为有必要从一些具体的电影文本的分析出发来从理论上消解本土主义与全球主义的二元对立。

从理论上来看，本土主义者旨在保护本民族固有的"本真性"，使其免受外来影响，这在已经成为世贸组织成员国的当代中国无疑是行不通的，因为中国在过去的四十多年里一直在实行改革开放和扩大对外交流。在这样一种大的氛围下，我们无法摆脱外来影响，因为就文化的相互影响和相互渗透而言，不仅是中国的经济和政治在国际上发挥着越来越重要的作用，中国文化，包括电影和大众文化产品，也在不断地影响其他的民族和文化。因此本土主义便改头换面成为另一种新的形式：大肆攻击所谓的"文化殖民主义"，试图通过弘扬本民族文化的精神来对抗全球化时代的新殖民主义渗透和入侵。既然电影是从西方引进的一种集现代技术与艺术为一体的综合艺术形式，那么在中国的电影理论批评领域翻译介绍当代西方最新批评理论思潮也往往早于文学领域对西方理论思潮的引进。[1]年轻的

---

[1] 确实，西方理论家拉康、詹姆逊和赛义德等人的不少主要著述的中译文都是率先在有着强烈先锋意识的杂志《当代电影》上发表的，并极大地推进了西方批评理论在中国的研究，同时也对电影人产生了一定的影响和启迪。

电影导演或批评家对西方学术理论界正在进行的研究之兴趣往往大于对中国批评理论界所讨论的问题。尽管在中国的文化学术界始终有着关于中国电影获得国际电影节大奖究竟是好事还是坏事的争论，但我仍认为从一种后殖民的理论视角对这种独特的现象作一些分析是十分必要的。

诚然，自1980年代以来，当中国向世界再次打开国门实行经济改革时，各种西方批评理论和文化思潮，特别是后现代主义和后殖民主义，自然蜂拥而至，首先对作家、艺术家的创作产生了强烈的影响。[1]这种影响虽曾经历过与艺术家的互动，并打上了后者的有意识误读甚至创造性建构的色彩，但最终还是形成了与西方原体有着种种差异的不同变体。在此我仅举出几个例子来说明这些电影导演是如何有意识或无意识地将自己从西方理论中获取的灵感糅合进自己的电影文本的。

首先，1980年代后期名噪一时的《红高粱》在柏林电影节获得金熊奖，就有着种种电影之外的因素。在我看来，这些因素在很大程度上与当时西方的理论批评风尚不无关系。这部根据莫言同名小说改编的电影在创作和生产之时正值"尼采热"在中国文化界再度兴起之日。电影以极大的热情讴歌了一种尼采式的"酒神精神"和巴赫金式的"狂欢化"场面，一切宁静与和谐的秩序都被破坏了。这显然在渗透了某种"日神精神"的中国文化土壤里是缺乏的。确实，对尼采的重新发现是福柯等后结构主义者的一大贡献。在西方，经历了后工业文明的洗礼，人们所渴望看到的是一种消除人为痕迹的自然的素朴感，而这一点尤其体现在电影中那一大片带有象征意义的高粱地里。另一部获奖影片《菊豆》是根据刘恒的中篇小说《伏羲伏羲》改编的。小说原来的目的是再现一种带有传统的弗洛伊德式"男性中心"社会之特征的俄狄浦斯情结的中国变体，而到了影片《菊豆》中，这种俄狄浦斯情结的变体则掺进了某种拉康式的女权主义新精神分析学成分。这在很大程度上取决于导演的无意识心理的作用，他很有可能或多或少地受到了当时西方批评风尚嬗变的影响而突出女主人公的地位。对"男性中心"意识的反叛和对现存世界的消解导

---

1 In this aspect, especially Cf. Wang Ning, "Confronting Western Influence: Rethinking Chinese Literature of the New Period," *New Literary History*, 24. 4 (1993): pp. 905−926; "The Mapping of Chinese Postmodernity," *boundary 2*, 24.3 (1997): pp. 19−40; and "Orientalism versus Occidentalism?," *New Literary History*, 28.1 (1997), pp. 57−67.

致了另一个"他者"的诞生：以菊豆为中心人物的一个"女性中心"世界。而杨天白先后杀死自己的两个父亲则更是突出了菊豆的中心位置。这一点正好与后现代主义的反等级制度之尝试和拉康的新精神分析学以及被压抑的边缘话语所采取的"非边缘化"策略相吻合。因此这部电影在西方观众和学者中颇受欢迎并频繁讨论就不足为奇了。根据苏童的小说《妻妾成群》改编的《大红灯笼高高挂》刻意渲染了一种对西方观众来说十分陌生而又神秘的仪式：灯笼的摘挂意味着男主人公将进入某个"太太"的闺房，颇有一番性和政治的象征意味。当然，虽有国内学者对这种虚构的"伪民俗"作了强烈的抨击，但这一现象本身却使得西方观众对东方、东方文化以及东方人更感到好奇。不管有意无意，影片中的这种描写最终还是满足了他们的猎奇心理。如果我们将这些电影文本化的话，我们不难发现，政治背景的淡化无疑印证了詹姆逊所宣称的所有第三世界文学文本都可当作其民族寓言来阅读的说法。陈凯歌执导的《霸王别姬》也带有这种民族寓言之色彩，反映了"文革"中对知识分子和艺术家的迫害，在海外异常红火。在姜文执导的《阳光灿烂的日子》中，导演几乎使用了他所能想到的所有后现代技法，诸如无选择性描写、拼贴、戏仿、反讽等，甚至包括一种德勒兹式的精神分裂幻想和想象，试图创造一个全球化时代后现代艺术的东方变体。在此更值得一提的是，影片对中国的"文革"场面的戏仿式再现更是召唤了人们对那种无政府狂欢情景的记忆，而与此同时对诸如性和政治等问题的调侃则给普通观众以某种近似荒诞的快感。《秋菊打官司》中对一种平实素朴氛围的追求和对现代主义的非此即彼之二元对立的消解，则使得这部电影与所有受过教育的西方观众的期待视野相吻合。综上所析，这些拍摄精美、象征意味深刻的影片受到西方观众的欢迎并获得国际电影节大奖，就是顺理成章之事了。

应当承认，张艺谋和陈凯歌等导演未必曾意识到西方批评风尚的嬗变，更谈不上有意识地以（中国的）第三世界经验来实践（西方的）第一世界理论了。不分青红皂白地指责这些艺术家有意识地误读西方理论并将其应用于歪曲中国的现实，倒是从另一方面过高地估计了他们的理论修养，因为我认为，他们对西方理论的理解和误读在很大程度上取决于他们作为东方艺术家所特有的艺术直觉。这种直觉使他们敏锐地感觉到艺术风尚和批评标准的嬗变，为了获得国际大奖必须拿出自己的独特产品，使得（以西方占主导的）电影节评委觉得他们的作品既不流于重复，又带有西方人无法获取到的一些东方民族特有的东西，也即霍米·巴巴所说的"介于二者之间"，因为只有这种产生于二者之间并能够互动的东西才具有独创性：它既是地地道道的产生于中国本土的东西，同时又能在经过来自西方的艺术形式包装之后同时与这二者进行对话。这不仅是张、陈等中国艺术家能获得成功的奥秘，更是西方的不少有着第三世界背景的人文知识分子和后殖民理论家获得成功的必经之路。不看到这一隐于表面现象背后的复杂因素而一味指责这些导演，就不可能对他们的成功作出公允的评价。无论如何，虽然这些充满异国情调的场景从后殖民理论的角度来看包含有明显的东方主义色彩，但这些中国电影获得国际大奖，至少使中国文化和艺术更为世人所知。本土主义的因素无法摆脱与全球主义的融合甚至混杂而产生出某种"不东不西"的第三者。

我们谁都无法否认，在全球化的时代，所谓文化的"本真性"是不存在的，甚至马克思主义、现代性和后现代主义等西方的理论思潮经过不同的学派的阐释也变得"本土化"了。因此，鉴于全球化时代的民族-国家之疆界变得日益模糊，用"全球本土主义"或"全球本土化"这样的术语来解释这一现象也许是比较合适的。民族的身份认同也是如此。在当今时代，原有的一种（固定的）身份已经裂变为（可以建构的）多重身份和多种文化认同，因此"身份研究已经越过了许多学科之界限，涉及种族、阶级以及女权主义、同性恋研究中的多重交织这些问题，以及种族和区域研究中的后殖民主义、民族主义和种族性互动这类问题。这种相互交织的现象为新的理论和不同身份的话语的接合和讨论提供了激烈论争的场所"[1]。虽然这些中国电影依循的是好莱坞的创作和生产模式，但它们所描写的情节和展现这些故事的方式却是地地道道的中国本土的东西。也就是说，全球化若不定位于特定的文化语境是无法实现的。如果我们不分青红皂白地指责张艺谋和陈凯歌等有意地讨好西方观众而获得了众多国际大奖的话，那么人们不禁要问，为什么他们的众多追随者不像他们那样在国际影坛备受青睐呢？这个问题确实难以回答。在我看来，在很大程度上由于全球化的来临，国际社会和中国的交流变得越来

---

1 Cf. Kwame Anthony Appiah and Henry Louis Gates, Jr. eds., *Identities*, Chicago & London: University of Chicago Press, 1995, especially "Editor's Introduction: Multiplying Identities", p. 1.

越方便了,中国本身也越来越开放了,因此中国电影导演们的创新意识也越来越紧迫了。再重复那些老的东西已不仅不再能吸引域外观众,甚至还会失去更多的本土观众。这就是近些年来中国电影颇不景气以及大批观众流失的部分原因。面对文化全球化带来的挑战,应该采取何种对策呢?在提出我自己的策略之前,我将简略地描述一下中国当代电影的现状。

21世纪中国电影的"全球化"战略

显然,正如我上面所简略描述的那样,中国电影和中国文化在西方文化学术思潮的影响以及全球化时代各种后现代理论的波及下始终在曲折地发展。虽然第五代导演在过去的四十年里取得了令世人瞩目的成就,但他们的既定导演和生产模式已最终被"经典化"了,成为新一代导演所要批判和超越的对象。如何发展这些技法并超越这些前辈。便成为中国新一代电影导演无法回避的一个严峻问题。

自1990年代以来,随着全球化时代电视业和其他媒体的冲击而导致的电影业的萧条,中国电影产业逐步进入了自己的低谷:大批观众的流失和影院功能的转变。进入21世纪以来,面对除了好莱坞以外的日本和韩国电影的渗透,中国电影的黄金时代已经一去不复返了。电影批评家和研究者曾经对第六代导演的崛起抱有过很大的希望,但令人遗憾的是,他们除了炒作出一些别出心裁的电影运动外,并没有取得什么令人瞩目的成就。这些形形色色的运动包括"中国独立电影""独立制片运动""新纪录片运动""新影像运动""新状态电影""大陆地下电影"等等。单从这些新名词来看,这批导演的创新意识确实比起他们的前辈来有过之而无不及,而且这批青年艺术家中确实也不乏才华横溢者,但是他们却面临着下列困难:首先,他们必须经历国内电影检查制度的审查,而要通过这一关有时是很困难的,因为他们的作品中的"另类"描写不仅官方难以接受,就是普通的电影观众也一时难以欣赏。其次,由于制片需要大量的资金投入,而他们走的又是另一条路:既非主旋律又非跨国资本,因此他们必须花上大量的时间忙于筹措资金以便满足拍摄电影的最低消费之需要。再者,既然他们的前辈——第五代导演——已经取得了令世人瞩目的成就,那么他们就不能再重复前辈导演所走过的路,而必须随时想出新的技巧和招数,以吸引国际电影节的那些大导演和评委们的注意力。这些综合因素导致了他们至今仍难以在国际影坛崭露头角，更谈不上像他们的前辈那样夺得一个又一个国际性大奖了。幸运的是，他们还是克服了种种困难生产出了这样一些有着自己独特风格的"另类"影片，如张元执导的《北京杂种》、王小帅执导的《冬春的日子》、胡雪杨执导的《留守女士》、娄烨执导的《周末情人》以及吴文光执导的《流浪北京——最后的梦想者》等。[1]毫无疑问，在政治体制管理和经济制约的双重压力下，这些年轻的先锋派导演不得不选择与第五代导演不同的欣赏趣味和运作方法，以达到超越前辈的目的。正如当代文学界的新写实小说作为对先锋派的激进写作实验的反拨而崛起于1980年代后期的文坛，第六代导演拍摄的这些电影同样更为关注当下的社会现实，尤其是那些非主流的"边缘人"和"另类"青年所处的状况和境遇。他们也和文学上的同道——新写实小说家——一样，试图以平实的手法展现这些小人物的真实境况，以唤起人们对他们更多的理解和同情。虽然也和他们的前辈一样，这些导演仍集中描写那些边缘人的生活，但与前辈不同的则是，他们所描写的并不是远离当下的逸闻轶事，而是就发生在我们身边的一些真实的人和事。这倒给我们的文化研究提供了一些难得的电影文本，同时，这一现象也与西方学界对全球化所导致的后人文主义研究课题不谋而合，因此把他们的创作归入一种"后人文主义"的实践也许是比较恰当的。

如果我们在第五代导演的电影文本中发现了诸多后殖民因素的话，那么我们可以在第六代导演的电影文本中发现更多可供文化研究学者进行分析批判的因素。例如，张元执导的《北京杂种》展现了摇滚艺术家的生活，颇有后现代主义游戏人生的意味；《东宫西宫》则探讨的是文化研究所关注的女同性恋主题。这些"另类"电影文本都为当代文化研究学者提供了难得的分析阐释范本。尽管这些影片不容易看到，但人们总可以通过各种途径购得影碟或光盘在"家庭影院"里观赏。此外，它们在海外仍有着一定的市场，有些还获得了一些国际电影节的大奖，但却再也无法达到第五代所曾达到过的空前的辉煌境地。总之，在全球化大潮的波及下，这些电影导演越来越认识到，既然他们的电影不能在国内市场上卖座，那么唯一的途径就是走国际化或全球化的道路。如果我们肯定第五代导演的作品更为接近过去

---

1 虽然由于种种原因，这些影片中有一些我并没有看过，但我所指导的研究生迟维维却通过一些途径看过所有主要的第六代导演的影片，并向我提供了一些剧情解释，在此特致谢忱。

的普通人的生活，那么第六代导演执导的影片便更为接近当下普通人的生活，并且分担那些非主流的边缘人所关心的东西。因此，正如霍米·巴巴在谈到全球化之力量时所断言的，作为全球化的对应物或与之平行的运动，"少数人化"也在从边缘向中心运动，其目的在于最终消解中心的权力。

显然，全球化确实已经使大多数人在政治上、经济上甚至文化上边缘化了，描写和反映这些人的生活状况无疑应是包括电影在内的一切文化形式的任务，因此可以说，第六代电影在总体上是把握了当代的时代精神的。随着全球化步伐的加快，人文知识分子感到的压力越来越大：文化和文学市场的日益萎缩，大学的兼并、人文学科研究经费的削减以及网络文化的崛起等，不可阻挡地影响着中国的文化和电影生产。毫不奇怪，这一大潮始终受到本土化潮流的有力抵制。不无矛盾的是，国内的不少人一方面欢迎经济全球化的到来，因为它可以促使中国的经济保持持续增长的势头，但文化上却担心全球化会使中国文化与西方文化"趋同"或被后者"殖民"。既然我们从事的是文化研究和电影研究，那么我们必定能清楚地认识到，全球化对文化和电影业的影响并不仅仅在于中国文化和电影的"趋同化"，它同样也可以使其朝着"多样化"的方向发展。因此我们中国的文化研究和电影研究学者不应为中国电影所处的暂时低谷而感到失望。

在全球化的时代，中国的人文学者最为关心的是文化全球化的发展进程。尽管事实上，文化全球化也许会模糊特定的民族文化的身份，但它仍然可以带来某些积极的东西。如果我们正视这种挑战，以一种批判的态度充分利用这一契机，以便在一个更为广阔的国际语境下发展我们的民族文化，我们就有可能大力弘扬中华民族的文化认同和美学精神，使其为世人所知。这样看来，顽固地以一种近似后殖民的本土主义态度来抵制全球化的大潮，只能导致中国与西方的再度对立，因为就电影的国际性和全球性而言，西方观众是很容易理解影片中所蕴含的文化和意识形态立场的。

我们完全可以从其逆向来使用全球化这一概念，也即利用它来把包括中国在内的东方文化和电影推向全世界。这样，我们就必须与外部世界进行更多的交流和对话，而不是加剧与西方的对立。在发展中国电影的过程中，我们既不可过分强调其全球化的因素，也不应一味偏向本土的情绪，而是采取一种超越的"全球本土"(glocal)之策略，这样也许可以防止中国的文化和电影再度陷入危机的境地。也就是说，我们仍然可以在一种"全球本土化"的艺术形式——电影中描写发生在中国本土的事件,以便加速中国的文化和电影的世界性和全球性进程。我们知道,必须保留我们的民族特色和文化认同,但另一方面,若一味强调本土化立场而排斥一切外来影响,则会导致一种极端的民族主义情绪的滋长,加剧文化环境的不利的一面。我们中国的文化和电影研究者应采取一种务实的对策来迎接全球化大潮的冲击:首先要在不牺牲民族文化认同的情况下与之相适应,然后继续扩大与国际文化学术界和电影研究领域的交流和对话。中国是一个有着辉煌的文化遗产和丰硕的电影生产和消费市场的大国。中国不仅应当在经济上而且更应该在文化上对世界作出较大的贡献。从进入 21 世纪以来中国新一代电影导演继续在走向世界的道路上不断地取得的新成就来看,我们大概不会对中国电影的未来感到悲观吧。

文化研究语境下的性别研究和怪异研究

　　早在20世纪90年代初,西方文化界和文论界就出现了一股声势浩大的文化批评和文化研究浪潮。这股浪潮很快便将各种与后现代、后殖民有关的边缘话语研究纳入其不断扩大的研究领地,对传统的比较文学和文学理论研究形成了强有力的挑战。在这股文化研究大潮面前,一些原先从事精英文学研究的学者感到手足无措,纷纷惊呼,面对文学以外的各种文化理论思潮的冲击,文学以及文学研究的边界向何处扩展? 传统意义上的比较文学和文学理论研究究竟还有没有存在的必要和价值? 而另一些观念较为开放并致力于扩大研究领域、开阔研究视野的学者则对之持较为宽容的态度,并主张将基于传统观念的狭窄的文学研究的课题置于广阔的文化研究语境之下,尤其是要注重那些历来不为精英文学研究者所关注的"边缘"课题,例如种族或族裔研究、性别研究、区域研究、传媒研究等。毫无疑问,对性别和身份问题的考察是文化研究者所无法回避的课题,因而将性别问题以及由此而产生的同性恋现象和怪异现象研究纳入广义的文化研究语境之下来考察是完全可行的。尽管国内学者对女权/女性主义批评理论和女性文学的研究已经取得了一定的成果,但对当前西方性别研究的前沿理论课题却知之甚少,更谈不上将其纳入文化研究的语境下来考察了。

全球化时代的文化研究及其发展方向

文化研究崛起于20世纪40年代的英国学术界以来，至今已经有了长足的发展。虽然它在当今这个全球化的时代声势浩大，但正如有些学者始终认为的那样，"它并非一门学科，而且它本身并没有一个界定明确的方法论，也没有一个界限清晰的研究领地。文化研究自然是对文化的研究，或者更为具体地说是对当代文化的研究"。[1]显然，这既是文化研究不成熟的地方，同时也是它得以迅速发展的一个长处。

尽管文化研究长期以来一直标榜自己的反理论、反体制等倾向，但它的理论来源的多元化却是十分明显的。关于文化研究所受到的理论启迪和所拥有的理论资源，一般认为主要有这几个方面：早期的英国新批评派代表人物F. R. 利维斯的精英主义文学观和注重文学经典研究的倾向毫无疑问成了后来的文化研究者所要超越和批判的对象；意大利的马克思主义理论家葛兰西 (A. Gramsci) 的霸权概念无疑也对文化研究的鲜明的批判性特征的形成产生了较大的影响；德国的法兰克福学派马克思主义批判理论更是使得文化研究得以直接地针对当代社会现实问题提出批判性的分析和阐释；费迪南·德·索绪尔 (Ferdinand de Saussure) 的结构语言学和符号学理论使文化研究者得以从语言的层面切入探讨文学和日常生活中的语言习俗；福柯的知识考古学和史学理论使论者得以剖析文学批评和文化批评中权力的主导作用以及话语的中介作用；拉康的注重语言结构的新精神分析学也为文化研究关注性别问题提供了理论资源；巴赫金对民间文学的探讨也给了文化研究者新的理论资源和启示；文学人类学对文学文化 (literary culture) 的书写使得一种新的文化形态的建构成为可能；而文化人类学理论则使研究者得以探讨艺术的起源等问题。可以说，在经过各种后现代主义思潮和后结构主义理论的冲击后，全球化时代的文化研究的范围更加扩大了，探讨的问题也从地方社区的生活到整个大众文化艺术市场的运作，从解构主义的先锋性语言文化批评到当代大众传播媒介甚至消费文化的研究，从争取妇女权益和社会地位的女权主义发展到关注女性身体和性别特征的性别研究和怪异研究，从特定的民族身份研究发展到种族问题和少数族裔文化及

---

1 Simon During, ed., *The Cultural Studies Reader*, London and New York: Routledge, 1993, p. 1.

其身份的研究,等等。原先戒备森严的等级制度被打破了,高雅文化和大众文化的人为界限被消除了,殖民主义宗主国和后殖民地的文学和理论批评都被纳入同一(文化)语境之下来探讨分析。这样,"正如我们所期望的那样,文化研究最有兴趣探讨的莫过于那些最没有权力的社群实际上是如何发展其阅读和使用文化产品的,不管是出于娱乐、抵制还是明确表明自己的认同",[1]而伴随着后现代主义理论论争而来的全球化大趋势,更是使得"亚文化和工人阶级在早先的文化研究中所担当的角色逐步为西方世界以外的社群或其内部(或流散的)移民社群所取代并转变了"。[2]这一点正符合后现代主义大潮衰落之后西方理论界的"非边缘化"和"消解中心"之趋势,从而使得文化研究也能在一些亚洲的发达国家和地区以及一些第三世界国家得到回应。[3]

进入1990年代以来,随着世界经济、政治和社会文化的全球化步伐的加快,文化研究也有了快速发展的土壤。它迅速地占据了当代学术的主导性地位,越来越具有当下的现实性和包容性,并且和人们的文化生活的关系越来越密切。当代文化研究的特征在于,它不断地改变研究的兴趣,使之适应变动不居的社会文化情势,不屈从于权威的意志,不崇尚等级制度,甚至对权力构成了有力的解构和削弱作用,可以为不同层次的文化欣赏者、消费者和研究者提供知识和活动空间,使上述各社群都能找到自己的位置和活动空间。在全球化的语境下,文化研究已经逐步发展为一种打破了传统的"欧洲中心主义"或"西方中心主义"思维模式的跨越东西方文化传统的跨学科的学术研究领域和批评话语。在文化研究这一广阔的语境之下,我们完全可以将长期被压抑在边缘处的性别问题和性别政治提到文化研究的议程上来。而全球化的进程则使得对性别问题和性别政治的研究超越了西方的发达国家,并逐渐成为一些东方和第三世界国家的学者从事文化研究的重要课题。虽然不少学者认为文化研究的"英语中心主义"思维模式使其陷入了发展的"危机"之境地,但文化研究学者不断开发出的新的领域和课

---

1 Simon During, ed., *The Cultural Studies Reader*, London and New York: Routledge, 1993, p. 7.

2 Ibid., p. 17.

3 我们完全可以从文化研究近二十多年来在中国(包括香港和台湾地区)的发展见出这一研究的不同区域特色。经过中国学者与其他亚洲国家学者的通力合作,文化研究在亚太地区已经形成了一种"亚洲国家之间"的研究特色,完全可以和英语世界的文化研究进行平等的对话。

题则使其得以打破这一既定的框架，从而走向更为深广的甚至西方世界以外的研究领域。目前在东西方都方兴未艾的性别研究实际上就是早期的女权/女性研究的一个超越。[1]

从女权和女性研究到性别研究

在后现代主义大潮在西方学术界衰落之后形成的多元文化格局之下，女权主义作为一种边缘话语力量在西方文化理论界扮演的角色就显得愈来愈不可替代。进入全球化时代以来，传统的注重女性权益和社会地位的女权主义理论思潮也以不同的形式出现，如性别政治、怪异研究、妇女研究、女同性恋研究等，颇为引人注目。在汉语中，女权主义又可以译成"女性主义"，但在使用中却旨在说明其在不同的历史时期所表明的侧重点的不同：早期的女权主义之所以称为"女权"主义，是因为它所争取的主要是妇女的社会权益和地位，也就是说在某种程度上所要达到的是男人已经拥有的东西；而当今的女性主义和女权主义的时常混用则显示出一部分已经享有与男性同等权利的女性，尤其是知识女性，所要追求的已不再是经济和社会地位上与男性的平等，而恰恰是强调女性在生理上与男性存在的天然的差别。她们并不满足于与男性的认同，而恰恰要追求不同于男性的"女性特征"和女性身份。这一本质上的差别，表面上看来在这个英文词中并无体现，但人们却能从"feminism"这个术语逐渐为上述诸概念所依次取代而看出其中的转向。这自然也体现出女权/女性主义研究内部的一种转向。尽管如此，女权/女性主义的边缘性仍是存在的，而且是双重的：在一个"男性中心"社会中的边缘地位和在学术话语圈内所发出的微弱声音，这两点倒使得女权主义理论和女性文学始终具有强烈的论战性和挑战性，并一直在进行着向中心运动的尝试。早在1980年代初，女权主义就曾经和马克思主义以及后结构主义共同形成过某种"三足鼎立"之态势。后来，到了1980年代后期，随着后结构主义在美国理论界的逐渐失势和新历史主义的崛起，女权主义在经过一度的分化之后又和马克思主义以及新历史主义共同形成过一种新

---

1 越来越多的迹象表明，近些年来以研究女性写作为主的性别研究课题不断进入中国高校研究生的博士和硕士论文写作的领地。我本人曾在两年内指导的硕士和博士论文中，就有三篇是围绕这个题目的，其中既有总体研究20世纪中国女性写作的（张浩），也有从性别和身份角度解读托尼·莫里森的作品的（孟雷），还有对中西方当代女性文学作品进行比较研究的（王钢华）等。

的"三足鼎立"之态势。进入1990年代以来,随着女权主义的多向度发展,它又被纳入一种新的"后现代"文化研究语境之下加以观照。在这一大背景之下,由传统的女权主义理论研究演变而来的妇女研究、女性批评、性别政治、女同性恋研究、怪异研究等均成了文化研究中与女性相关的课题。总之,时至今日,作为一种文化思潮的女权/女性主义和作为一种批评理论的女权/女性主义,仍然有着强大的生命力,并显示出其不断拓展和更新的包容性特征。

在西方文化的语境下,女权主义曾经有过三次浪潮。第一次浪潮始自19世纪末延至20世纪60年代。这一时期的特征是争取妇女的权利和参政意识,所强调的重点是社会的、政治的和经济的改革,这在某种程度上与1960年代以来兴起的"新"女权主义运动有着明显的差别。而且这一时期的女权主义批评家所关心的问题主要局限于其自身所面临的诸如生存和社会地位等问题,并未介入理论界所普遍关注的问题,因而其局限性也是显而易见的。女权主义的第二次浪潮则使得女权主义运动本身及其论争的中心从欧洲逐渐转向了北美,其特征也逐渐带有了当代批评理论的意识形态性、代码性、文化性、学科性和话语性特征,并被置于广义的后现代主义的保护伞之下。这一时期所关注的有五个重要的论争焦点:生物学上的差异、经历上的差异、话语上的差异、无意识的差异以及社会经济条件上的差异。讨论的主题包括父系权力制度的无所不在、现存的政治机构对于妇女的不适应性和排斥性以及作为妇女解放之中心课题的女性的差异等。应该承认,这一时期的批评家和女性学者所关注的是女性的独特性和与男性的差异。经过1970、1980年代的马克思主义的再度勃兴,后现代主义辩论的白热化和后结构主义的解构策略的冲击,女权/女性主义本身已变得愈来愈"包容",因此它的第三次浪潮便显得愈来愈倾向于与其他理论的共融和共存,形成了多元走向的新格局:包括马克思主义的女权主义、黑人和亚裔及其他少数民族的女性文学、有色人种女性文学、第三世界/第三次浪潮女权主义、解构主义女权主义、同性恋女权主义、精神分析女权主义、性别政治、怪异理论等等。这种多元性和包容性一方面表明了女权主义运动本身的驳杂,另一方面则预示了女权主义运动的日趋成形和内在活力。

在文化研究的广阔语境下,以女性为主要对象的性别研究最近二十多年来越来越受到来自文学界、社会学界、人类学界以及文化研究领域内学者们的关注，它主要包括这样几个方面：女性性别政治、马克思主义的女权主义、反女性的女性主义、女性写作和女性批评、法国的精神分析女性主义理论、女性诗学的建构、女性身份研究、女同性恋研究、怪异研究。从上述这些倾向或研究课题来看，一种从争取社会权益向性别差异和性别政治的转向已经再明显不过了，也就是说，所谓女性的性别政治已经从其社会性逐步转向性别独特性。这一点恰恰是文化研究语境下的性别研究的主要特征。

文化研究视野中的女同性恋批评和研究

　　既然在文化研究的语境下来考察性别政治和身份问题，我们自然不可回避这两个突出的社会文化现象：女同性恋和怪异现象。在当今的全球化时代，由于人们生活节奏的加快和人际之间交流的减少所导致的人际关系的淡漠，不少女性，尤其是有着较高文化修养的知识女性越来越陷入某种"自恋"的情境中。她们出入于女性自己的俱乐部和沙龙，很少与男性交往，久而久之甚至淡漠了传统的"异性恋"，因而女同性恋和怪异现象便凸显了出来，并越来越受到社会和文化界的关注。[1]我们先主要讨论女性同性恋现象以及由此而产生的女同性恋批评和研究。

　　众所周知，1950、1960年代在一些欧美国家曾经兴起过性开放的浪潮，大批青年男女尝试婚前无拘无束的性生活，致使传统的婚姻和家庭观念受到强有力的挑战。之后随着女权主义运动对妇女权益的保护，尤其是对女性怀孕后人工流产的限制，这种性开放的浪潮逐渐有所降温。由此带来了三种倾向：其一是传统的婚姻和家庭观念逐渐淡薄，青年人虽然对结婚和生儿育女持审慎的态度，但对婚前的同居生活则更加习以为常，这一点和目前中国社会的状况颇有几分相似之处；其二则是呼唤一种新的和谐的家庭和婚姻观，这实际上是对传统的家庭和婚姻观念的继承；其三则是在经历了性开放浪潮的冲击之后，一些知识女性也模仿早已在男性中流行的同性恋倾向，彼此之间建立了一种亲密的关系，久而久之便发展为对异性恋的厌恶和拒斥以及对同性朋友/伙伴的依恋。人们对这些有着较高文化修养和社会

1　实际上，这种情况在目前中国的知识女性中也有所体现。有人认为，女性的自我封闭和自我欣赏在很大程度上是由于这些高智商的成功知识女性很少受到同龄男性的欣赏，或很难与不如自己的男性相处并组建家庭，因而甚至有的青年知识女性在征婚广告中居然不敢公开自己的（高）学历和（成功的）职业。

地位的知识女性的所作所为感到极为不解，甚至认为她们十分"怪异"。[1]起源于1970年代，兴盛于1980、1990年代的所谓"女同性恋研究"以及兴起于1990年代的"怪异研究"或"酷儿研究"，就是在这样一种历史和社会背景下应运而生的。目前对这两种现象的研究已经被纳入广义的文化研究的性别研究范畴下，并逐步成为其中的一个相对独立的子学科领域。

在西方的语境下，早期的女同性恋现象及其批评的出现与先前已经风行的男同性恋现象及其批评有着密切的联系，但同时也与早先的女权主义运动有着某种内在的继承和反拨关系。作为女权主义批评的一个分支，"女同性恋批评尤其起源于有着女同性恋倾向的女权主义政治理论和运动，因为它本身就是由妇女解放和男同性恋解放运动发展而来的"。[2]一些知识女性，主要是白人知识女性，既不满于妇女本身的异性恋，也不满于男同性恋者的那种肆无忌惮的性行为，因而她们自发成立起自己的新组织，并称其为"激进女同性恋者"或把自己的事业当作一种类似"女同性恋解放"的运动。她们认为女同性恋主义使妇女摆脱了父权制的束缚和压迫，可以成为所有妇女效仿的榜样，因此女同性恋主义是解决女权主义没完没了的抱怨之最佳方式。[3]还有一些更为极端的女性则公然号召妇女与男性"分居"，同时也与异性恋妇女"分离"。她们认为这不仅仅是性行为上的分离，而且更是政见上与前者的分道扬镳。当然，不可否认的是，也有相当一部分女性本来也曾结过婚并有子女，不过随着自己年龄的增长和子女的成年而逐渐淡漠了对异性伴侣的依恋，作为某种补偿，她们便自然而然地把过多的感情投入到与自己情投意合的女性朋友/伴侣上。对这种情况，我们应该区别看待。毫无疑问，上述这些早期的极端行为为女同性恋批评及其研究在1980年代的逐步成形、1990年代的蔚为大观奠定了基础。应该说，当代女同性恋文学理论正是从这种女性主义和分离主义的语境中发展而来的。

---

1 例如在中国，就有一些人不分青红皂白地把女博士当成"另类"人来看待，致使这些知识女性在繁忙的学业之余不禁感到由衷的苦恼。

2 Bonnie Zimmerman, "Lesbian," *The Johns Hopkins Guide to Literary Theory and Criticism*, Michael Grodon and Martin Kreiswirth, Baltimore and London: The Johns Hopkins University Press, 1994, p329.

3 Ibid.

　　女同性恋批评的发展同时也有着一定的机构性支持。例如早期的"女性主义分离主义学派"从一开始就注重建构自己的文化。她们通过创办自己的刊物和出版社、出版自己同仁的作品来扩大影响，后来甚至在有着数万名会员和广泛影响的现代语言学会（MLA）的年会上组织专题研讨会，以吸引更多的知识女性加入其中。当然，女同性恋运动一出现就遭到了相当的反对，主要是来自女性内部的反对。一些传统的女性甚至认为这些"无性的"女人本身"有毛病"或"反常"，如同"魔鬼一般"，实际上是生理上可悲的"牺牲品"。另一些人则对之持理解的态度。比较持中的观点以利莲·费德曼为代表。她在《超越男人的爱》一书中号召妇女建立起一种类似自文艺复兴以来一直存在于美、英、法作家的作品中的"浪漫的友谊"，但她并没有对有性的和无性的亲密关系作出明确的区分。[1]这实际上也是当代女同性恋没有朝着畸形方向发展的一个健康的先声。

　　尽管迄今女同性恋文学批评家和学者大多为白人知识女性，而且阅读和研究的对象大多为经典的女性作品，但有色人种和少数族裔女性也开始了自己的批评和研究。这方面最有影响的早期著述为芭芭拉·史密斯（Barbara Smith）的论文《走向一种黑人女权主义批评》，她在其中花了不少篇幅从女同性恋的理论视角来解读黑人女作家托尼·莫里森的小说《苏拉》。在这之后研究非裔美国同性恋女性主义的著述逐渐多了起来，这显然与美国这个多元文化社会的混杂的民族和文化身份有关。而相比之下，在欧洲的批评界和学术界，女同性恋批评的声音就要小得多。如果说"古典的"女同性恋理论还有着不少令人可以分享的概念的话，那么经过解构主义训练、崛起于1980年代的新一代批评家则把这些东西抛在了脑后，再加之有色人种妇女的参与以及男同性恋理论的吸引，女同性恋理论愈益显得驳杂，它与其说与异性恋妇女围绕性别的轴心有着关联，倒不如说更与男同性恋理论相关联。这些深受解构主义影响的批评家将一切"统一的""本真的""本质的"东西统统予以解构，从而使得"lesbian"这一术语成了父权话语体系内分裂的空间或主体的表征。这些观点大多体现在卡拉·杰伊和琼娜·格拉斯哥合编的论文集《女同性恋文本和语境：激进的修正》中一些具

1　Lillian Faderman, *Surpassing the Love of Men: Romantic Friendship and Love between Women from the Renaissance to the Present*, London: The Women's Press Ltd., 1985.

有原创性的论文中[1]。显然，进入 1990 年代以来直到 21 世纪初，女同性恋理论依然方兴未艾，批评家们围绕自我的本质、社群问题、性别和性等问题而展开了异常活跃的讨论。此外，学界也越来越尊重传统的女同性恋女性主义的不少观念。这一切均为这一研究领域的稳步拓展营造了良好的外部文化环境。在文化研究的大视野中，性别研究和性别政治成了其不可缺少的重要方面，甚至包括男同性恋研究在内的这方面的研究机构也在一些大学建立了起来。相比之下，对女同性恋的研究更加引人瞩目。这一方面是由于人们在传统的观念中对女性的婚育和"母性"有着某种期待，但更可能的倒是与 1990 年代崛起的怪异理论或怪异研究不无关系。

文化研究语境下的怪异研究及理论思考

尽管许多人难以接受女同性恋现象，甚至对研究这种现象的女性学者也抱有一些偏见，但人们对她们反抗男权话语的激进批判精神还是可以理解的。而对于怪异及怪异理论，许多人则有着某种天然的敌意，这主要是出于对怪异现象本身的误解。实际上，怪异在很大程度上是由男同性恋和女同性恋发展演变而来的，或者说是这二者平行发展到一定阶段的一个必然产物。由于男同性恋者的不懈努力，男同性恋运动在相当一部分国家已经合法化，因而对男同性恋的研究也就是理所当然的。而对于女同性恋行为，不少人，尤其是女性内部的一些坚持传统者，则认为是大逆不道的。由于被认为"怪异"的人都是女性，而且大多是由女同性恋发展而来，与前两种同性恋既有着一定的联系又不无差别，因此研究者往往对之的研究也自然会将其与前二者相关联。

"怪异"（queer）根据其英文发音又汉译为"酷儿"或"奎尔"，意为"不同于正常人"的人，而用于性别特征的描述则显然有别于"单一性别者"。也即如果作为一个男人的话，他也许身上更带有女性特征，而作为一个女人，她又有别于一般的女性。他/她也许不满足甚至讨厌异性恋，更倾向于同性之间的恋情，等等。因而在不少人看来，这样的人与正常的有着鲜明性别特征的人不可同日而语，属于"怪异的"一族。对于究竟什么是"怪

---

1 Karla Jay, Joanne Glasgow, eds., *Lesbian Texts and Contexts: Radical Revisions*, New York: New York University Press, 1990.

异"，人们至今很难有一个准确的定义。1991年，当女权主义理论家特里莎·德·劳瑞提斯 (Teresa de Lauretis) 最初使用这个术语时，她试图赋予其一种反对男性的偏见的责任。在她看来，这种偏见就隐藏在被归化了的并且似乎具有性别感的术语"女同性恋和男同性恋" (lesbian and gay) 之中，而将这二者混为一谈实际上也就混淆了男性和女性的性别差异。[1]这一点一般被认为是"怪异"的一个显著特征。[2]怪异研究者安娜玛丽·雅戈斯 (Annamarie Jagose) 不无遗憾地总结道："显然，迄今仍没有一般可为人们接受的关于怪异的定义，而且，确实对这一术语的许多理解都是彼此矛盾的，根本无济于事。但是怪异这个术语被认为是对人们习惯于理解的身份、社群以及政治的最为混乱的多意性恰在于，它使得性、性别和性欲这三者的正常的统一变得具有或然性了，因此，造成的后果便是，对所有那些不同版本的身份、社群和政治都持一种批判的态度，尽管那些不同的版本被认为是从各自的统一体那里演变而来的。"[3]这实际上也就道出了怪异这一产生于西方后现代社会的现象所具有的各种后现代和解构特征：在怪异那里，一切"整一的""确定的""本真的"东西都变得模棱两可甚至支离破碎了，因此怪异在这里所显示出的解构力量便十分明显了。

从当代美国怪异研究的主要学者的思想倾向来看，他们大都受到拉康和德里达的后结构主义理论的影响：前者赋予她们对弗洛伊德的"利比多"机制的解构，而后者则赋予她们以消解所谓"本真性"和"身份认同"的力量。身份认同问题是近二十多年来文化研究学者普遍关注的一个课题。在传统的女权主义者那里，女性与男性天生就有着某种区别，因而要通过争得男人所拥有的权利来抹平这种差别。女同性恋者或怪异者则在承认男女性别差异的同时试图发现一个介于这二者的"中间地带"。比如说，传统的女权主义者仍相信异性恋，并不抛弃生儿育女的"女性的责任"，而怪异者则试图用"性别"(gender) 这一更多地带有生物色彩的中性术语来取代"性"(sex) 这一更带有对异性的欲望色彩的术语。

---

1 Teresa de Lauretis, "Queer Theory: Lesbian and Gay Sexuality," *Difference: A Journal of Feminist Cultural Studies*, 3, 2, pp. iv-vii.

2 Annamarie Jagose, *Queer Theory: An Introduction*, New York: New York University Press, 1996, p.116.

3 Ibid., p. 99.

在全球化的语境下，人们的身份发生了裂变，也即身份认同问题变得越来越不确定和具有可讨论性：从某种单一的身份逐步发展为多重身份。这一点对怪异理论也有着影响，因此怪异者也试图对身份认同这个被认为是确定的概念进行解构，也即对身份的本真性这一人为的观念进行解构。传统的观念认为，一个人的身份是天生固定的，而后现代主义者则认为，身份即使是天生形成的，同时也是一个可以建构的范畴。对于怪异者而言，一个人即使生来是一个女性，也可以通过后来的建构使其与异性恋相对抗，因而成为一个更具有男子气质的人。对男性也是如此，并非所有的人都必须满足于异性恋的。有的男人即使结了婚，有了孩子，照样可以通过后来的同性恋实践使自己摆脱传统男人的异性恋和对女性的性欲要求。因此怪异与其说是诉求身份不如说更注重对身份的批判。[1]

美国怪异研究的主要理论家朱迪斯·巴特勒 (Judith Butler) 认为，反身份的本真性恰恰是怪异所具有的潜在的民主化的力量。"正如身份认同这些术语经常为人们所使用一样，也正如'外在性'经常为人们所使用一样，这些相同的概念必定会屈从于对这些专一地操作它们自己的生产的行为的批判：对何人而言外在性是一种历史上所拥有的和可提供的选择？……谁是由这一术语的何种用法所代表的，而又是谁被排斥在外？究竟对谁而言这一术语体现了种族的、族裔的或宗教的依附以及性的政治之间的一种不可能的冲突呢？"[2]这些看来都是当代怪异理论家和学者必须面对的问题。而在目前的文化研究语境下，已经有越来越多的学者关注性别研究和身份政治，而处于这二者之焦点的怪异则是他/她们最为感兴趣的一个课题。

怪异现象一经出现，就受到了各方面的关注。出于对怪异理论的科学性的怀疑以及其研究方法的主观性的怀疑，一些学者还试图从遗传基因的角度甚至人的大脑结构等角度来对这一现象进行科学的研究。于是"怪异学"也就应运而生了。在一本以《怪异学》为名的学术专著中，作者试图从科学的角度来探讨这样两个问题：究竟什么原因使一个男人变成同性恋者

---

[1] Annamarie Jagose, *Queer Theory: An Introduction*, New York: New York University Press, 1996, p. 131.

[2] Judith Butler, *Bodies That Matter: On ther Discursive Limits of "Sex"*, New York: Routledge, 1993, p.19.

或异性恋者的？以及谁又在乎这些呢？[1]由于这样的探讨已经大大地超越了文化研究的领域和范围，我将另文予以评介。我这里只想指出，随着中国的现代化进程的大大加速，一些大城市已经率先进入了后工业或后现代社会。在那些城市，繁重的工作和学术研究压力以及自身的超前意识，致使一些知识女性对异性恋冷漠甚至厌恶，因而女同性恋的征兆也开始出现在一些知识女性中。对这一社会文化现象的研究已成为中国的文化研究语境下一个令人瞩目的课题。

---

1 Simon Le Vay, *Queer Science*, Cambridge, Mass: The MIT Press, 1996, p. 1.

理论阐释的循环与悖论

在最近五年的中国当代文学理论及批评界，为人们谈论最多的一个话题莫过于"强制阐释论"。关于这一话题，我已经发表多篇论文，并和提出这一看法的张江作过较为详细的讨论。下面，我主要从张江的论文《论阐释的有限与无限》入手，探讨关于理论阐释的一些问题。张文也和他以往的那些质疑和批判"强制阐释"的论文一样，发表后立即在当代文学批评界产生了较大的反响。实际上，我在这篇文章尚未发表之前就有幸先睹为快了，在阅读文章初稿时我就萌发了一些想法，现在重读他最终发表出来的文章，不禁对这位致力于探讨文学作品本来意义的理论家充满了敬意。确实，在我们这个时代，文学及文学理论早已被放逐到了边缘，但是无论是创作界还是批评界都需要这样具有理论探索勇气的批评家：绝不人云亦云，不仅可以与别人对着说，而且更擅长于提出一个命题去引领别人讨论甚至争论。正是本着这样一个初衷，我也效法张江的批评实践，就他的文章未说出的话接着说下去，同时对他的某些不甚完善的理论假想对着说，并和他进行商榷和讨论。

也谈阐释的有限与无限

在我看来，张江的这篇文章之所以以"论阐释的有限与无限"为题，实际上是想表明,他已经对之前一直坚持不懈地试图追寻文学作品的本来意义的努力作了一些修正。他之所以在文章的最后部分引入了 π 的概念,其意在表明,尽管在英语中,我们都用 interpretation 这一术语,但把它翻译成汉语时,则分别是"诠释"和"阐释",甚至还有"解释"。在张江看来,上述前二者是有差异的,应对之作出这样的区分:

> 所谓诠的展开和实现,如同于 π。它的过程是,其一,诠的最终追索,是文本的自在意义及作者的本来意图。其诠释的目标是寻找和确定文本的 3.1415。如同圆周率的发现一样,π 的确定是一个漫长的过程,历史上的多种方法曾经失败,直到后来的圆面积的无限分割法不断成熟,圆周率才靠近并确定为 3.1415,并在此基础上无限延伸下去。诠释亦如此。面对确定文本开始诠之活动,首先是索求意义之 π。[1]

应该承认,在他以往的那些文章以及与西方理论家的对话中,张江总是不厌其烦地试图确定一部文学作品中作者的意图 (intention),并试图追索原作者本来所要表达的意义。而在本文中,他依然坚持认为,作品的意蕴 (meaning) 是确实存在的,但他在反复思考后终于认识到,作者的意图和作品的意蕴尽管存在,但是后来者总是不可觅得,就好像 π 一样,对之的追索就如同一个无限往复的循环。这不禁使我们感到,这就如同英美现代主义诗人艾略特的《荒原》一样,其开放的结构和结尾向我们启示,荒原上的探索 (寻找圣杯) 是痛苦的,同时也是无止境的。它可以导致死亡,但死亡既是生命的结束,又是复活和再生的开始,因而这段历史就是循环往复的,永远没有终结。诠释作品的原本意义也如同寻找圣杯一样,永远不可觅得,但是一次又一次的追寻却使诠释者逐渐接近了原意。

阐释更是如此。张江承认,阐释本身就是一个悖论,或者说如同诠释一样也是一个循环,介于有限与无限之间。也即"阐释的目的,就是不断附加文本的无限意义:同一主体可以对文本作无限理解,不同的阐释主体可以对同一文本作出无限不同以至完全相互对立的阐释。更进一步,阐释

---

1 张江,《论阐释的有限与无限——从 π 到正态分布的说明》,《探索与争鸣》,2019年第11期,第27页。以下引文除注明出处外均出自该文,本文仅标明页码。

不是寻找意义,而是添加意义,其意义的扩张与推衍,完全由阐释者决定,与对象文本及生产者无关"。(第23页) 既然承认了阐释者的理论阐释有着无限的可能性,那么追寻文本的本来意蕴的意义又何在? 我想这正是张江对真理不懈探索的可贵之处:明明知道意义的本源是无法寻觅的,但是对之的探索和追寻仍不失一定的意义。因为在他看来,对作品意蕴进行追索的过程本身是有意义的。它的价值并不在于获得了什么,而在于这一行为和过程能够引起什么样的讨论。毋庸置疑,任何一种理论概念的提出,如果未能引起广泛的讨论甚至争论,那就说明,要么这一理论概念本身无其意义和价值,要么就是同时代的读者和批评家尚未认识到其隐含的意义和价值。那么随着批评风尚的嬗变,它的意义和价值也有可能被未来的批评家或研究者发现或"重新发现"而重新引起人们的关注和讨论。因为"一些当下不被承认的边缘化的阐释,可能跃迁于中心,而成为新的更有普遍意义的公共阐释。阐释的有效性,其历史与辩证的意义就体现于此"。(第25页)

阐释的有效及悖论

应该说,几年前由张江挑起的关于"强制阐释"现象的讨论已经取得了阶段性的成果,并使得中国当代的文学理论批评具有了国际性的影响。现在,他坚持的这一追寻阐释的不懈努力必定也会越来越接近作品意义的本源,其意义和价值自然也是不言而喻的。另一方面,张江仍然通过不同的方式坚持他对文本意义的不懈追寻,因为在他看来,"阐释可以无限,但非全部有效。只有为公共理性接受的阐释,才为有效阐释,才可能推广和流传,并继续生成新的意义。有效阐释的边界在,且只在公共理性的框架之内"。(同上) 在这里,张江在解构了中心意识后又建构了可供后来者继续解构的内核:有效阐释的边界。我认为这是张江从中国理论家的视角出发对西方的阐释学和接受美学理论的一个修正和发展:并非所有的阐释都有意义,只有有效的阐释才有意义,因而才有增值的功能。而平庸的阐释只能是无聊的或无其意义的。这不禁使我们想到美国批评家乔纳森·卡勒多年前在剑桥的那篇激辩式演讲中所阐发的观点。关于这一点我后面还要进一步阐述。我在此只想问:究竟由谁来判定这种公共理性? 这种公共理性是由什么人或什么团体形成的? 对此张江并未详细阐发。而我则要结合卡勒为"过度阐释"所作的辩护接着张江的话题说下去。

在我看来,诠释和阐释之于人文学科是必不可少的。一个理论家或一个有着自觉理论建构意识的学者的一大贡献,就在于提出一个或一系列能够引发学界讨论甚至争论的理论概念。人文学科的评价标准并非要证明这一理论概念正确与否,而是要证明该理论概念在理论界和学界产生的影响能够持续多久。[1]我们都知道,科学论文的意蕴或意思是相对固定和确定的,而文学作品的意义则通常是不确定的,因而也是十分丰富的,有时甚至是含混和增殖的。一部优秀的文学作品的意义和价值并不在于它能否得到读者和批评家众口一词的赞誉,而在于它能否引发一代又一代的读者和批评家的讨论甚至争论。另一方面,我们又认识到,对于一部文学作品的意义,不可能只有一种解释。并非只有作者才是唯一掌握自己作品意义的人。作者常常并不一定清楚自己写了什么,或者我们也许可以说,作者试图表达的意义常常与读者和文学批评家所理解的意义大相径庭:前者是作者的意图或作品的意蕴,后者则是阐释者由此阐发出来的衍生义。有时一位具有理论洞见的批评家可以发掘出作者在写作时未曾意识到的作品的隐含意义。[2]因此,任何阐释都未必能被证明是一定有效的。它只能指向一部作品的某个方面,而完全有可能忽视该作品的其他方面。有时这样的阐释也能引发讨论甚至争议。通过讨论和争议,我们对那部作品便有了更好的理解和把握。在扩展我们对作品的理解的同时,我们往往会碰到另一个问题:阐释的界限。我也认为阐释应该有一个限度,就好比翻译一样,译者无论怎样发挥和阐释,都不可能把原文中毫无踪影的东西硬加进译文。有时,译者为了便于读者理解,可以对原作中表达不甚明确的东西加以解释,但至少仍有一个可以比照的东西存在于原作中。因此,我们经常形容译者的创造性再现就如同"戴着镣铐跳舞",永远也不可能随心所欲地离题万里。当然,按照接受美学和读者反应批评的教义,文学作品的意义确实不仅仅存在于作者的头脑里,更多的是隐藏在读者的头脑里和批评家的意识

---

1 这方面可参阅王宁,《再论人文社会科学的国际影响及评价标准——兼论中国实施文科院士制的可行性和必要性》,《中国社会科学评价》,2017年第3期。

2 这方面可参阅王宁,《作为世界文学的中国当代小说:贾平凹小说的世界性和理论前瞻性》,《学术研究》,2018年第12期。

或无意识中。读者在仔细阅读作品后可以提出他们的不同解读和阐释，而各种不同的解读和阐释最终就形成了一部文学作品的接受史。崛起于1960年代的接受美学正是对备受忽视的文学接受史的弘扬和对读者的阅读和批评性想象的解放。

我们之所以要感谢接受理论家，是因为他们提醒我们关注读者的作用。我们现在已经懂得，作者并非一部作品的意义的唯一拥有者和唯一合法的阐释者。我们说作者"已死"时，并非意指他真的不在人世了，而是意在说明作者已经无法影响其他人对自己作品的理解和阐释了。当几位读者为了一部作品中的某个情节的意义而争论不休时，如果作者在场，他们可能会去问作者，但是作者的解释是否当真？确实，有些作者会想当然地认为，自己当初在创作时并"不是那个意思，你们的解释是错误的"。也有的比较明智的作者则会说："我也不知道我究竟想表达什么，你们可以根据你们的阅读经验来解释，我并不反对。"我认为后一种态度更为可取。无数事实证明，即使是作者本人的回忆录和自传也不可全信，尽管这些材料可以当作研究者对当事人研究的重要参考资料，但并不是唯一可靠的资料。文学创作更是如此。虽然确实是作者创作出了自己的作品，但是许多隐含在其字里行间的微妙意义，他并不一定能全然把握。一位具有理论洞见的批评家常常可以发现作者并未意识到但确实存在于作品中的隐含的意义。因此就这一点而言，阐释是绝对必要的，也是必不可少的。但是如果我们的阐释走上了极端，那就必定远离作品的原意并导致过度的阐释。当然，张江是不赞同过度阐释的，他试图为阐释设立一个界限。另一方面，我们又不可否认，在某些情况下，过度阐释也具有某种合法性。我们要区分有效的阐释与过度阐释，以便发现某些过度阐释可能存在的有效性。这样，我就直接回应了张江文中提出的问题：阐释的界限问题。

我在此还想提出的另一个问题就是，阐释的限制是否真的存在，尤其是用于跨文化翻译时是否存在，因为后者在某种程度上说应该是另一种形式的阐释。我的回答自然和张江一样是基本肯定的。这一点同时也体现于文学翻译，也即另一种形式的阐释，因为译者将内在于源语中的意义在目标语中予以了重构，这就是阐释的力量。当我们在同一语言中阐释一部文学作品时，我们可以充分发挥阐释者-批评家的主观能动作用。当我们试图用另一种语言来再现它时，译者的作用就得到了大大的弘扬。按照一般的规则，优秀的译者会使得原文增色以便在目标语中美化原作,而拙劣的译者则会在目标语中破坏原作的优秀品质。这样的例子在中外文学翻译史上可以举出许多。一大批中外作家和理论家是得益于翻译的,张江也是翻译的直接受益者。他通过翻译阅读了大量西方理论家的著作,提出了自己的具有挑战性的思想观点。他比当代别的批评家幸运的是,通过翻译的中介,他的理论观点也得以旅行到国外,在国际学界产生更大的影响。而他的不少国内同行的优秀著述和同样有价值的理论思想则依然在异国他乡受到"边缘化"的待遇。

由于张江本人在文章中涉及的问题实际上已经跨越了两种语言和文化的界限,进入了一种跨文化阐释的境地,而他本人的论述又主要依赖于翻译而旅行到国外,因此我在此从跨文化的角度对文学作品的阐释者-译者的作用略加阐发。我这样做,意在区分阐释与过度阐释。在我看来,所谓过度阐释,实际上就是读者-批评家在自己头脑里对可能隐含在文学作品中的"潜文本"意义作出的假想和阐释,但是他们的出发点仍是文学作品,而非其他。这些细心的读者想做的,无非就是发现原文作者不一定意识到的那些潜文本含义。这样,他们也就填补了原文及其作者留下的阅读空白。应该说,这样一种过度阐释会产生出与原作者试图表达的意义大相径庭的衍生义,有时当然也发掘出原作中的潜文本意义。

然而,阐释者在自己的头脑里仍有着一个原作作为比照,因此被认为是有效的阐释不可能走得太远,这应该就是张江所说的"公共理性所认可的"阐释的界限。就此而言,这样一种阐释即使有些牵强但仍多少能令人信服,但是这与张江在多篇文章中反复演示并予以批判的那种"强制性的"阐释不可同日而语。在那种情况下,阐释者通常是一个外在于批评圈的理论家,他的目的并非向读者解释文学作品中的意义,而是试图从一个预设的理论概念出发将自己的能动性理解和对文本的主观武断的阐释强加于读者。这样他便能够提出一个先在的理论假设,然后从文学文本中找出几个例子来证明自己的理论正确或有效。当然,这样的理论家得出的结论并不意在帮助读者理解文学作品,倒是意在据此来证明自己的理论假设的正确性。应该说,张江在多篇文章中所强烈反对的就是这样一种强制阐释。可以说,他在本文中仍然坚持了这一立场,只是为阐释的合法性留下了更多的空间。这是他通过批评和阐释实践对自己早先的理论教义的一种发展和修正。

实际上，对文学作品阐释的态度不外乎这样两种：其一是专注阐释者所读过并分析过的文学作品加以阐释，这样就依然是指向文学文本本身；另一种态度则是从一个预先设定的理论教义入手来考察文学文本。毫无疑问，这是文学批评和阐释的两种迥然不同的态度和方法：前者的出发点和目的仍然在文学本身，而后者则完全是阐释者自己的理论建构。当然，这样的理论建构也并非没有必要，只是应该用于适当的场合。恪守前者自然是文学批评家和文学研究者的使命。他们倾向于依循一种既定的理论模式来展开自己的批评，因此他们所关心的是一般的读者注意不到的文学作品的意义。而专注后者的人则一般是理论家或非文学研究者。他们不屑于使用别人的现成理论，而是试图将自己的理论教义用于对文学作品的阐释和过度阐释，因此毫不奇怪，他们的最终目的就是要证明自己的理论假想正确而有效。当然，我们不能说这两种方法孰优孰劣，只能说哪一种方法更加有助于我们理解和阐释文学作品的意义。令人遗憾的是，后一种阐释方法长期以来在文学理论界影响更大，也更为当下的文学批评家所用。与之相比，对文学文本的阐释或过度阐释便淹没在理论阐释的汪洋大海之中，而具有影响的纯理论推衍和阐释却越来越远离文学本身。这就导致了文学批评界一些奇怪现象的出现。当然，这类现象不仅出现在中国，还更多地出现在西方，它遭到关注和批评自然在所难免。

过度阐释的力量与局限

现在我们来看看所谓"过度阐释"的力量和局限。我在这方面略微展开一些。

我们都知道，多年前，围绕阐释和过度阐释曾经发生过一场意义重大的辩论。那场辩论围绕意大利著名的符号学家和后现代主义小说家翁贝托·艾柯在剑桥大学所作的三场"坦纳讲座"，他的讲座由三位批评家和作家进行评点和回应。应该说，他们所热烈辩论的这样一种阐释仍限于西方文化语境中的理解和阐释。虽然这种阐释并不能算作一种跨文化意义上的阐释，但它依然在理论的传播、变形甚至重构方面扮演了重要的角色，因此给我们提出了一些具有洞见的启示。

作为一位理论阐释者，卡勒并不反对一般意义上的阐释。他所反对的

是那种毫无新意的平庸的阐释。为此,他论证道:

> 许多"极端的"阐释,也像许多不痛不痒的阐释一样,无疑是无甚影响的,因为它们被判定为不具有说服力,或冗繁,或与论题无关,或本身无聊,但是如果它们真的走到了极端的话,那么在我看来,它们就有了更好的机会……[1]

因而在卡勒看来,能够引起争议且被人们认为是"过度阐释"的那些阐释的力量就在于这几个方面:

> 如果阐释是对文本的意图进行重新建构的话,那么这些就成了不会导致这种重构的问题了;它们会问这个文本有何意图,它是如何带有这种意图的,它又是如何与其他文本以及其他实践相关联的;它隐藏或压抑了什么;它推进了什么,或是与什么相关联。现代批评理论中的许多最有意义的形式会问的恰恰不是作品考虑了什么,而倒是它忘记了什么,不是它说了什么,而是它认为什么是理所当然的。[2]

卡勒自己在学界的声誉在很大程度上就得益于他对前辈或同辈理论家的阐释和过度阐释。结构主义这一出自法国思想界并且最先风行于语言学和人类学界的思维模式和方法经过他的跨语言创造性阐释,促成了一种结构主义诗学建构的诞生。原先主要在哲学界有些影响的德里达的解构主义经过他的阐释和过度阐释,再加之斯皮瓦克的翻译和耶鲁批评家的批评实践,最终在美国形成了一个解构主义批评学派。随后,又在相当程度上经过英语世界的中介,解构主义又伴随着广义的后现代哲学思潮风靡包括中国在内的整个国际学界。在这方面,阐释和过度阐释的力量是不可忽视的。

同样,张江的批评道路也得益于阐释和过度阐释,尤其是他提出的在国内外备受质疑和引起广泛争议的"强制阐释论"使他成为中国21世纪以来最有影响的主要批评家之一,而他与米勒等西方主流理论家和批评家的对

---

1 Jonathan Culler, "In Defence of Overinterpretation," in *Interpretation and Overinterpretation*, ed., Stefan Collini, Cambridge: Cambridge University Press, 1992, p. 110.

2 Ibid., p. 115.

话则有力地推进了中国当代文学理论和批评国际化的进程。[1] 可以肯定，他的这篇文章经过翻译的中介也完全有可能在国际学界产生反响，或者引发西方学者的阐释和过度阐释。[2] 那样一来，是否阐释的界限就会不断地扩大了呢？我想张江先生应该对此有所思考。

---

1 这方面尤其可参见两家权威刊物所发表的张江与西方学者的对话和对强制阐释现象的批判以及西方学者的回应: Zhang Jiang and J. Hillis Miller, "Exchange of Letters about Literary Theory Between Zhang Jiang and J. Hillis Miller," *Comparative Literature Studies*, Vol. 53 (2016), No. 3, 567–610; Zhang Jiang, "On Imposed Interpretation and Chinese Construction of Literary Theory," *Modern Language Quarterly*, Vol. 79, No. 3 (2018), 269–288; and J. Hillis Miller, "Western Literary Theory in China," *Modern Language Quarterly*, Vol. 79. No. 3 (2018), 341–353.。

2 可参阅他的一篇与这篇中文文章稍有不同的英文论文 "On Theory-Centrism: The 'Literary Theory' Void of Literature," *Philosophy and Literature*, Volume 44, Number 1 (April 2020), pp. 88–104.。

图像理论与语像批评的转折

　　美国新批评派的后期代表人物雷内·韦勒克 (René Wellek) 在评论一些人把19世纪当作"批评的世纪"时颇有洞见地指出，实际上，20世纪才真正算得上"批评的世纪"。如果说他的这番话已经被20世纪的批评历史所证明的话，那我们也许可以再作进一步的预言：进入全球化时代以来，传统的文学写作形式也发生了某种质的变化：纯粹的以文字作为主要的意义传载工具的写作同时受到大众文化和网络写作的挑战；文字写作受到了以图像为媒介的语像写作的挑战，因而以文字写作为媒介的批评将逐渐转向以图像为对象的语像批评。在当今时代，文化理论的盛期已过，一个"后理论时代"已经明显地表现出其征兆。在这样一个"后理论时代"，语像批评占有一个重要的位置。

　　确实，回顾批评所走过的道路，我们并不难发现，早在20世纪80年代初的西方文学界，当人们预感到后现代主义已成为强弩之末时，曾对其后可能出现的文学形式作过种种推测。有人声称，后现代主义之后的时代应是一种摆脱了文字作为主要传播媒介的"语像的时代"(诺曼·霍兰德)。也就是说，文学创作的形式将从以文字为主要表达媒介逐渐转向以图像为主要表现媒介。与此相伴而来的则是，一种语像时代的批评将在一定程度上取代传统的以文字为载体的批评。对图像文本进行理论解释的"语像批评"便成了我们"后理论时代"增加"多元"色彩的一个目标。

语像时代的来临和文学批评的图像转折

一提到图像理论 (picture theory) 和语像批评 (iconographical criticism)，我们马上会想到在中国古代早已有之的图像学或图像志。显然，研究神话学的学者会专注古代的图像志，但现代图像理论的发展则是与18、19世纪以来逐步在大学课堂占有重要一席的艺术史和艺术理论的发展分不开的。此外，图像研究在20世纪又和符号学以及精神分析学联姻，从而使得学界对图像的研究逐步走出封闭的艺术史或艺术理论研究的领域，成为一门跨越人文学科界限的新兴学科。在当今的欧美一些大学里，艺术史几乎仍是人文学科学生必选的一门审美教育课，主要关注的是以形象体现出的艺术本身所具有的观赏功能和审美功能。对艺术的批评也长期以来主要是从形式主义的角度来进行的。诚然，在艺术史这一有着悠久历史和丰富审美内涵的学科之下建立起来的当代图像理论和图像批评，在当今的信息化和数字化时代逐步发展并日臻成熟。它吸引了来自各人文学科的学者，因而一些对研究图像颇为着迷的理论家甚至呼吁建立一门跨越学科和艺术门类的独立的"图像学"学科，使其逐渐独立于传统的艺术史和艺术理论研究。

确实，由于全球化时代精英文学和艺术受到了大众文化产品的冲击，文学艺术市场日益呈萎缩状态，人们的审美对象也发生了变化：由专注文字文本的阅读逐渐转向专注视觉文本的观赏和阅读。也就是说，过去图像本身并不是用来传载信息的，而主要是当作艺术形象被观赏的；信息的传载媒介主要是文字，图像仅仅起到一种辅助性的作用，或者说为文字作注脚和附加性说明。然而，在后工业社会，数字化和信息化的高速发展则使得传统的靠文字传载信息的模式逐步退居到了次要的地位。在今天的欧美大学，不少青年学生对世界文学名著的了解大多借助于刻印在DVD上的电影或电视剧，而不会去花上几天的时间啃那些厚厚的文学作品原著。人们也许会问，那么今天信息究竟主要靠什么来传载？图像果真能超越其固有的艺术形象之功能而能传达文化和意识形态信息吗？这正是当代图像理论家所试图论证的。毫无疑问，后现代美学已经越来越打上市场和消费的印记，它在文学艺术上的一个明显标志就是语像时代的来临。[1]那么，人们也许会问，何谓"语像时代"？它和文字时代有何本质的不同？虽然不少西方艺术理论家对此已有描述，但我对之有着自己的理解。在我看来，即使完全的图像时代来临，也无法全然摈弃文字的作用，在这方面，也许有着何为主何为次的问题。当代美国图像理论的重要代表人物和研究专家、《批评探索》杂志主编威廉·托马斯·米切尔 (W. J. T. Mitchell) 在他那部雄心勃勃的理论专著《图像理论》中有一段精辟的解释：

> 对于任何怀疑图像理论之需要的人，我只想提请他们思考一下这样一个常识性的概念，即我们生活在一个图像文化的时代，一个景象的社会，一个外观和影像的世界。我们被图画所包围；我们有诸多关于图像的理论，但这似乎对我们没什么用处。[2]

当然，米切尔提出这一问题时是1994年。当时，计算机的普及面还没有像今天这样广泛，在文学创作和理论批评领域，以文字为对象的批评力量还很强大，人们似乎尚未注意到一个全新的语像时代即将伴随着全球化的进程而到来，随之诞生的文学艺术的语像批评也会从边缘逐步向批评话语的中心运动。然而就在那时，米切尔这位同时在文学批评和图像理论两个领域内都有所建树的批评家，却已经预见到在不久的将来一种语像批评的发展趋势。实际上，我们如果把他从事图像研究的时间再往前推的话，就可以发现，早在结构主义和后结构主义叙述学在文学批评中占据重要地位时，米切尔就试图突破这种纯粹语言文字的"囚笼"，将叙述学的研究对象拓展到跨越诸多学科的广阔的人文科学研究领域。他在为自己主编的一本专题研究文集《论叙述》撰写的前言中指出："当然，对事件的表述有多种形式，关于这些事件的故事也很多，这已是现代相对主义的基本常识，而且声称对人们的拥有物具有某种'真正的'、'得到认可的'或'基本的'表述形式这一点也是值得怀疑的。"在他看来，真正的问题并非区分一个故事的真实与虚假，

---

1 关于语像批评的理论性阐述，参阅王宁，《文学形式的转向：语象批评的来临》，载《山花》，2004年第4期。

2 Cf. W. J. T. Mitchell, *Picture Theory*, Chicago and London: The University of Chicago Press, 1994, "Introduction", pp. 5–6.

而是"作为使真实显示出意义之模式的叙述是否有价值",因为这种叙述可以是"对真实事件的实际表述",也可以是"虚构的道德上和象征意义上的真实"。[1]而在这里,"虚构的"和"象征的"这两个关键词已经隐隐约约地预示了其后即将崛起的图像理论和语像批评。

诚如米切尔所说,我们拿起世纪之交的几本美国《时代》周刊,就可以看到,不同时期刊登在该杂志封面的人或物蕴含着不同的文化和意识形态含义:当封面上刊登着一头克隆羊的照片时,实际上这个图像已经在宣告当代"克隆"技术的诞生,同时也预示着人类不可战胜的神话的消解以及"后人文主义时代"的来临。在高扬人文主义的欧洲文艺复兴时期,人类曾被认为是世间最可宝贵的"万物的灵长",但在不久的将来,面对人类自己发展起来的强大的科学技术,人类却无能为力去驾驭它,只能成为受它控制的奴隶。这个图像一方面告诫人们,克隆技术的泛滥总有一天会威胁到人类的生存,另一方面则起到了文字描述所起不到的令人震惊的效果。同样,就在"9·11"事件之后出版的该杂志封面上,我们还看到了正在燃烧着的世贸中心大厦……这并不是电影里出现的令人毛骨悚然的特写镜头,而是发生在我们周围的真实事件的记录!而对于这一切,我们的文化理论又能作何解释?确实,在不少曾经迷恋当代文化理论的人看来,虚弱的理论已经无法面对并解释这些活生生的现实。作为世界经济贸易和金融的中心,纽约曼哈顿的高楼大厦居然遭到了人类自己驾驶的装满了"人体炸弹"的飞机的撞击。这难道不是人类的悲哀吗?

由此可见,这些图像已经远较远古时代的图像内涵丰富。在数字化的时代,当代高科技有助于图像的刷新和重新组合,把各种不同的文化和意识形态信息高度浓缩地展现在静态的或动态的图像之中。人们已经无法否认,当这一时代来到我们的生活中并对我们的生活和工作产生实质性影响时,我们马上会想到近十几年在西方和中国兴起和勃兴的摄影文学文体(photographical genre):这实际上也是一种典型的跨越多种艺术界限、多门学科甚至跨越时空界限的综合艺术。由于这种文体兼有图像和文字表达的特征,我在此将其称为"语像写作",以区别于传统的摄影文学写作。在后

---

1 Cf. W. J. T. Mitchell, ed., *On Narrative*, Chicago and London: University of Chicago Press, 1980, "Foreword", p. viii.

者的以文字表达为中心的文本中,图像仅仅作为附加的插图形式;而在语像写作中,图像则在某种程度上占据了文本的主导地位和意义的中心。毫无疑问,语像写作所具有的后现代特征是十分明显的。它不仅标志着文字写作的衰落和图像写作的崛起,同时也预示了随之而来的语像批评的崛起:在一个生活节奏日益加快的时代,人们已经无法满足于传统的以文字为主要媒介的写作和以文字为主要对象的批评。阅读本身也成了一种文化消费和享受。为了满足广大读者-文化消费者的需要,一种以图像为主要传播媒介的写作和批评便应运而生了。这无疑体现了当今这个"后现代"社会的时代精神。

语像批评的后现代性

虽然关于后现代主义问题的讨论在国际学术界已经进行了四十多年,它进入中国也是20世纪80年代末90年代初的事了,但重新反思现代性却使我们不得不承认其幽灵仍在。美国学者卡利内斯库干脆在自己修改过的新版《现代性的五副面孔》中,将后现代主义也当作现代性的五个基本概念之一。而法国的后现代主义理论家和强烈推进者利奥塔在此前也曾断言,先出现的东西未必是现代的,后出现的也未必就是后现代的。每一个时代都自我标榜为现代,而这种所谓"现代"的东西一经诞生,它的对立物后现代也就同时出现了。现代常常与后现代混杂为一体,没有什么绝对对立的现代或后现代因素,这一特征尤其体现在艺术作品中。这种打破时空序列的后现代观念对我们从事以图像文本为对象的语像批评无疑是一个深刻的启示。我曾经在讨论后现代性的多种形式时指出,用于文学艺术批评时,我们不妨将后现代性当作一种打破时空界限的阅读阐释代码。据此我们可以解释一切具有后现代特征的文学艺术作品,而无须追踪其历史渊源或民族身份。对于今天的语像批评,我认为这种观点仍然适用。

毫无疑问,在后现代艺术的诸种特征中,其一就在于,它对意义的再现往往是不确定的。作者所要表达的意义是不完全的,留给读者-观赏者很大的阅读和阐释空间,因而后现代意义上的读者-观赏者实际上充当了阐释者和批评者的角色。也就是说,如果现代主义艺术的特征在于始终有着一种整体性的中心意识的话,那么后现代主义艺术的特征则体现在有着"非中心"和"消解结构"的不确定因素。后现代主义文学文本为读者留下了广阔的阅读阐释空间,使得读者-观赏者在某种程度上参与了作者的创造,并充当了阐释者和批评家的角色,这样对意义的阐释就有着某种多元的取向。每一个时代的读者-阐释者都有着自己的理论价值取向,而每一代读者-阐释者的观点延续下来就形成了这部艺术品的接受-阐释史。因此,在这个意义上说来,作为后工业社会的一个必然产物的后现代性在文学艺术上催生了语像时代的来临。在这样一个时代,我首先便会想到我这里所要讨论的摄影文学文体,也即"语像写作"。它有别于传统的摄影文学写作,因为在后者的以文字表达为中心的文本中,图像仅作为附加的插图形式,而在语像写作中,图像则在某种程度上占据了文本的主导地位和意义的中心。因此语像写作的后现代性是十分明显的。

诚然,我们不得不承认,早期的后现代主义艺术具有其无可置疑的先锋性,但另一方面它又常常表现为怀旧的特征,在某种程度上甚至具有一种返回原始的倾向。将这种二重性用于解释语像写作的特征倒是比较恰当的。不少人认为,以图像为主要媒介的语像写作实际上是一种复合的文学艺术,也即综合了高科技的照相技术——尤其是后现代时代数码相机日趋数字化潮流——和人类固有本真的审美理想,以真实、审美地记录自然的照相术和有着多重意义张力的文字之魅力的结合创造了一个"第二自然"。这也就类似所谓的"照相现实主义"对自然本真状态的崇拜和对原始图像的复归。因此,作为一种跨越文体边界的语像写作也就有着不同于其他写作文体的三大特点:依赖图像、崇尚技术和诉诸解释。

首先,依赖图像,无疑是有史以来人们欣赏艺术的习惯。早在文字尚未形成之时,人们对历史事件的记载、对自然景物的描绘、对自己所熟悉的人物的描绘和对艺术品审美式的欣赏,常常就依赖于用图像来表达。如果说西方以罗马字母组合的语言基本上是形意分割的话,那么建立在象形文字基础上的汉语则至今仍有着某种以形猜意的特点。只是越到后来,随着人们文字表达能力的增强,对图像的依赖就逐渐退到了次要的地位。但是以图像来展示自然和人物的艺术仍在不断地发展,并逐步独立于文字媒介而演化为各种绘画流派的诞生,结果,它终于成了一门独立的艺术,和语言的艺术相辅相成。这也就是为什么中国的书法可以真实地表现一个人的理想和抱负,展现书写者的做人准则以及在彼时彼地的心境。能够读懂书法艺术并对之进行阐释的人必须具备很高的古文字和古诗词的造诣,此外又必须懂得书法艺术的独特性。而照相术的发展则在很大程度上依赖于现代光学技术的发展：它一方面自然真实地展现人物和自然的本来面貌，另一方面又不可能不用一种审美的并带有取舍的眼光来实现这种艺术的再现或再创造。

如此看来，我们就有了语像写作的第二个特点。我们说语像写作崇尚现代科学技术，是因为这一新的文体不同于其他文体的特点恰在于，它的文字部分只能起到画龙点睛的辅助作用，或作为一种必要的补充性说明，并不能取代以文字为媒介的文学作品对自然的细腻描绘和对人物心理的刻画；而与其相对照的是，它的图像部分则理所当然地要由摄像机和摄像者来完成，也就是说取决于摄像机的质量、照相者的技术水平和他取景时所带有的审美理想。当然，照相复制技术是现代主义时代的产物，但后现代时代的数字化趋向和光学的飞速发展则大大加快了照相机的更新和摄影技术的发展，使人们越来越依赖于对景物直接而真切的观赏，因为反映在图像中的景物或历史事件的记载并非纯粹客观的自然主义记录，而是人们以审美的眼光来审视自然进而最终通过各种艺术再现手段创造出的一个"第二自然"：它来源于自然但经过摄像者的取舍和美化甚至拼贴和重组之后又高于自然；它既蕴含着人类对自然美景的向往，同时又体现了人类试图美化自然追求尽善尽美的本能的欲望。

再者，我们说语像写作需要解释，具体体现在这种文本中的图像往往是高度浓缩的，一幅静态的画面实际上蕴含着几十幅甚至上百幅动态画面的意韵，而充当注脚的文字性说明也不可能一览无余地对之作详细的描述，它的画龙点睛效果只能起到一种导读的作用，对深层意义的理解完全取决于读者-观赏者的能动性解读。因此读者-观赏者必须具备较高的读图能力和审美感受力。读者-观赏者期待视野中的积淀越深厚，他/她就越能够对图像作出准确到位的解释。就这个意义上来说，语像写作绝不意味着文字写作的倒退，更不意味着人类的欣赏习惯又倒退到了原始的状态，而恰恰意味着人类审美感受力的提升：他/她不仅处于一种被动的观赏者的位置，而更是处于一种能动的解释者和第二创造者的位置。正是由于他/她的这种能动性的观赏、理解和解释，才完成了摄影者尚未完成的艺术创造，因此他/她的审美鉴赏力也由单纯的解读文字的能力上升到了解读图像的审美鉴赏力和理论阐释能力。这样看来，语像写作的越界特征同时也要求它的欣赏者具有多学科的知识和多门艺术的鉴赏能力。可以说,没有扎实的文字功力和准确凝练的表达能力的摄影师是很难建构一个千姿百态的图像世界的,图片在这样的摄影师手里只能是一堆原始的粗俗的材料。在这个意义上说来,语像写作的崛起并非意味着文字写作的终结,而是对后者的审美意义的高度凝练和提升。应该指出的是,即使语像写作到了其发达的阶段,它仍不能取代文字写作的存在意义和价值。它与文字写作的关系应该是一种共存和互补的平行关系,而不是那种非此即彼的排他关系。

批评边界的消解?

在当今的批评界,人们热衷于讨论的一个问题就是所谓的"越界",或者更具体一些,文学的边界在哪里?文学批评的边界在哪里?延伸到文学研究领域,就是文学研究的边界在哪里?一些恪守传统的精英文学研究者对于新一代研究者的"越界"行为颇感不安,他们十分担心文学研究者会侵入其他领域,比如说美术领域或其他艺术门类。对于这样一种"越界"行为,我认为恰恰是后现代性在文学艺术中的一个明显特征:对文学艺术等级秩序的消解和对日益狭窄的学科领域边界的消解,为一种跨越学科界限和艺术门类的综合研究和批评铺平了道路。语像写作作为后现代社会的一个独特产物,它的崛起也和网络写作一样在很大程度上取决于后工业社会的信息和电子技术的发展。它的独特的后现代特征决定了它只能产生于当今这个后现代社会,依赖人们追求阅读图像的欲望。它和传统的图像艺术所不同的是,它也随着网络技术的发展而发展:在一个硕大无垠的网络世界,人们完全可以在虚拟的赛伯空间尽情地发挥自己的艺术想象力和丰富的文字表现力,编织出一个又一个能够打动读者的故事,拼贴出一幅又一幅美丽动人的图画或影像。当然,网络文学中精芜并存,其中大部分作品作为一次性消费的"快餐文化"很快将被历史淘汰;网络艺术也是如此,大量的图像也许会成为一堆网络垃圾,但也不乏一些艺术精品。我们不可否认,这些来源于网络的艺术品中的少数精品完全有可能会随着时间的推移而逐步被具有鉴赏力的批评家发现其隐含的价值,最终也将跻身经典的行列。此外,网络文学文艺也可以借助网络的无限空间和快速普及之优势,使得一大批备受冷落的精英文学艺术作品走向大众,从而产生更为广泛的影响。这样看来,网络写作实际上也有着后现代的"越过边界-填平鸿沟"的作用。那么以图像为主要表现媒介的语像写作和图像批评又是如何"越界"的呢？我认为主要表现在下面三个方面。

首先，语像写作的主要表达媒介是影像/图像而非文字，虽然文字也起着一定的作用，但并不是主要的作用。这样也就颠覆了传统的文字/图像的二元等级秩序，赋予这些有着众多色彩的画面以生动的故事性或叙事性，同时也给读者-阐释者留下了广阔的想象空间。这实际上也填平了读者和批评家之间的天然鸿沟，使得每一位有着艺术修养的读者也参与到文学欣赏和批评活动中来，而意义的最后完成则在很大程度上取决于读者-阐释着的这种能动性参与。

其次，语像写作的精美画面显然依赖后现代社会的高科技和数字化程度，使艺术对自然的模仿仿佛又回到了人类的原初阶段：这些画面更加贴近自然的本来面目，是艺术家带有审美意识进行精心加工的结果。这样便越过了自然与艺术之间的界限，使得描写自然、模仿自然进而创造出一个"第二自然"在当今这个后现代社会又成了艺术家的神圣职责。既然后现代艺术在某种程度上也和现代艺术一样是一种怀旧的艺术，那么艺术又返回了它的模仿本质。

再者，语像写作缩小了读者与作者之间的距离，使得读者同时与作者-摄影师以及图像文本在同一个平台进行交流和对话。读者的期待视野越是广阔，他/她所能发掘出的文本意义就越是丰富。由此可见，语像写作激发了读者的能动和阐释作用，文本意义的最终完成主要依赖于读者与作者和文本的交流和对话。正是这种多元的交流和对话造成了文本意义的多元解释，赋予了语像批评家更大的阐释自由度和批评空间。

当前，语像写作以及语像批评作为一种艺术和批评性的实验已然崛起，它们将随着全球化时代数字化的飞速发展而发展，其广阔空间和巨大潜能也将越来越被人们认识到。[1]

---

1 我在另一篇长文中，从文化理论批评的角度把当今这个时代描绘为一个"后理论时代"，关于"后理论时代"西方理论批评的走向以及语像批评所扮演的角色，参阅拙文《"后理论时代"西方理论思潮的走向》，载《外国文学》2005年第3期。

文化研究语境中的巴赫金与理论的旅行

毫无疑问,米哈伊尔·巴赫金作为俄罗斯-苏联的一位最有影响的文化哲学家、文艺理论家和思想家,在长达半个多世纪的思考和著述中,为20世纪人类的精神思想宝库留下了丰富的文化和理论遗产。可以说,巴赫金的批评理论和学术思想,早已不仅仅是俄罗斯批评家和文学研究者们的研究课题,而在更大的程度上成了东西方文学理论和文化研究者们共同探讨的一个前沿学术理论课题。

然而,一个不可否认的事实却是,巴赫金的理论价值和学术贡献曾经长期在他的故乡几乎被淹没。它们首先是被西方学者"发现"的,然后"巴学"或巴赫金研究又经历了一个从"中心"(欧美)向"边缘"(苏联和中国)的旅行,最后在中国的语境下达到了高潮。对于这一点,西方的巴赫金研究者也不得不望洋兴叹。在这方面,中国的巴赫金研究者所作出的贡献是不可忽视的。

文化研究语境中的巴赫金

毫无疑问,巴赫金本人并不能算是一位西方理论家,尽管他在西方的影响早已超过了在俄苏学术界的影响。但是一个不可忽视的事实却摆在我们面前：他也和不少来自东方和第三世界的作家和理论家一样，首先是被西方学术界"发现"的。开始是法国学者茨威坦·托多洛夫、朱丽亚·克里斯蒂娃，其后是美国学者迈克尔·霍奎斯特。他们对巴赫金的大力推介和高度评价使得这位来自俄苏的理论家在英语和法语世界长驱直入，在不断的旅行中将其学术影响发挥到了极致。近半个世纪以来，由于后结构主义理论和文化研究在西方理论界的崛起，巴赫金这位曾经长期在自己的祖国受到忽视甚至被埋没的理论家又被重新发现，并对当代的文学和文化理论争鸣产生了某种导向作用。应该承认，西方学界对巴赫金的这种"发现"在很大程度上有着实用主义和各取所需的倾向。结构主义者从巴赫金的批评理论中发现了某种形式的因素，把他的长篇小说话语理论与文学文本的形式分析结合起来；而后结构主义及其之后的理论家们则把他的价值从拘泥于形式分析的文学研究领地拓展到文化理论的范围，从而使他的学术思想得以与当今的文化研究和文化批评相契合。他们都不约而同地在巴赫金的理论宝库中发现了可赖以发展自己理论的重要资源，因而"巴学"在西方也曾一度成为一门显学。随着他的主要著作被逐步译成英文和法文，巴赫金这个名字也在西方学术界近乎家喻户晓。根据初步统计，国际英文学术刊物对巴赫金及其作品的引证和评述，较之同时代的其他理论家，明显地靠前，他的地位和加拿大的神话-原型批评理论家和文化批评家诺思洛普·弗莱齐名，而对当今国际性的后现代主义和后殖民主义理论争鸣以及随后风靡西方的文化研究之影响，巴赫金则更胜一筹。因而，在不少西方学者看来，当今的学术界实际上存在着两个巴赫金：一个是本来的那个在俄罗斯-苏联土生土长的巴赫金；另一个则是被西方发现并在西方的学术话语中建构出来的"巴赫金"。"要想提供一个在这种情景下的完整的巴赫金，则意味着玩弄一种殖民化的（如果不是殖民性的话）认识论的险恶'结合'。"[1] 这一点在我看来丝毫不算夸张。我在这里所要思考并提出的问题是，面对巴赫金在东西方的巨大影响，我们中国学者将获得何种启示？中国学术界何时才能推出自己的大师级学者并使其理论也像巴赫金的理论一样在世界范围内不断地"旅行"？

---

1 Cf. Peter Hitchcock ed., "Bakhtin/ 'Bakhtin': Studies in the Archive and Beyond," *South Atlantic Quarterly,* Vol. 97 (1998), Nos.3/4, p. 517.

就巴赫金的理论在旅行过程中所产生的影响而言，单从下面这一连串受到巴赫金启迪的西方思想家和学者的名单来看，我们就不得不为之折服。近四十多年来，介入后现代主义和后殖民主义理论争鸣的几乎所有主要西方学者，例如米歇尔·福柯、于尔根·哈贝马斯、茨威坦·托多洛夫、弗雷德里克·詹姆逊、伊哈布·哈桑、霍米·巴巴、特里·伊格尔顿等，都不同程度地从巴赫金的著述中发现了新的启示，因而一股"巴赫金热"又在西方学术界兴起，而且至今仍方兴未艾。当然我在这里并不想重复这些西方学者对巴赫金的研究，我的目的是要从一个新的切入点来考察巴赫金在当今的文化研究语境中所显示出来的批评价值和理论影响，以便提出中国学者和批评家跻身国际学术界的积极对策。

在此讨论的文化研究并非一般的传统意义上的文化研究，而是特指西方后现代主义的讨论和后殖民主义理论思潮逐步衰落之后崛起的一股文化理论思潮和学者们普遍关注的一种跨学科、跨文化的学术话语。它在当今这个全球资本化的后殖民时代，几乎成了一面可以包罗万象的新的旗帜。而在这面旗帜下，巴赫金的理论所起的作用显然是不可忽视的。巴赫金著述中所特有的术语，诸如对话理论、时空体结构、话语理论、狂欢化、杂语共存、交往行为等，均高视阔步地频繁出现在后现代和后殖民理论家的著述中，并被他们接纳进论辩的学术理论话语库。这不禁使我们受到这样一种启发：在当今这个全球化的时代，东西方的文化学术交流已并非只是单向度的西方影响东方、中心辐射边缘的模式，而常常是逆向相悖的：理论的旅行有时也出现相反的方向：从边缘到中心，经过一番循环之后再度返回边缘。巴赫金理论的旅行路线大致就是如此。经过后现代主义理论中介过渡到文化研究，一切被压抑在边缘的非主流话语统统得到了解放，从而进入某种"狂欢化"的状态。在这样一种态势下，中心与边缘的天然屏障消失了，被压抑在边缘地区的非主流话语经历着一种从边缘到中心进而最终消解这二者之对立的运动。反过来，在中心产生功能的理论话语同样也可以在边缘运作。巴赫金是俄罗斯土生土长的理论家和思想家，因此他也可以说是一位来自"边缘"的理论家。他的理论虽以"对话主义"著称，但他恰恰是在没有与任何西方学者直接对话的状态下写出这些著作的。具有讽刺意味的是，他的著述却率先在"中心"——整个西方产生了很大的影响，并迅速地辐射到边缘和中心。因而我们可以说，他的理论遗产已经不仅仅属于俄罗斯思想界和学术界,而是属于整个世界的了。

文化研究有着诸多的理论资源。就其主要的理论渊源而言,它除了从索绪尔的结构语言学、列维–斯特劳斯的结构人类学、葛兰西的霸权概念、福柯的后结构主义理论、马克思主义的法兰克福学派等那里获得启示外,一个重要的理论来源就是巴赫金的对话理论以及他的言谈和话语行为,而这正是巴赫金的理论核心,同时也是西方的后现代主义讨论对巴赫金引证最多的地方。众所周知,巴赫金的时代是不允许俄罗斯思想家和西方理论家进行对话的,因而我们可以肯定地说,他在当时那种壁垒森严的地方,确实无法直接与他的西方学术同行进行交流和对话。然而他却在专制的高墙束缚中潜心著书立说,提出了不少西方学者并未注意到的问题,并且预示了多少年之后将在西方学术界掀起的理论争鸣。这无疑具有前瞻性的理论眼光和独立思考的能力。当然,从西方学者考证出来的资料显示,巴赫金也曾借鉴过卡西尔(Ernst Cassirer)的理论,甚至在一定程度上"剽窃"了卡西尔。另一些学者则为之辩护说,这种"剽窃"或借鉴是一种双向的"互动"关系,是可以得到"回应"的,因而也是一种"对话"的关系。[1]也就是说,在当时的封闭状态下,巴赫金很可能间接地受到卡西尔著述的启发,或者说他的理论思考所得出的结论正好与卡西尔的相契合,而不是他有意识地"剽窃"卡西尔的理论。而从时间的先后来看,从一个广阔的国际语境着眼,巴赫金在某些方面虽未剽窃,但至少那些洞见并非他本人首创。这样看来,文化研究中体现出的非精英性、跨学科性和理论的可交往性等特征在很大程度上均来源于巴赫金,或者说与巴赫金的学说有着诸多相通之处。这也就是为什么巴赫金的理论在文化研究的语境下备受关注并依然能继续从边缘向中心运动,而他的不少同时代西方理论大师则被无情地放逐到了边缘。

巴赫金之于文化研究的意义

对于巴赫金及其理论的评价,国内已有不少著述,其中主要涉及这两个方面:首先,作为文学理论家的巴赫金,其理论其实主要体现在他对陀思妥耶夫斯基小说的研究以及"复调小说"理论的建构,在这一点上,巴赫金的

---

1 关于巴赫金对卡西尔著作的借鉴和"剽窃",参阅 Brian Poole, "Bakhtin and Cassirer: The Philosophical Origins of Bakhtin's Carnival Messianism," *South Atlantic Quarterly,* Vol. 97 (1998), Nos.3/4, pp. 537–578。

理论为小说人物的多重性格的理论阐释提供了新的可能性；其次，作为长篇小说话语理论的提出者，巴赫金的贡献则为语言学研究者走出索绪尔式的语言/言语对立的狭隘领地从而进入一个更为广阔的话语空间提供了保证。当然，单就上述两方面的贡献，巴赫金就很值得我们研究了。然而我觉得这还远远不够，至少与当今国际巴赫金研究的主潮相脱节。就巴赫金理论的核心来看，我们完全可以将他置于文化研究的语境之下来考察。而且我们可以断定，巴赫金对文化研究的一些精辟见解的提出，显然要早于英国的利维斯、法国的列维-斯特劳斯和福柯、加拿大的弗莱以及德国的哈贝马斯，因为巴赫金理论的可对话性恰恰就体现在其多学科和跨学科特征上。巴赫金的生命力还体现在他的理论无法被划归任何一个流派：它的对话主义特征使得他的理论能够超越现代/后现代的简单二元对立模式，并且能与马克思主义、形式主义-结构主义及解构主义的诸流派进行对话。因而我们在面对当代文化研究步入前台的情势下，首先会想到巴赫金的贡献和预示。需要指出的另一点是，巴赫金与众多的反对非精英文化的文学研究者的不同之处在于，他善于将文学研究与文化研究的对立化解，使二者呈一种互补和互动的关系。"在文学研究中，巴赫金坚持认为，外部性同样有着价值。为了以一种十分丰富的方式来理解一位作者，研究者既不能把自己还原为自己的影像，也不能使自己成为自己的替身。"[1]这两种倾向都有可能使一切都被还原成一种单一的意识，并使另一种意识全然消解。巴赫金对亚文化文体——民间文学的关注，恰恰说明了它与文化研究的"非精英性"特征有着某种共同指向。在他看来，恰恰是在那些最为精英文学研究者忽视的民间文学中才有可能获取丰富的文化研究资源。由此可见，文学研究若排除文化分析的因素将再度陷入形式主义的泥淖。反之，文化研究若想把文学研究全然取代也是不可能办到的。在当今的国际文学研究界出现的"返回审美"之呼声中，我们完全可以听到巴赫金多年前作出的上述预示。

其次，巴赫金的理论内含着一种向心和离心的张力，而正是这种内在张力才使得他的理论具有持久的生命力。关于后现代主义的讨论在中国和其他东方或第三世界国家的兴起突破了"欧洲中心"或"西方中心"的模式，

---

1 Cf. Gary Saul Morson and Caryl Emerson, *Mikhail Bakhtin: Creation of a Prosaics*, Stanford, CA: Stanford University Press, 1990, p. 56.

为以第三世界的文化和文学现象对西方的后现代理论进行质疑乃至重构铺平了道路。而关于后殖民主义的讨论和后殖民地文学的研究则加速了东方和第三世界国家的"非殖民化"和"非边缘化"进程，对传统的文学经典的构成及其权威性进行了质疑和重写，使得我们的东方文化逐步在从边缘步入中心，进而打破单一的西方中心之神话，使进入新世纪的世界进入一个真正的多元共生、互相交流和对话而非对峙的时代。巴赫金作为一位来自英语世界以外的苏联理论家，他的地位显然是居于边缘的。近半个世纪以来的"巴赫金热"却把他推到了理论争鸣的中心，还使他同时在中心和边缘产生作用，进而起到了促使中心与边缘交流和对话之作用。我以为这一历史作用是其他西方理论家无法起到的。巴赫金从边缘向中心的运动进而消解中心的尝试，对我们中国的文化研究者和理论批评家无疑有着重要的启迪意义。

再次，文化研究中一个讨论热烈的话题就是文学经典的重构。对此我已在本书中以及另一些场合作过专门讨论，此处不再赘言。[1]这一话题自然也使我们想到巴赫金的"狂欢化"概念，这一概念对长久以来贯穿着"欧洲中心主义"和"西方中心主义"思维模式的文学经典的构成显然是一个有力的冲击。从时间上来看，它也先于康斯坦茨学派于1960年代中期提出的接受美学理论。诚然，文学经典就其本质而言，是由历代作家写下的作品中的最优秀部分组成的。正如哈罗德·布鲁姆所言，经典也就"成了在那些为了留存于世而相互竞争的作品中所作的一个选择，不管你把这种选择解释为是由占主导地位的社会团体、教育机构、批评传统作出的，还是像我认为的那样，由那些感到自己也受到特定的前辈作家选择的后来者作出的"，[2]因而写下这些经典作品的作家也就被称为经典作家，对此是不容置疑的。长期以来，西方文学理论界所争论的问题是，经典究竟是怎样形成的？它的内容应当由哪些人根据哪些标准来确定？毫无疑问，确定一部文学作品是不是经典，并不取决于普通读者。决定它在文学史上的地位的主要有这三种人：文学机构的学术权威、有着很大影响力

---

1 参阅王宁，《文学经典的构成和重铸》，载《当代外国文学》，2002年第3期。

2 Harold Bloom, *The Western Canon: The Books and School of the Ages*, New York: Harcourt Brace and Company, 1994, p. 18.

的批评家和拥有市场机制的读者大众。其中前两种人可以决定作品的文学史地位和学术价值，后一种人则能决定作品的流传价值，有时也能对前一种人作出的价值判断产生某些影响。由此可见，在经典构成的背后有着权力的运作机制。而20世纪西方文学学术研究和批评的历史演变，正是体现了这三者之间的相互作用和相互制约关系。巴赫金的平民意识和非精英意识始终贯穿在他的著述中，尤其体现在他的"狂欢"概念中。它打破了文学分类中的等级制度，为长期以来被精英理论家和文学史家放逐到边缘地带的被压抑的民族的话语写作进入文学的殿堂铺平了道路。同时，之于文学阅读，它则为普通读者参与文学经典的建构提供了理论依据。

　　最后，我们还应当考虑到巴赫金的对话理论对当代文化批评的启示。纵观20世纪西方文学的发展，我们可以看出，直到世纪中叶，文学理论界都一直是形式主义批评占主导地位。形式主义理论批评的一个重要特征就是注重文学的内部研究（韦勒克语）：无论是英美新批评派以单个文本为中心的细读式批评还是结构主义探讨诸文学作品之内在关系的研究，基本上都未能摆脱"语言的囚笼"。虽然马克思主义的基于经济基础和上层建筑之关系的意识形态和社会-历史批评和弗洛伊德的精神分析批评从外部对其产生过一些冲击，但它们面对强大的形式主义的崇尚经典文学研究的挑战仍在很长一段时间内束手无策。倒是一些批评流派和理论家（如F. R. 利维斯、诺思洛普·弗莱、米哈伊尔·巴赫金等）从文学的形式分析入手，引入了文学以外的文化分析因素，从而拓展了文学经典的范围，把文学置于一个广阔的文化语境之下来考察，达到了文学的文化批评之高度。正如有学者所指出的那样，在巴赫金的思想中，不存在所谓的作者之权威，只有"那种可回答性（可反应性）的概念，但是其中的含义却只有巴赫金的著作中的语言学转向，即对话主义的时刻到来时才可得到恰当的阐述"。[1]显然，巴赫金的这种文化批评并不是脱离文学文本的大而无当的批评，而是以文学为研究对象的文化批评。他和上述这些来自文学研究领域的文化批评家的大胆尝试，连同另一些时代的、社会的甚至读者方面的因素，共同构成了对经

1　Cf. Peter Hitchcock ed., "Bakhtin/ 'Bakhtin': Studies in the Archive and Beyond," *South Atlantic Quarterly,* Vol. 97 (1998), Nos.3/4, p. 527.

典文学研究和形式主义批评的有力挑战。实际上，早在1920年代末，当形式主义在苏联受挫却在西方理论界逐步崛起时，巴赫金就匿名出版了《文学研究中的形式主义方法》和《马克思主义和语言哲学》两部重要著作，给了形式主义批评以有力的批判，为多年之后文化批评在西方的崛起奠定了一定的理论基础。当西方学术界将这两部著作翻译介绍到英语世界时，人们不禁发现，巴赫金竟是这样一个可以预示未来的理论天才，因而他作为当代文化批评的先驱和主将的地位便牢固地确立下来了。可以说，在当今的西方理论批评界，面对文化的概念被大肆滥用，原先的一些从事文学研究的文化批评家便从巴赫金等人的实践中获得启示，提出了把文学研究的范围扩大到文化的语境下，并为日益变得领地狭窄的文学研究摆脱危机的境地铺平了道路。

巴赫金对我们的启示

如上所述，巴赫金与风靡当代西方学术理论界的文化研究有着密切的渊源和互动关系，他作为文化研究的主要理论来源之一所应该享有的地位应当得到重视。这也许正是随着时间的推移，巴赫金的理论变得越来越重要的原因所在。我们随即便会面临这样的问题，为什么在当今的国际文学理论前沿，我们能够看到异常活跃的印度裔学者佳亚特里·斯皮瓦克和霍米·巴巴，却看不到中国学者的身影呢？如果我们的回答是由于语言障碍所致的话，那么对于巴赫金现象又作何解释呢？

赛义德在《旅行的理论》一文中指出：理论有时可以"旅行"到另一个时代和场景中，而在这一旅行的过程中，它们往往会失去某些原有的力量和反叛性。这种情况的出现多半受制于那种理论在被彼时彼地的人们接受时所作出的修正、篡改甚至归化，因此理论的变形是完全有可能发生的。用旅行的理论这一概念来解释巴赫金理论的世界性影响也是十分恰当的。赛义德在《旅行的理论再思考》一文中总结道："理论的观点始终在旅行，它超越了自身的局限，向外扩展，并在某种意义上处于一种流亡的状态中。"[1]这就在某种程度上重复了解构主义的阐释原则：理论的内涵是不

1　Cf. Edward Said, *"Reflections on Exile" and Other Essays*, Cambridge, MA: Harvard University Press, 2000, p. 451.

可穷尽的,因而对意义的阐释也是没有终结的。而理论的旅行所到之处必然会和彼时彼地的接受土壤和环境相作用进而产生新的意义。我们若以此来描述巴赫金的理论在不断的旅行中所产生出的新的意义倒是十分恰当的。但是与赛义德本人的理论旅行所不同的是,巴赫金的理论旅行也和阿多诺、卢卡契以及法农等大师的理论旅行一样,在很大程度上得取决于翻译的中介和转述。我想这一点尤其对我们中国的文学理论走向世界并在整个世界不断地旅行有着重要的启示。

众所周知,巴赫金并不具备用英语撰写学术论文或著作并在西方学术刊物或出版社发表论文或出版专著的能力,而且更为糟糕的是,即使他具备这种交流能力和条件,巴赫金时代的政治气候也迫使他不敢这样去做。具有讽刺意义的是,巴赫金的理论以对话主义而著称,但这位一生呼唤交往和对话的思想家却不得不在一个极其封闭的条件下独白和独立思考。正是在这样一种不利的政治和学术气氛下,巴赫金写下了具有划时代意义的学术著作。这不能不对我们中国学者有所启示。在这方面,我们至少可以感到欣慰的是,中国学者在国际巴赫金研究领域先行了一步,七卷本《巴赫金全集》中文版的出版实际上向国际学术界表示,中国学者有能力也有信心跻身国际学术前沿,在国际性的理论争鸣中发出自己的独特声音。而在中国的巴赫金研究中,钱中文所起的独特作用是不可忽视的,同时也已经引起了国际学术界的瞩目。[1]

在历时十多年的巴赫金研究中,钱中文在全面地总结了巴赫金在整个20世纪世界人文科学领域内的贡献后颇有见地地指出:"巴赫金的学术思想博大精深,他未立体系,却自成体系。这是关于人的生存、存在、思想、意识的交往、对话、开放的体系,是灌注了平等、平民意识的交往、对话、开放的体系。巴赫金确立了一种对话主义,如今这一思想风靡于各个人文科学领域。巴赫金的交往理论、对话主义,使他发现了自成一说的人和社会自身应有的存在形态。这种思想应用于文学艺术研究,促成他建立了复调小说理论,一

---

1 钱中文在第一届中美比较文学双边讨论会(北京,1983)上的发言《巴赫金的"复调"理论问题》引起了与会的美方学者的高度重视。虽然当时出席会议的美方代表中没有巴赫金研究专家,但这篇论文的英文版最终却在国际权威刊物《新文学史》(*New Literary History*)上发表,并受到拉尔夫·科恩、迈克尔·霍奎斯特等西方学者的高度评价。这一点在国内鲜为人知。

种新型的历史文化学思想，为文学、文化研究开辟了新的领域。"[1]这是他在经过潜心研究和深入思考后得出的颇有启发意义的结论，理应受到我们的重视。

虽然巴赫金的理论价值率先由西方学界"发现"，但不容忽视的一个事实却是，七卷本《巴赫金全集》中文版的出版大大早于英文版《巴赫金全集》。这无疑与钱中文的敏锐眼光和理论前瞻性相关。可以说，在国际巴赫金研究领域，钱中文的贡献不仅在于对巴赫金的复调理论所作的新的阐释，更为重要的是，他创造性地将巴赫金的对话主义与哈贝马斯的交往理论糅合在一起发展出一种具有中国特色的"新理性精神"。这正是他在超越了现代/后现代和东方/西方的二元对立思维模式之后在国际学术界发出的中国学者的理论建构的独特声音。在这方面，我认为，随着时间的推移和中国文学理论研究成果日益为世人所知，钱中文的理论建树将逐步被国际学术界发现，进而成为巴赫金研究以及文学阐释理论过程中的中国声音。

---

1 见钱中文：《文学理论：走向交往对话的时代》，北京：北京大学出版社，1999年版，第174页。

德里达与解构批评：重新思考

2004年10月8日，法国著名哲学家和思想家，对20世纪的人文科学以及文学理论批评有着举足轻重影响的解构主义大师雅克·德里达因患胰腺癌在巴黎的一家医院与世长辞。消息传来，整个欧洲和北美的思想界和学术界都产生了巨大的反响，学者们和人文知识分子都为这位对当代人类思想和学术研究发生了深远影响的理论大师的逝世而感到悲痛。法国总统希拉克发表声明，高度评价了德里达毕生对法国思想文化和人类文明作出的贡献："正是有了他，法国才给了整个世界一位最伟大的哲学家和对当代知识生活产生了重要影响的人物。"毫无疑问，不管人们对他的理论和思想持何种看法，德里达的英名终将和马克思、尼采、弗洛伊德、爱因斯坦等思想巨人的名字一样永载史册。我们今天在中国纪念这位世纪伟人尤其有着重要意义，因为他的理论思想不仅对中国当代的哲学和人文社会科学产生了重要的影响，而且对中国当代的文学理论批评也产生了难以替代的影响。他生前十分关注中国文化和语言，对中国近二十多年内发生的变化感到由衷的高兴。作为一位人文学者，他也始终关注着中国的人文科学研究，热情支持中国的人文科学研究，和不少中国学者建立了个人友谊和学术交流关系。可以说，包括我本人在内的一大批仍活跃在中国当代文坛的先锋派批评家，正是在德里达的解构思想的启迪下成长起来并逐步走向世界的。

结构主义／后结构主义语境中的德里达

德里达所生活和著述的时代一般被称为结构主义和后结构主义时代，也就是说，这两种思潮曾在那时交替占据着当代思想的主导地位，而他本人则是从结构主义过渡到后结构主义过程中起到推波助澜作用的最重要的思想家。毋庸讳言，在当今后结构主义及其衰落后的各种理论思潮中，仍占有突出地位并且影响最大的理论家当首推德里达。这位思想巨人于 1930 年 7 月 15 日出生在阿尔及利亚阿尔及尔，是一位典型的"流散"知识分子。作为一位出生在非洲-阿拉伯地区的犹太人后裔，德里达的学术道路实际上堪称当代众多理论家从边缘走向中心并最终占据中心地位的一个典范。德里达的学术生涯开始于 20 世纪 60 年代初。他早年毕业于巴黎高等师范学校，1960—1964 年在巴黎第四大学（索邦）教授哲学，自 1965 年起任巴黎高等师范学校哲学教授。他曾经创立了巴黎国际哲学院并成为首任院长，逝世前长期担任法国社会科学高等研究院研究员。从文学理论批评的角度来看，德里达在 20 世纪后半叶西方理论批评界的崇高声誉在很大程度上得益于他在美国的学术活动以及美国的文学理论家对他的解构理论的推广、实践和普及，因此他在美国的影响甚至远远超过了在法国的影响。德里达曾于 1975—1985 年任耶鲁大学客座教授，被认为是美国的解构批评"耶鲁学派"的主将和领袖人物。解构理论在北美失势后，他随即被聘为加州大学厄湾分校批评理论研究所研究员，并曾先后兼任康乃尔大学、约翰·霍普金斯大学、杜克大学、纽约大学等多所著名学府的客座教授，每年继续频繁地往返欧美两大陆，不断地传播自己的批评理论思想。

毫无疑问，德里达的名声在很大程度上与其解构主义哲学密切相连。解构主义哲学又称"后哲学"，对传统的理性哲学有着强有力的挑战和消解作用。德里达的后哲学的理论穿透力，实际上消解了哲学与文学的界限，也即加速了"哲学的终结"和"文学的解放"，为一种新兴的人文学的诞生奠定了基础。尽管德里达多次辩解说，解构并不是一种理论，甚至在某种程度上是一种反理论的策略。它的意义绝不在于"摧毁"或"破坏"任何东西，而是起到对结构的消解作用，但结果这种尝试仍充当了曾在美国一度风行的解构批评的重要理论基础。甚至可以这么说，德里达就是解构理论乃至整个后结构主义／后现代主义理论思潮的鼻祖和领衔人物。尽管德里达从来不滥用后现代主义或后殖民主义这些批评术语,但利奥塔、哈桑、赛义德、斯皮瓦克、巴巴这些公认的后现代主义或后殖民主义大师却无不受到他的思想的影响。甚至连哈贝马斯、詹姆逊这样的马克思主义理论家也受到了他的影响。英国当代马克思主义文学理论家和文化批评家特里·伊格尔顿曾是最激烈地批评德里达的解构理论的西方学者之一,但对德里达去世后所遭遇到的"冷漠",也是最先拍案而起为其辩护者之一。[1]当然,后期的德里达也对马克思主义发生了兴趣,并受其深刻启迪和影响,试图从中发现可与之进行对话的东西。

不可否认,德里达的理论建树体现在诸多学科领域中。我们从文学理论的角度来考察德里达的贡献,就必须从构成文学文本的重要因素语言入手。德里达的理论对文学批评理论的影响首先体现在,他始终关注语言问题,早年曾对胡塞尔 (Edmund G. A. Husserl) 的现象学进行挑战和质疑,并曾一度迷恋索绪尔的结构语言学和列维-斯特劳斯的结构主义批评。他的解构尝试也正是由此开始的。他反对结构主义的那种诉诸单一结构的片面语言观,认为语词有着诸多的层面和多重意义,因而对由语言词汇组成的文学文本的解释就应当是多重的。显然,这一观点对认为言语是交流的直接形式的看法提出了强有力的挑战,同时也反拨了文本的作者就是意义的掌握者的观点。在以德里达为首的解构主义者的不懈努力和探索下,书面语言摆脱了语言结构的束缚,这为意义的多重解释铺平了道路。

虽然解构主义被认为是反历史的,但我们仍可将德里达及其理论思想放在特定的历史背景下来考察。德里达崛起的时代正是法国思想界从存在主义向结构主义过渡的时代,而曾经是结构主义中坚分子的德里达等人则迅速地摆脱了结构主义思维定势的束缚,摇身一变成了一位坚定的后结构主义者。后结构主义顾名思义,自然与结构主义有着不可分割的渊源关系,实际上就是结构主义内部的反叛力量。德里达生前曾对把他列为后结构主义者表示不满,但实际上,那么做旨在说明他与结构主义割舍不断的渊源关系。应该说,他对结构主义向后结构主义的过渡起到了重要的推波助澜作用。1966 年在美国约翰·霍普金斯大学举行的一次讨论结构主义的研讨会

---

1 关于伊格尔顿为德里达辩护的文章,参阅《中华读书报》2004 年 10 月 20 日第 4 版刊登的康慨的文章,《谁在作践德里达?》。

上,德里达作了题为"人文科学话语中的结构、符号和游戏"的报告。此报告后收入大会论文集时,人们显然已看出会议的结果与组织者的初衷有了较大的差距,因为结构主义的一些教义已受到德里达的批判和质疑,结构主义的中心被全然消解了,结构主义的大厦发生了动摇。探讨文学的另一种方法已出现,这就是所谓的"解构主义"批评理论。他的这种挑战由于是在结构主义阵营内部发起的,故被人称为"后结构主义"的反叛力量。尽管德里达本人并不承认解构主义与后结构主义相同,甚至认为,后结构主义在很大程度上是伴随着结构主义的衰落而出现的,在时间上后于结构主义,而解构的尝试则早在结构主义运动出现之前就已经存在了,但解构主义作为对结构主义的反动,与作为现代主义的反动的后现代主义文化现象的出现有着某种不言而喻的契合。从时间上来看,后结构主义出现于结构主义之后,冲破了结构主义的牢笼,有着反结构主义的宽泛的文化哲学含义,因而后结构主义运动一旦崛起,便将同样有着反结构主义倾向的解构主义当作其中坚力量。而解构主义,则如同德里达本人所描述的,其踪迹确实早已在胡塞尔和海德格尔那里就存在,只是在结构主义发展到全盛时期便作为其对立面而崭露头角。由此看来,考察解构主义,就不能不加分析地将其斥责为"虚无主义"而一概否定,而应当透过其含糊不清的现象,究其本质特征和历史渊源。

重访解构理论与文学批评

作为一位极其多产的创造性理论批评家,德里达一反经院哲学的传统,将他的著述定位在哲学和文学之间,或者说是一种文学化了的哲学著作。这与尼采的传统是一脉相承的。德里达倾毕生之精力致力于解构的工作,出版了大量著述,而且几乎所有的著作一经问世,就迅速进入英语世界,并在北美的批评理论界产生重大的影响。值得在此提及的是他自1967年以来出版的重要著述:《论文字学》、《写作与差异》、《言语与现象》、《播撒》、《哲学的边缘》、《丧钟》、《明信片》、《他者的耳朵》、《哲学的法则》、《马克思的幽灵》和《他者的单语主义》等。这些著作系统地阐述了他的解构理论和以解构为核心的学说。由于德里达的哲学思想早已超越了传统的哲学范畴,融入了人类学、语言学和精神分析学的成分,形成了一种范围更广的批评理论,因而他在经院哲学界的地位始终受到质疑。

一般认为,德里达的著述十分艰深难读,即使是阅读斯皮瓦克的英译本或卡勒的阐释性著述也常常令人不知所云。这里我应当指出的是，和他的许多同时代法国学人相比，德里达应该算是十分幸运的。他在英语学术界的影响主要得助于三位美国批评家的翻译和阐释：佳亚特里·斯皮瓦克、乔纳森·卡勒和希利斯·米勒。在这三位美国学者中，斯皮瓦克的贡献主要体现在将德里达早期的代表性著作《论文字学》译成英文，并在长达80多页的译者前言中系统地阐释了德里达的艰深晦涩的解构理论思想，为其在美国批评界的实践和普及奠定了基础；卡勒的《论解构：结构主义之后的理论与批评》则是全面阐释德里达的早期理论的最为清晰的一部著作；米勒的贡献则主要体现在紧紧地跟踪德里达的学术道路，及时地将他在各个时期的学术思想和理论建树具体化在文学批评和阅读上。有人认为正是由于美国批评界的翻译和阐释才使得德里达的解构主义变了形，但若仔细考察始终受到德里达本人鼓励和支持的"耶鲁学派"批评家们的实践，我们就不难看出，这种"变形"恰恰是德里达本人所认可并希望的。当解构主义完成了对结构主义的中心意识的拆解时，解构的宗师所关心的恐怕主要是如何将其广泛应用于其他的相关学科领域。既然经院哲学的领地封闭得难以使人驻足，那么涉足文学的领地还是比较容易如愿以偿的。也正是由于德里达对文学批评的涉足和他那一篇篇闪烁着哲学家睿智火花的文学批评和理论阐释文章，他曾多次获得诺贝尔文学奖的提名。我们可以设想，如果没有上述三位美国文学学者的批评阐释，德里达早期的那些高深理论和艰涩著述恐怕至今也只能置放在哲学学者们的书架上赋闲。

对于德里达早期的解构主义学说的意义和源头，斯皮瓦克把握得比较准确。在她看来，德里达及其解构学术思想的出现绝不是偶然的，而是有着深刻的理论渊源，这个源头至少可以追溯至康德。通过对德里达与其前辈康德、尼采、海德格尔等人的思想的比较，斯皮瓦克总结道，自康德以来，哲学已经意识到必须为自己的话语负责。"如果为自己的话语负责这一假想可导致这一结论，也即所有的结论都实实在在地是临时凑成的并且具有包容性，那么所有的原文也同样缺乏独创性，责任必定与轻佻浮躁相共存，它没有必要成为阴郁的原因。"[1]这就从某种程度上肯定了德里达对西方形而上

---

1 Cf. Jacques Derrida, *Of Grammatology*, trans. Gayatri Chakravorty Spivak, "Translator's Preface", Baltimore and London: The Johns Hopkins University Press, 1974, p. 13.

学的批判，并为其合法性予以了解释和辩护。作为一位有着自己独特行文风格的哲学家，德里达一反经院哲学的学究式文风，以一种介于哲学和文学之间的"诗化"的文风来阐释他的解构思想。对德里达的这种批评方式和行文风格，斯皮瓦克有着自己的见解，并大受其益，但她同时也对解构主义中隐藏着的问题有所洞察。通过对解构主义的特征的仔细考察，她总结道："我们应当注意到，德里达的批评是放在两个问题的框架内来表达的，而不是一系列宣言。然而，即使我们打算在我们的文段中提取单单属于宣言性的句子，也会很明显地表明，德里达之所以批评尼采，准确地说是因为尼采仅仅解释他认为可解释的东西，同时也因为大大扩展了意义的隐喻（象征）只能成为表义过程的名称，而非对那一过程的批判。"[1]毫无疑问，在德里达解构主义的先驱者中，最重要的是尼采和海德格尔：前者的诗化哲学风格为德里达消解哲学与文学界限的尝试铺平了道路，而后者则直接对解构主义所隐含的破坏性和批判性有所启示。德里达是这两位解构先驱者在当代的传人。正如斯皮瓦克所洞察到的，同时也是德里达本人所认同的，这三位思想家的解构策略各有自己的特色：海德格尔"介于德里达和尼采之间。几乎在每一场合，德里达都要写到尼采，而这时，海德格尔的阅读总要被引出来。似乎德里达通过反对海德格尔而发现了尼采"。[2]对于德里达与弗洛伊德和拉康这两位精神分析学家的关系，国内学者很少有所论及，而斯皮瓦克却早就有所窥见，并强调了德里达所受到的弗洛伊德理论的启迪："德里达同时也从弗洛伊德那里接受了一种狭义的解释方法"，海德格尔的"破坏性"方法与德里达的"解构性"方法的"一个明显区别就在于，后者的注意力放在文本的细节上，并不是放在句法上，而是放在句法中的词的形状上。德里达对弗洛伊德的梦可以把'词'看成是'物'这一观念颇为着迷"。[3]这一点尤其体现在《论文字学》第二部分对分析方法的运用上。正是在很大程度上基于对弗洛伊德理论的解构式阅读，德里达发展了自己的以解构为特征的元批评风格。

当然，从文学理论的角度来理解德里达的学术思想，需更多的篇幅来展

---

1 Cf. Jacques Derrida, *Of Grammatology*, trans. Gayatri Chakravorty Spivak, "Translator's Preface", Baltimore and London: The Johns Hopkins University Press, 1974, p. 24.

2 Ibid., p. 33.

3 Ibid., p. 45.

开论述。我这里仅基于自己过去对德里达及其解构理论的研究，[1]再次对德里达早期的批评理论思想提出自己的看法：对于借助于英语的中介或从英文的语境中来理解德里达及其早期理论的学者来说，斯皮瓦克的研究无疑是打开德里达的幽闭解构理论王国的一把钥匙。如果我们将德里达对人类思想的贡献放到整个西方文化思想和哲学背景下来考察，或者从他对文学批评的直接影响着眼，便可看出他在整个人文科学领域内的主要创新。这些具有创新性的理论观点概括起来，主要表现在以下几个方面。

（一）写作与逻各斯中心主义批判。德里达学说的一个重要特点就在于颠倒写作（书面语）与口语的等级序列从而实现对逻各斯中心主义的批判，也即反对所谓的词语中心主义。在他看来，西方语言学理论以及所有西方的哲学思想和文化，都贯穿着一个中心，即逻各斯中心主义，或曰词语中心，而这个中心实际上又以语音中心为其核心和基础。按照德里达的看法，言语优先于写作（即语音中心主义）的一个特权就是词语中心主义的经典性特征。词语中心主义曾在索绪尔的结构语言学那里被奉为至宝，因此，作为后结构主义代表人物的德里达就存心要消除这个中心。因为，在后结构主义者看来，对语言的解读是永无止境的，是由无数个替换意义的差异所构成。德里达自己在阅读过程中，往往抓住一部作品中某个次要的东西，例如注解或引喻，加以仔细的琢磨，试图透过词语表层的现象，发现隐于其中的东西，最终把这个由一系列词语构成的文本分解。至于（诉诸书写的）写作与（诉诸声音的）言语的关系，德里达不是将写作视为口头表达的一种"寄生性"派生物，而是故意将这二者的位置颠倒过来，将言语视为写作的派生物。他评述道："如果'写作'意味着记入，尤其是符号的持久性设立（这是写作这个概念唯一不可还原的核心），那么，写作从总体上说来就涵盖了语言符号的整个领地……设立这个观念，也就是符号的任意性这一观念，就不可能被认为是优先于或外在于写作的地平线的。"[2]因此，德里达眼里的写作，从总体上说来，是一种"首要的写作"，或者说是一种原初的写作，而从狭义来说，则是言

---

1 在这方面，主要参阅王宁，《后结构主义与分解批评》，载《文学评论》1987年第6期。应该承认，我当时对德里达以及耶鲁学派的了解，主要是通过卡勒的著作《论解构：结构主义之后的理论与批评》(Jonathan Culler, *On Deconstruction: Theory and Criticism after Structuralism*, Ithaca: Cornell University Press, 1983.)之中介。

2 Jacques Derrida, *De la grammatologie*, Paris: Editions de Minuit, p. 65.

语的条件。这种观点和方法对阅读历史文本和从事文学批评显然有着重要的启示意义：我们今天从文本中获得的意义并不是首先通过声音实现的，而是首先从前人写下的文本的书面语中获得的，这就从根本上动摇了语音中心主义的大厦。

（二）差异与延缓。虽然德里达是一位思辨性极强的哲学家，但他也没有忘记语言本身的作用。他在《写作与差异》等文集和专著中，反复在一些文字上做游戏，其中一个颇为令人玩味的例子就是différance这个词。这个词本身在法语和英语中都不存在，但根据这两种语言的构词法（即有时两个词各取一部分相互结合起来，构成一个"合成词"），德里达自创了这个蕴含丰富的新词。但关键的问题是，德里达的目的并不在于单单创造一个新词，而是借这个多重含义的词来表达自己不确定的玄学假想。有的批评家认为，différance这个词含义太多，难以充分加以解释，因此在英译本《写作与差异》中，这个词就故意未译成英文，意在让读者知道在英文中尚没有与之相对应的词。[1]我们若也使用德里达本人的惯用阅读方法，将这个词的结构拆散并分解，便可看出，这个词实际上既非主动又非被动地将动词différer的含义的暗合性结合了起来：第一个意思是差异（différence），主要是诉诸空间；第二个意思是延缓（différé），主要是诉诸时间。德里达认为，语言不过是"差异与延缓"的无止境的游戏，最后的结论是永远得不出的。文本与文本之间始终是一种互文的关系，因而对文本的阐释就形成一种"阐释的循环"。那么différance这个词究竟有何内在含义呢？德里达对之的解释是：

> （différance）是一个结构，一种运动，它不能基于对立显在/未在来设想。différance是各种差异及其踪迹的系统游戏，是各种元素据以相互关联的空间（espacement）游戏。这一空间是既主动又被动的间隔的产物（différance一词中的a表明了这种不确定性与主动和被动都有关，它至今仍不可能受到对立的制约和组织），而没有那些间隔，"含义充分的"词语就不能指义，不能产生功能。[2]

1　Cf. Jacques Derrida, *Writing and Difference*, translated, with an introduction and additional notes, by Alan Bass, Preface to the English edition, Chicago: University of Chicago Press, 1978, p. 16.

2　Jacques Derrida, *Positions*, Paris: Editions de Minuit, 1972, pp.38-39.

由此可见，正是这些差异和延缓导致了解构式阅读的多元性和意义的不可终极性。之后德里达又将这一文本阅读的策略用于翻译，从而开启了一种解构主义的翻译观。[1]而这一思想用于文学批评，实际上也为批评家寻求不同以往既定解释的新的意义奠定了基础，同时也为文学经典作品的重新翻译确立了合法性。

（三）播撒和分解。继《写作与差异》之后，德里达于1972年又出版了《播撒》。在这本书中，他将différance这个词的含义又扩大了，即由原来的差异—延缓，发展到播撒 (dissémination)。由于文本间有着差异和间隔，因而造成了延缓，对于信息的传达就不能是直接的，而应当像撒种子一样，将信息"这里播撒一点，那里播撒一点"，[2]不形成任何中心地带。这实际上是他一贯反对的逻各斯中心主义的继续和"去中心化"尝试的另一种方法。所谓"播撒"就是要"颠倒所有这些恢复了的主宰姿态。它试图挫败这样一种企图：以一种颇有秩序的方式走向意义或知识，它也想通过某种无法控制的过度或失落来打破意图或希望的巡回"。[3]显而易见，有了"差异—延缓—播撒"作为武器，德里达就可以无忧无虑地进行自己的"解构式阅读"了。毫无疑问，这种"去中心化"的解构思想始终是其后的后现代主义和后殖民主义批评家消解中心、批判现代主义等级秩序和殖民主义文化霸权的有力武器。德里达在定义自己的阅读策略时曾这样写道：

> 阅读必须始终针对某种关系，这种关系是作者未察觉到的，居于他驾驭和没有驾驭的语言形式之间。这种关系并不是阴影和光亮、虚弱和力量的某种数量上的分布，而是批评性阅读所应当产生的一种指义结构。[4]

---

1 关于解构主义的翻译理论及研究，尤其应当参阅德里达本人的论文："What Is a 'Relevant' Translation?" *Critical Inquiry*, Vol. 27, No. 2 (Winter 2001), 174–200；以及他在翻译领域里的主要代言人劳伦斯·韦努蒂的评介性文章：Lawrence Venuti, "Introduction" to Derrida's "What Is a 'Relevant' Translation?" *Critical Inquiry*, Vol. 27, No. 2 (Winter 2001), 169–173.，也可参考王宁，《德里达与翻译理论的解构》，载《中国翻译》，2005年第1期。

2 Cf. Jacques Derrida, *Dissemination*, translated, with an introduction and additional notes, by Barbara Johnson, Chicago: University of Chicago Press, 1981, Preface to the English edition, p. 32.

3 Ibid., p. 32.

4 Ibid., p. 15.

也就是说，解构式阅读的目的是发现一种关系（结构），在将其推向极端或突出地位时将其中心消解，同时也将其具有整体性的意义播撒和分化。在德里达看来，这种阅读没有一个出发点，也没有终极点；它不想指出作品的力量和缺陷所在，也无意作出任何价值判断。它与其说是一种目的，倒不如说是一种"破坏性的"和"去中心的"手段，因此，难怪有人抱怨解构主义的特征是"自我放纵"和"虚无主义"。对此德里达曾在多种场合进行过辩解。当然，我们从今天的角度来看并不难理解：人类社会的任何思维模式和观察方法都不是一成不变的，一种思想方法持续到一定的时候，如不在其内部进行自我发展和自我扬弃，就会导向僵化，就会导向危机（也有人认为解构理论本身就是一种"危机的理论"）。我们对"危机"（crisis）这个概念也应当有新的认识。按照德里达的解构思维方法，这个词可蕴含着crisscross（十字形）的意思，也即我们走到危机之境地时，常常就仿佛处于一个十字路口，下一步就是要找到自己的转折点。诚然，结构主义有着"严谨的"、"科学的"、"理性的"、"整体的"甚至"刻板的"一套思维模式和方法论，但结构主义往往会束缚人们的想象力，阻碍个人主体意识的发挥，使人的思想方法拘泥于某种既定模式的桎梏，在文学批评中容易误入难以摆脱的死胡同。德里达从另一个角度对其进行反拨、批判、分解，无疑是有着进步意义的。但是他怀疑一切，甚至怀疑自己的思想方法，不免会使人感到，他在拆散了结构主义的"框架"之后，自己想作何建树？对此，德里达虽未作过解释，但人们完全可以从"解构"（deconstruction）这个词所同时隐含的"分解"和"建构"之悖论性意义中看出其双重含义。德里达始终认为，解构"并不是破坏性的，它并无意消散分解或减少任何成分来达到揭示一种内在本质之目的。它倒是提出了关于本质、关于出场的问题，确实，这也与内在/外在现象/本质之图式相关"。

如前所述，德里达的解构理论在很大程度上是通过美国的文学批评界之中介才得以普及的，因此解构理论一经在北美学术界登场，便对曾经为新批评的教义一统天下的北美批评界产生了极大的冲击，但同时也引发了很大的争议。弗兰克·伦特里奇亚（Frank Lentricchia）在其专著《新批评之后》中曾概括道：

267

　　大约在70年代的某个时候,我们从我们的现象学教条式沉
眠状态中觉醒时,不禁发现,一种崭新的存在已绝对地控制了
我们的先锋派批评的想象力:雅克·德里达。我们似乎十分惊
异地获悉,尽管有不少不严谨的与之相反的特征,但他带进来
的却不是结构主义,而是被称作"后结构主义"的东西。随即
便在保尔·德曼、J. 希利斯·米勒、杰弗里·哈特曼 (Geoffrey
Hartman)、爱德华·赛义德以及约瑟夫·里德尔的知识生涯中,
出现了向后结构主义方向和论争方面的转变。所有这几位批评
家都曾在60年代为现象学的潮流所倾倒,他们的这些转变本身
就说明了进入后结构主义时代的全过程。[1]

　　从他的上述概括中,我们不难看出,后结构主义或解构主义的出现并不
是偶然的,它标志着结构主义在发展到极致时的一种内部的必然反拨。究
其所受到的影响渊源而言,德里达首先从弗洛伊德那里获得了阅读的策略
和批评的灵感,而他的怀疑主义哲学则可追溯至蒙田和笛卡尔,政治学和语
言学教义则来自卢梭和索绪尔,他对现象学的反拨和发展则可追溯至黑格
尔的《精神现象学》以及20世纪的胡塞尔的超验现象学。此外,对他的批评
理论发生过重大影响的思想家还有尼采、海德格尔、萨特和马克思等。通过
对上述思想家的文本以及一些作家的文学文本的阅读,德里达提出了自己
基于解构思维模式的批评思想。德里达的读者可以轻易地识别出,他所讨
论的主题都有着对一系列文本的仔细阅读作为支撑。这些文本既出自古典
作者,同时也出自近现代作者,包括卢梭、列维-斯特劳斯、安托宁·阿托、弗
洛伊德和保尔·瓦雷里。

　　作为一种批评理论,解构主义自1960年代后期进入美国并在1970年代
迅速占领美国批评主流后,自然也遭到了传统学派的严厉批评。在这方面,
艾布拉姆斯和米勒的著名论战最为引人瞩目。但在他自己主编的《文学术
语汇编》中,艾布拉姆斯仍然对解构理论作了较为客观的评述:

　　(解构) 是一种在文本阅读方式中使用的概念。它旨在破坏
这样的主张:认为文本在其语言系统中有适当的基础,并试图

――――――――――――
1 Frank Lentricchia, *After the New Criticism*, Chicago: University of Chicago Press, 1980, p. 159.

建立自己的结构、统一性及确定的意义。解构理论有时也称为
后结构主义，因为它采用费迪南·索绪尔提出的概念以及以其
理论为主要基础的结构主义符号学的因果关系，旨在削弱索绪
尔体系和结构主义本身的基础。[1]

诚然，作为一种批评理论思潮，解构主义早在1980年代后期就受到
新历史主义和后殖民主义的挑战而退居次要地位，已经成为一种历史现
象。但正如德里达以及米勒等解构批评的代表人物所一贯坚持的，解构
作为一种分解文本中心的阅读策略和批评性尝试仍在进行，解构主义的
原则不仅广泛地渗透到当代人文社会科学的各个领域，而且对建筑学和
艺术学也有着不可忽视的影响。我们完全可以从当今北美批评界的现
状看出新历史主义教义中的马克思主义和后结构主义成分并重，同时也
可以从仍活跃在批评界的后殖民理论家斯皮瓦克和巴巴的著述中见到
德里达解构思想的明显踪迹。同时我们也可以看到德里达在一种新的
历史语境下对马克思主义的兴趣和关注以及他试图与马克思主义进行
对话的尝试。

马克思主义与解构理论

马克思主义与解构主义是两种既在某些方面有着共通之处同时又在
更多方面截然相对立的思想体系。一般人也许仅仅认为，德里达作为解构
主义的鼻祖，其被人认定为"虚无主义"的解构理论天然就与马克思主义
的有着崇高理想和远大革命目标的理论格格不入。确实，解构主义一经问
世，就遭到了来自马克思主义等强调历史观念的当代理论家的激烈批评，
其中伊格尔顿的批评最为激烈。在《文学理论导论》中，伊格尔顿将包括
德里达的解构理论在内的所有结构主义之后的理论思潮统统纳入"后结构
主义"的保护伞下来考察，并将其与1968年"五月风暴"的夭折相关联：
"后结构主义是兴奋与幻灭、解放与挥霍、狂欢与灾难，也即1968年的混合
一体的产物。后结构主义虽然不能打碎国家权力的结构，却发现有可能颠

---

1 关于艾布拉姆斯的更详尽的解释，参阅他的《文学术语汇编》(*A Glossary of Literary Terms*)，
第7版，外语教学与研究出版社/汤姆森学习出版集团，2004年版，第55—61页。

覆语言的结构。"[1]这不禁使人想起当年浪漫主义诗人华兹华斯的情形：当法国大革命处于高涨期时，这位充满浪漫激情的青年诗人不远千里远涉英吉利海峡来到革命的中心，给予法国大革命以由衷的支持。但曾几何时，当革命过程中出现杀戮无辜的血腥场面以及受挫等情景时，华兹华斯不禁备感失望。他来到孩提时代的崇山峻岭，试图通过与大自然的认同和沟通来达到心灵的解脱。毫无疑问，华兹华斯等"消极浪漫主义"诗人的这一行为遭到了左翼文学史家和研究者的激烈批评。显然，伊格尔顿将德里达等人对语言结构的消解也比作一种政治上的逃脱。当然这在某种程度上确实是对的：就在"五月风暴"受挫之际，一些原来的马克思主义者和崇尚毛泽东思想的知识分子也纷纷退出了共产主义和左派阵营，其中一部分人摇身一变成了后结构主义者。应该承认，在德里达崛起的年月里，他确实沉溺于无端的"能指"与"所指"的文字游戏。什么人类的关怀、真理的追求和终极价值标准等，统统不为解构主义者所关心。因此将解构主义在当时的话语实践描绘为"虚无主义"也不为过分，但这只是反映了早期的德里达及其理论的幼稚和不成熟，并不能全面地反映他的后期理论乃至整个学术生涯。批评者往往只看到了他的理论与马克思主义相对立的一面，并没有看到这二者之间的相通之处。实际上，这种相通之处从一开始就存在着，而且随着德里达与马克思主义的对话的愈益频繁，这种相通之处就越是明显地流露出来。

应该指出的是，1989年的东欧剧变对德里达等有着正义感的知识分子产生了较大的触动。这种剧变并没有像当年的"五月风暴"一样使他的思想向"右"转，倒是促使他的思想在某种程度上向"左"转了。他和詹姆逊等西方马克思主义者一样，认为马克思主义本身并没有什么问题，而是它在当代的实践出了问题。在这段时间里，他和包括詹姆逊在内的一些西方马克思主义者有着不少接触，并通过阅读马克思的原著来重新理解马克思主义。在受到这些左翼知识分子影响的同时，德里达也试图继续解构的尝试，并将其用于对马克思主义的解释。他从不认同教条主义的马克思主义阐释者们所认定的只有一种形式的马克思主义的看法，也反对那种"总体

---

1 Cf. Terry Eagleton, *Literary Theory: An Introduction*, 2nd edition, Minneapolis: University of Minnesota Press, 1996, p.123.

主义的"马克思主义。他从后现代主义/后结构主义的观点出发，认为马克思主义可以有着不同的形式，因而对马克思主义的原理也可以有不同的阐释。在这一点上，他不仅和西方马克思主义持相同的观点，甚至与东方的马克思主义者的观点也比较接近。尤其是面对全球化时代理论的不断更新和第三世界批评的崛起，德里达越来越远离以文本为中心的结构主义以及其后的后结构主义思维模式，而是以积极的姿态介入当代文化批评的理论论争中。

1993年，德里达出版了新著《马克思的幽灵》，从而开启了他的新的研究方向。他在其中讨论了社会主义运动在欧洲衰落之后马克思主义依然有如一个幽灵四处飘荡，而包括他自己在内的知识分子都是这样一些"幽灵"。他中肯地指出："不去阅读且反复阅读和讨论马克思——可以说也包括其他一些人——而且是超越学者式的'阅读和讨论'，将永远是个错误。而且这将越来越显示出是一个错误，一个理论上、哲学上和政治的责任方面的错误。当教条机器和'马克思主义'的意识形态机构 (国家、政党、支部、工会和作为理论教义之产物的其他方面) 全都处在消失的过程中时，我们不应该有任何理由，其实只是借口，来为逃脱这种责任去辩解。没有这种责任感，也就不会有将来。不能没有马克思，没有马克思，没有对他的记忆，没有马克思的遗产，也就没有未来：无论如何都应该有某个马克思，得有他的天才，至少得有他的精神。因为这将是我们的假设，或更确切地说，是我们的偏见：有诸多种马克思的精神，也必须有诸多种马克思的精神。"[1]在这里，英文中的"精神"(spirit) 一词也具有幽灵的意思。显然，德里达已经清醒地意识到，包括解构在内的各种当代理论思潮都无法避免马克思主义的影响。他在这一点上和詹姆逊一样，都认为马克思主义在东欧剧变中的暂时失利并不意味着马克思主义在当代的消亡。在詹姆逊看来，诉诸革命实践的马克思主义在当今这个全球化的时代已经成了一种可以赖以进行理论建构的乌托邦。而在德里达看来，马克思的幽灵则已经转化为一种精神力量深入到当今各个知识领域。对于解构主义和马克思主义之间的关系以及德里达后期的理论思想，我将另文专论，此处不再赘言。我在这里仅想

---

1 Cf. Jacques Derrida, *Spectres of Marx*, trans. Peggy Kamuf, London & New York: Routledge, 1994, p. 13. 同时也可参照何一的中译文，中国人民大学出版社，1999年版，第21页。

指出，德里达在其学术生涯的后期确实花了很大的精力去阅读马克思的原著，并从解构的视角对之作出了不同于传统解释的新的理论阐释。这对于我们在今天的全球化语境下反思马克思主义在当代人文社会科学研究中的实践不无启发意义。

德里达直到去世前都一直活跃在欧美两大陆的思想界和高校课堂，不断地宣传他那以解构思维为定势的文化批评理论。显然，他对文学文本的细读和在批评实践中的独到洞见已经成为当代文学理论批评的遗产，而且即使他去世后，也仍将对当代东西方文学和文化批评以及批评理论本身有着不可忽视的影响。

"后德里达时代"或"后理论时代"的来临

德里达的去世毫无疑问是后结构主义理论思潮在福柯、拉康、德勒兹、利奥塔等大师辞世以后西方思想界和理论界最重大的损失。如果说，20世纪八九十年代上述各位大师级人物的相继去世标志着后结构主义盛极至衰的话，那么德里达的去世则标志着解构主义的终结。也就是说，当代哲学和人文思想进入了一个"后德里达时代"，或者说一个"后理论时代"。在这样一个"后德里达时代"或"后理论时代"，文学和文化理论的前途和命运将如何呢？正如特里·伊格尔顿在《理论之后》中所哀叹的："文化理论的黄金时代早已过去。"[1]

具有讽刺意味的是，由这位当年曾借助于编写文学理论教科书而蜚声世界文学理论界的理论家来宣布理论的衰落甚至"终结"倒是难以令人理解，因此在理论界掀起一场轩然大波就是自然而然的了。平心而论，我们不得不承认，赛义德和德里达的相继去世确实在某种程度上应验了伊格尔顿的预言。今天，作为后结构主义大潮之中坚力量的解构主义已经成为一个历史现象，但解构的批评原则却已经渗透到包括文学理论和文化批评在内的人文学科的各个相关领域。

毋庸讳言，对于德里达的去世，西方和中国的学术界已经相应地作出了各种不同的反应。曾经在德里达生前激烈批评过他的伊格尔顿对英国学术界的反常性"沉默"感到愤愤不平，认为他们根本没有"读懂德里

1　Cf. Terry Eagleton, *After Theory*, London: Penguin Books, 2003, p.1.

达"。德里达的去世在中国也有着不同的反应：一些关注当代理论思潮的媒体争相报道这一消息并发表了一些悼念文章，而学术界的反应则比较迟钝。这恐怕是由于德里达的理论艰深晦涩乃至需要一定的时间来"读懂"他吧。不过，作为中国的人文学者，我们理应作出自己的反应。德里达虽然主要是一位哲学家，但他的去世却在哲学界产生了远非人们所预料的那种反响，这与他长期以来在正统的经院哲学界的"边缘"地位不无关系。据英国《卫报》公布的统计数据，在回答"你了解德里达吗"这个问题时，人们的迟钝反应着实令人吃惊："解构主义什么的——我说不上来……我觉得他很重要，可弄不清楚为什么"（小说家保罗·贝利）；"像我这样在英国受过训练的哲学家，竟对德里达所知不多，但这并不能阻止我们中的某些人拒绝他。我并不拒绝他，但我对他了解得也不够，无法对他进行总结"（《哲学家杂志》主编朱利安·巴吉尼）；"谁？我不知道你在说谁。我正在和伦敦城内的一帮大学者们开会，可谁也没听说过他。如果你有问题，我可以到 Google 上查查他"（当代艺术学院前院长伊万·马索）。[1] 尽管对他大加赞誉和推崇的人更占多数，但上述三位颇有身份的大知识分子近乎"冷漠"的"评论"不禁使人产生了这样一种感觉：德里达一生都处于一种"颇有争议"的境地。令人不得不承认的是，无论他发表什么样的批评文字，无论关于他举行什么样的活动，都会在当代思想界和学术界产生极大的反响。作为一位人文学者和思想家的德里达，应该对自己的这种巨大影响力之无所不在感到满足了。1992 年，为了表彰德里达对当代思想和文化的卓越贡献，英国剑桥大学校方试图授予德里达荣誉博士学位，但这一动议一经传出就在校园内外引起了一场轩然大波。之后校方不得不将这一动议付诸全体教授投票表决。虽然最后投票的结果是 336∶204，德里达最终获得了荣誉学位，但将一个本来完全可以由校方独立作出的决定提交教授会议投票表决，这在剑桥大学的校史上是罕见的。[2]

毫无疑问，德里达的争议性主要体现在对传统的经院哲学的反叛和解构。作为一位极其多产的创造性理论批评家，德里达将自己的著述定位在

---

1 有关更详细的评论和反应，参阅《中华读书报》2004 年 10 月 20 日第 4 版。引文略有校改。

2 Cf. "Obituary: Jacques Derrida", in *The Economist*, October 23rd, 2004, p.101.

哲学和文学之间，或者说是一种文学化了的哲学著作，这与尼采的非理性主义传统是一脉相承的，因而他在正统哲学界所遭到的非议就是在所难免的，而在文学理论批评界所受到的空前礼遇也是不足为奇的。几乎他的所有重要著作一经出版很快就有了英译本，几乎所有的美国一流大学都邀请他去作了演讲。在他那浩如烟海的著作中，德里达系统地阐述了他的解构理论。由于他的哲学思想早已超越了传统的哲学范畴，融入了人类学、语言学和精神分析学的成分，实际上形成了一种范围更广的批评理论，因而毫不奇怪，他在正统哲学界的地位甚至还不如在文学理论和文化批评界的地位那样显赫。

德里达之于当代学术的意义

综上所述，我们大概不难得出这样的结论：德里达留给我们的文学理论遗产是巨大和丰富的，其意义将随着时间的推移显得越来越重要。这一理论遗产主要体现在这样几个方面：他对（结构主义者眼中的）文学本文之封闭性的质疑乃至拆解，对结构主义批评走向末路之后所出现的"文化转向"的推波助澜，以及对文学文本和翻译文本之终极意义的怀疑，所有这些洞见均为后人对既定的理论进行重新建构、对前人已有定论的解释以及既定的文学经典进行重新阐释和建构铺平了道路。我认为这就是德里达留给我们的文学理论和文化批评遗产，也是他至今仍对这个"后德里达时代"或"后理论时代"的文学和文化批评所具有的重要意义。

早在德里达的解构理论刚刚开始介绍到中国时，我本人就曾为之推波助澜，并对他的批评思想以及对"耶鲁学派"的启迪和影响作过评述。在这里我只想补充说明："耶鲁学派"批评家对德里达的接受绝非完全和毫无保留的，而是在更多的层面上加上了主体性阐释和创造性发挥；而且"耶鲁学派"本身在批评观念上也并非一个整体，它的成员对德里达理论的接受和批评实际上大相径庭。这里不妨引用对解构批判得最为激烈的"耶鲁学派"成员哈罗德·布鲁姆在他和德里达等人的论文合集的序中的一段描述："德里达、德曼和米勒无疑是蛇一般的解构者，毫不留情，影响重大，尽管他们每人都对自己那反复冲破词语的'深渊'方式颇为欣赏。但是布鲁姆和哈特曼则仅仅是解构主义者。他们有时甚至写东西反对解构主义本身。"[1] 也就是说，他本人和哈特曼只是曾一度信奉过德里达的某些教义，而实际上并非真正的解构者。而且，在这四位学者中，布鲁姆从一开始就与德里达在很多方面有着分歧，并且对解构主义的教义批评得最为激烈。尽管如此，布鲁姆仍然在实践上难以摆脱德里达的阴影。他从解构理论中获得许多启示，并将其用于对既定文学经典的"解构"和新的文学经典的"建构"上。这一点尤其体现在他的《西方正典：各个时代的书籍和流派》和《莎士比亚：人性的创造》这两本著作中：前者进一步发展了他的"厚今博古"的"误读"思想，试图对既定的文学经典进行解构，以便创造出一个全新的超出文学边界的"经典"；后者则对以往一直延续下来的莎学传统进行解构，试图通过对莎剧原作的重新阅读来再现莎士比亚的富于人性的天才。保罗·德曼、希利斯·米勒和杰弗里·哈特曼三人虽然对德里达的理论推崇备至，而且与他本人私交也甚好，但他们对德里达理论的接受也不是毫无保留的：德曼主要从德里达的"悖论"概念中吸取灵感用于对浪漫主义修辞的解构和对意义的终极性的怀疑，他的着重点是由阅读过程中所产生的不确定意义来重新发现其中的修辞之张力；哈特曼则更加看重解构主义与现象学之间的承传关系，并认为这是超越新批评的"文本中心"意识走向文化批评的一个重要策略。米勒虽然自始至终捍卫解构的原则，但他更乐意将解构当作一种文本阅读的策略和阐释的方法，有时也写文章对德里达的思想进行解构，而在更多的时候，则注重对文学文本固有的内在意义进行重新阐释。近几十年来，随着他对中国的频繁访问以及和包括我本人在内的诸多中国学者的频繁接触，他已经自觉地利用解构的原则对比较文学研究中实际上存在的"(英语)语言中心主义"观念进行解构。他认为，学习世界文学课程，如果不把中国的《红楼梦》等优秀作品当作必读书是不全面的，在没有能力直接阅读原文的情况下，至少可以通过英文译本来阅读。为了表明他本人对学习中国文学的重视程度，他甚至公开宣称："如果我再年轻20岁，我一定要从学习中国语言开始。"[2] 因此我们今天在讨论"耶鲁学派"时，对其不同的批评取向不能一概而论，尤其应对他们在解

1　Harold Bloom, ed., *Deconstruction and Criticism*, New York: Seabury Press, 1979, p. xi.

2　参见米勒在清华大学举办的"全球化与文学研究论坛"上的主题发言《比较文学的(语言)危机》〔"The (Language) Crisis of Comparative Literature"〕，北京，2003年9月6日。

构大潮衰落之后的不同态度作出批评性的鉴别。

随着1980年代德曼去世和米勒离开耶鲁，以及1990年代哈特曼退休和布鲁姆的批评观念的转向，"耶鲁学派"早已成为历史，但德里达的解构理论却不同程度地对后现代主义/后结构主义理论之后的各种批评理论产生了影响。"后理论时代"是一个群芳争艳但没有主潮的时代，各种话语力量和批评流派都试图同时从马克思主义和解构主义的思想库里攫取自己需要的资源，原先被压抑在边缘地带的话语力量不断地尝试着从边缘到中心进而消解中心的运动，而全球化对文化的影响更是进一步消解了"欧洲中心主义"的思维模式，为东方和第三世界的文学理论和文化批评走向世界进而达到与西方乃至国际学术界的平等对话的境地铺平了道路。在这方面，出生于阿尔及利亚并且有着犹太血统的德里达和出生于巴勒斯坦的赛义德等人的"解构"尝试就尤其有着不可忽视的意义。我们完全可以在当今仍活跃的一些理论争鸣和批评话语中见到"解构"的踪迹。

在新历史主义的批评教义中，对"历史事件"和"历史叙述"的区分实际上就消解了所谓历史的"客观性"的神话，提出了一个新的见解：我们今天所阅读的"历史"只是一种"文本化了的"历史，而真正的历史事件则是不可能完整、准确地再现的，它必须在很大程度上依赖于撰史者根据历史的必然逻辑来想象、推测以及文字上的组合和叙述来完成。在后殖民主义批评中，尤其是在斯皮瓦克和巴巴的批评文字中，对殖民主义霸权的解构和对民族与叙述的重新阐释都可从德里达的理论中见出"踪迹"。而崛起于近四十多年来的文学生态批评在很大程度上就是对"人类中心主义"的解构和对自然生态的"文本性"恢复。甚至对"全球化与文化"这个问题的讨论，德里达也发挥了自己的解构才能：他于2001年9月来中国访问，并在一些大学发表了演讲。在这些演讲和座谈中，他多次被问及对全球化的看法。他认为，若用于文化领域，"全球"(globe) 这个术语并不准确，因为地球上有百分之七十以上的地方是人所不能生活的，因此用法文词"世界"(monde)一词来表达更为准确，而文化领域内的"全球化"实际上就是一种"世界化"(mondialisation)。在最近三十多年内崛起的文化翻译领域，德里达及其解构的影响就更是明显。从解构的不确定性和意义的不可终极性这一既定的思维定势出发，德里达还在一篇讨论翻译的论文中对翻译的标准问题作了描述。在他看来，"没有一种翻译策略能够一成不变地紧紧依附于文本效果、主题、文化话语、意识形态或惯例。这种关联对于文化和政治情境而言是偶然性的，在这种情境下便产生出了翻译者。逐字逐句的翻译策略实际上已经在翻译史上被人们反其意而用之了"。[1]因此，他认为，"简而言之，一种确当的翻译就是'好的'翻译，也即人们所期待的那种翻译，总之，一种履行了其职责、为自己的受益而增光、完成了自己的任务或义务的译文，同时也在接受者的语言中为原文铭刻上了比较准确的对应词，所使用的语言是最正确的，最贴切的，最中肯的，最恰到好处的，最适宜的，最直截了当的，最无歧义的，最地道的，等等"。[2]应该说明的是，德里达并不反对翻译有自己的评判标准，他所规定的上述标准显然是一种很高的甚至是一种理想化的标准，因为按照解构理论的原则，真理是不可穷尽的。你尽可以说你已经接近了真理，但你却无法声称你已经掌握了绝对的真理。毫无疑问，这种真理的相对性原则也为译文的不断修改更新铺平了道路，为文学名著的不断重译也提供了理论的依据。由此可见，解构的碎片仍然在发挥余热，解构的力量仍然存在。即使在今天这个"后德里达时代"，作为本体论的解构理论思潮也许早已衰落，但作为方法论的解构却依然在发挥其批评性功能。我想这就是德里达及其解构理论留给我们人文社会科学研究的最重要的遗产。

---

1 Cf. Lawrence Venuti, "Introduction" to Derrida's "What Is a 'Relevant' Translation?" *Critical Inquiry*, Vol. 27, No. 2 (Winter 2001), 172.

2 Jacques Derrida, "What Is a 'Relevant' Translation?" *Critical Inquiry*, Vol. 27, No. 2 (Winter 2001), 177.

附录一

关于欧洲作家与中国文化等若干理论问题的对话

佛克马　王　宁

(2005)

王宁： 您好，杜威，今年5月我们刚刚在北京见面，此次盛夏季节在中国比较文学学会深圳年会上再次见到您很高兴。我至今仍清楚地记得，您1985年10月刚刚在第十一届国际比较文学协会年会上当选为主席就来到中国。当时也是在深圳举行的中国比较文学学会成立大会暨首届国际研讨会上，您代表国际比较文学协会致了祝词，并作了大会主题发言。当时您以极大的热情毫无保留地表达了您对比较文学这一新型学科在中国复兴的支持。我记得您当时提出的一个重要观点就是，如果说中国的比较文学早在20世纪初就诞生了的话，那么鲁迅无疑是最早的一位比较文学家，他的《摩罗诗力说》可以算作中国现代最早的比较文学研究之作。我当时确实感到十分鼓舞，并且更加坚定了从事比较文学研究的决心。时间过得真快，一晃二十年过去了。我始终认为，那次盛会是我本人步入比较文学研究领域的开始。在过去的二十年里，在整个世界范围内，人文学科领域内发上了巨大的变化，这些变化不可能不对我们这个学科产生积极的或消极的影响。正如您所知道的，当前，作为一门学科的比较文学受到了其他外部因素，比如说文化研究以及各种后现代批评理论的挑战，似乎正在萎缩。您是一位兼通中西文学的比较文学学者，能否请您首先从跨文化的角度来谈一谈比较文学这一学科的未来前景呢？

佛克马： 您要我对比较文学的未来前景发表一些看法，是吧？好的。我本人对这门学科的发展一直是抱乐观态度的，当然我所说的这种乐观态度是有一定的理由的。首先，我们可以看一看中国比较文学学者在过去的二十年或二十五年内所取得的成绩以及出席本届深圳年会的众多学者吧，我想这一点就足以说明比较文学学科在中国的繁荣和兴旺。今年9月22日到25日，国际比较文学协会还要在威尼斯庆祝协会成立五十周年。在全世界范围内，目前对比较文学感兴趣的学生和教师的数量比以往任何时候都要多。使我印象尤为深刻的一点是，在上个月深圳会议的各分组会议上，中国青年学者宣读的论文涉及了几乎所有比较文学的论题。他们表现出了广泛的兴趣，其情景就和在欧美国家、印度或南非举行的国际比较文学协会年会的情景一样：从讨论诗学和叙事学到文学教学，从跨艺术门类的比较和电影研究到文化研究，从后现代主义和后殖民主义到全球化和流散研究，从弗洛伊德、巴赫金以及艾田浦到福柯、德里达和霍米·巴巴等等。此外，有的论文还讨论了互文性、接受理论、性别研究、身份政治、翻译研究等等。当然，也有很多论文是专门讨论中国文学的，既涉及现代文学，也涉及古典文学，但是这些论文所使用的参照系和研究方法乃至术语都是相当国际性的。当前，可以说中国的比较文学学者已经完全参与了国际性的理论讨论。关于深圳会议，我还有一点要讲。那就是地域的概念得到了相当的强调：一位来自印度的学者强调了中印两国学者的合作将是抵抗欧美霸权的一个重要举措。而您本人则强调了中国文化学术的重要地位，同时也勾画了一个未来的前景。您认为在这当中，中国与英美国家的学者和作家以及中文与英文之间将有一种竞争。但我并不认为这是一个很理想的视角，因为它或许在某些方面与塞缪尔·亨廷顿提出的文明的冲突的观点太相像了。关于比较文学学科方面，这样对地域和语言差异的强调颇有使已经过时的"影响研究"死灰复燃的味道。

当我们"比较"各种不同的文学时，我们也许常常寻求差异或相同，或异同兼顾。而我则更倾向于寻找相同点或异同兼顾。我这一点是受到勒内·艾田浦的启发。他曾经指出，要寻找一种"文学的恒定性"。我认为，所有的主要文化都注意到了一种被我们称为"审美"的特定情感和认知态度的存在。这种审美经验在阅读和解释各种带有文学意向或可以以文学的方式来阅读的文本的过程中起着重要的作用。这种审美经验牢牢地与特定的文化习俗相关联，也即那些在所有主要的文化中都相似的习俗，当然其中也不乏细微的变异。关注文学的审美解释，也许能使我们理解往往被我们当作文学来阅读的文本的特殊性。这样的理解也许可以帮助我们坚持一种文学交流的方式。在我和埃尔鲁德·伊布思合写的《知识和专注：文学研究的问题探讨》一书中，我强调了为什么文学交往是重要的并且值得保护；因为它往往具有一种社会的功能。我的论点显然与玛莎·努斯鲍姆（Martha Nussbaum）的观点不无关系。一种审美式的阅读能够带有某种伦理道德的效果。文学也许可以对我们认识世界作出贡献，同时也有益于我们对自我的认识。作为一个实用主义者，我不希望看到文学交往从世界上消失，它是不可能为任何其他形式的交往所取代的。因此，使我感到不解的事，为什么学者们往往在对主要文化中的文学审美交往的条件和特征进行研究时总是犹豫不决。我相信，通往继续审视对文学作品的审美反应之路是大有前景的，这也就是对接受文献、文学批评、经典的形成和声誉的形成、文学成规与文化习俗之间的内在关系以及对文本的语言分析的研究，尤其要参照文化记忆和互文性进行研究。这些不同的问题领域可以以科学的方法来探讨，也就是用那些受到社会学、心理学和语言学启发的方法来探讨，因为这些方法在全世界都是一样的。确实，即使我们面临文化差异，我们对文学的科学式研究也不会事倍功半。事实上，对文学的科学式研究恰恰是要找出这些差异究竟是什么，以及对文学的这些具有差异的反应在何种程度上会显示出相同性。

诚然，文学交往讨论了有时具有文化特殊性的一些问题，但更为经常的则是一些超越文化差异的问题。乐黛云在今年8月的深圳中国比较文学学会年会上的发言中不无正确地论证道，人类具有一些共同的基本问题，诸如生与死，爱情与欲望，权力关系与个人身份，以及与社会和环境的关系等。这些问题实际上都率先在小说和诗歌中得到了探讨，并且在戏剧和电影中也得到了某种程度上的探讨，而在新闻写作中的探讨则是表面的和肤浅的。地理上和语言上的差异使得比较文学中的一些重要问题分散了，但在我看来，这些问题尤其应当被当作文学研究的对象来探讨。

王宁：首先谢谢您对我在深圳会议上的发言的兴趣和几点质疑。我在此做一些回应。实际上，我在发言中想指出的恰恰是，全球化给文化带来的并非都是消极的后果，它也可以加速文化的多样性和多极走向。由于语言是文化传播的主要工具之一，因此我所切入的就是当前世界上使用最为广泛的两大语言：英语和汉语。前者使用的范围最为广泛，并被广泛地当作文化交流或学术交流的工作语言，因而不少具有国际眼光的学者都深深地知道，要想使自己的学术思想具有某种普遍的意义或影响，就不得不借助于英语的力量。这一点我想我们都深有体会。后者则是其影响仅次于英语但却被当今世界上最多的人当作自己的母语来使用。在全球化的进程中，除了这两大语言外，其他的一些主要语言都程度不同地受到了影响，有的甚至处于萎缩的状况。既然这两大语言分别出自东西方两大迥然不同的文化传统，因此，从事东西方文学的比较，首先应该懂得这两大语言。鉴于目前英语在国际学术领域内的强势地位，必须有另一种语言对之起到某种制衡作用。这无疑应当是汉语。我想描绘的是一种平衡发展的文化语言格局，而非像亨廷顿那样在鼓吹某种"文化的冲突"。您看，我本人不是同时用中文和英文著述吗？其次，关于影响研究问题。毫无疑问，您主要关注的是不同文化中的共同之处，这与我的方法及出发点并无根本的矛盾。我这里想指出的是，也许影响研究作为欧洲语境下的一种比较文学研究方法已经"过时"，但它在中国的语境下并没有过时。在过去的二十年里，中国的比较文学学者在这方面发表了大量的著述，但其中大部分著述探讨的都是关于外国文学如何影响中国文学的，而很少追踪中国文学是如何在国外，尤其是在西方，传播和接受的，这就在客观上造成了中外比较文学影响研究的不平衡状态。我的目的恰恰就是要打破这种不平衡状态，把影响研究的触角指向一个新的领域：中国文化和文学在西方的传播和接受。当时从事这一课题研究的难度是很大的，但我仍很有信心。我始终认为，我们在这方面的研究只是刚刚开始，仍有许多工作要做。正如我在《中国文化对欧洲的影响》一书中所描述的，中国文化很早就在欧洲的各种语言中得到翻译和介绍了，并且对一些欧洲作家的创作产生了不同程度的影响和启迪。我这里想进一步了解的是，据您所知，还有哪些具体的欧洲作家，尤其是荷兰、德国以及另一些欧洲国家的作家曾经对中国文化尤其感兴趣？他们是如何把中国文化的因素应用于自己的文学创作的？

佛克马：您想了解的那些欧洲作家，尤其是荷兰和德国作家，是曾经对中国文化产生过兴趣并将中国文化的因素应用于自己作品中的吧？我想这是一个需要有大量史料和证据来佐证的课题，也许让我回答是找错人了。我可以作出怎样的回答呢？大概是要我列举一下哪些作家曾阅读和翻译过中国文学作品，或者在自己的创作和批评文字中参照过中国文化，是吗？但是，基于民族差异之上的这种影响研究实际上想说明什么呢？在我看来，歌德在和爱克曼的谈话中曾参照了他所读过的中国传奇故事集，他指出："诗是全人类的共同财产，这一点在所有的地方、所有的时代的成百上千的人那里都有所体现……民族文学现在不行了，世界文学的时代就要到来了……"歌德对全人类的共性十分感兴趣，因此贸然推测："中国人的思想、行为和情感和我们的是何其相似；而且很快地，我们也会发现，我们与他们的也十分相似。"我并不否认，欧洲人对中国文化的参照有时是受到他们试图表现异国情调的欲望的激发，因而实际上是用来服务于"制造陌生感"的诗学手法。但是即使在这样的情况下，也仍然有着一种一般的文学–审美意向。我这里再次指出这一点，并不是要过分地强调跨文化参照的效果，而是想说明，这些参照总是显示出服从文本的文学效果。因此对这种效果的研究应当对我们的文学研究起到某种指导作用。

此外，考察中国文化对欧洲作家的影响还有一个方法论上的困难。显然，欧洲作家往往选取他们所能用到的或者凑巧碰到的东西作为参照。布莱希特对中国的东西的使用与汉斯·贝特格（Hans Bethge）的《中国的笛子》中对中国器物的使用有何共同之处？因为这为马勒（Mahler）的《地球之歌》提供了高度审美化的文本。或者说，荷兰作家斯洛尔霍夫（Slauerhoff）作于20世纪30年代的那些关于中国的浪漫传奇小说与博尔赫斯的《小径分岔的花园》或卡尔维诺的后现代主义小说《看不见的城市》又有何共同之处呢？所有这些作品中都使用了中国的东西来表达作者本人的情感。在这里，"中国"显得最为慷慨无私，因为它似乎提供了所有的一切。我想在这方面，已经有几乎难以计数的书籍和文章研究过中国文学对具体欧洲作家的影响。

如果我们再仔细观察一下的话，就会发现，自伏尔泰以来的几乎每一位欧洲作家都直接或间接地受到过伟大并充满自信的中国文化的启迪，即使我们很难在他们的文本中找出这些影响的踪迹。有些欧洲作家往往喜欢把复杂多样的中国文化还原为日益趋同的道教和佛教的混合体，另一些人则有选择地描写中国，如荷兰外交家高罗佩（Van Gulik），就根据一些法律文献写了一些犯罪题材的故事，还有一些人则对中国的色情小说着迷。作家们往往把他们充满渴望的思考指向那些浩瀚无垠的令人陌生的文化现象，以构建一种香格里拉式的世外桃源，正如詹姆斯·希尔顿

（James Hilton）在《消失的地平线》一书中所描绘的那样。至于什么是中国文化以及它何以用分析性的方式来加以描述，我并没有现成的答案，同时这也使我无法深入去探讨中国文化对欧洲的影响这一问题。

王宁：好吧，既然本书[1]将深入展开这个话题，那么关于中国文化对欧洲作家的影响，我们就暂时讨论到这里吧。我们的这本即将出版的书将会向广大读者披露大量的资料和分析。毫无疑问，您所提供的这些例子很能说明问题，也许对我们今后的影响研究有所借鉴。据我所知，您不仅是一位文学理论家和比较文学学者，还曾经是一位有名的汉学家。您的博士论文写的就是关于苏联的文艺思想对中国的影响，其中旁征博引了大量的俄文资料和中文资料。后来您把兴趣转向20世纪文学理论的研究，渐渐远离了国际汉学界。近几年来，您似乎又开始对中国当代文学发生兴趣了。我想知道，您现在是否对欧洲的汉学研究还熟悉？比如说，您曾在那里获得过博士学位的莱顿大学的汉学最近有何新的进展？学者们现在一般都关心哪些问题？欧洲的汉学与北美的汉学有何主要的差别？在当今这个全球化的语境下，中国文化显然已经变得越来越重要了，那么传统的汉学研究还能有何新的发展？

佛克马：我必须坦率地说，我通常尽量不让别人称我为汉学家。我只学了一些现代汉语和中国现代文学，而汉学家的含义通常是指主要对传统中国或中国古典文学感兴趣并有所研究的那些人。我于1953年开始在莱顿大学学习中文的时候，主要关注的也依然是中国进入现代以前的那些东西。而现在的情形则大不相同了。学生们可以在中国住上很长的时间学习汉语口语，并练习使用这一语言。我并不认为当前欧洲的中国研究与北美的中国研究有何大的差别，因为在这方面，学生之间的交流和观点方面的交流很多。您所知道的，曾在莱顿大学执教多年的中国文学教授伊维德（Wilt Idema）不是成了哈佛大学的教授了吗？十五卷本的《剑桥中国史》在很大程度上说来就是欧美学者通力合作的一个成果。

王宁：您自从1985年以来就一直支持中国的比较文学和文学理论研究。在当今这个全球化的时代，文学研究在西方受到了严峻的挑战，而在中国，正如您亲眼所见，人们对文学研究的兴趣仍然很浓厚，同时有一大批文学研究者不仅教授文学，而且还指导研究生从事文学研究。您认为比较文学研究的重点有可能从西方逐步转向中国吗？

佛克马：在最近的十年到十五年里，文学研究确实受到了文化研究的挑战，但实际上

---

1 这里指王宁、葛桂录等合著，《神奇的想象：南北欧作家与中国文化》，银川：宁夏人民出版社，2005年版。这篇对话就是围绕该书的写作而进行的。

这只是拓宽了学科界限因而忽视了对文本和其他文化现象的关注。最近,有些学者已经论证到,文化研究也处于危机状态,主要是因为这个领域太过于宽泛了。当然了,这里的情况也许更为复杂,显示出危机状态的还有方法论和认识论上的一些问题。在这个问题上,全球化扮演了一个什么样的角色呢?它显然对比较文学没有构成任何威胁。倒是相反,从经济的意义上认识到当今世界正在迅速地变成一体,使人对文化和文学的未来命运感到茫然。人们对外国文学的兴趣增强了,随之而来的便是我们有了大量的翻译作品。比较文学也受到了挑战,但这是一个积极的方面,也就是说,应该关注那些根本的问题,例如,为什么不同文化的文本对我们具有吸引力?它们为什么能为大众所欣赏?这难道不是读者试图在这些文本中找到的东西吗?

新闻写作、电影以及各种新媒体也在寻求人们关注,因此许多学生,若是一百年前的话完全可以选修文学课程的,便把目光转向了新的学科。这也是一个自然的发展,与多年前欧洲的情况具有一定的可比性。当时随着现代语言被逐步引入欧洲各大学,本来直到19世纪都一直在文学院被当作主要课程教授的拉丁语、希腊语和希伯来语均受到了挑战。但是,电影研究和其他媒体研究中的许多最根本的问题依然和文学研究的问题相同。他们都必须研究文本,当然也包括视觉文本,生产者/制片人和读者/观众。他们也都关心信息是如何被传达和接收的。

事实上,那些新媒体研究常常使用源于文学研究的理论方法,甚至还包括一些出版物。在大学里文学研究的地位也许变得边缘化了,但是若考虑到其长久的传统,这一地位仍是很牢固的。在欧美国家,也包括在新媒体研究中,引证亚里士多德或参照古希腊悲剧仍是很时髦的。在荷兰电视中,我们最近可能会看到一部叫作《美狄亚》(*Medea*)的关于当代政治和经济错综纷纭的通俗连续剧。

王宁: 关于比较文学所受到的来自文化研究的挑战,我想再多谈一些。文化研究作为一种异军突起的非精英学术话语和研究方法,其主要特征就在于其"反体制"性和"批判性"。在这方面,不可否认的是,西方马克思主义对文化研究在当代的发展起到了不可替代的作用,例如英国的威廉斯和伊格尔顿,以及美国的詹姆逊等马克思主义理论家,都对英语世界的文化研究和文化批评的发展和兴盛起到了很大的导向性作用。由于文化研究的"反精英"和"指向大众"等特征,它对包括比较文学在内的所有文学研究都形成了严峻的挑战和冲击,致使不少恪守传统观念的学者,出于对文学研究命运的担忧,对文化研究抱有一种天然的敌意。他们认为文化研究的崛起和文化批评的崛起,为文学研究和文学批评敲响了丧钟,特别是文学批评往往注重形式,注重它的审美。但也不乏在文化研究和文学研究之间进行沟通和协调的学者。

毫无疑问,文化研究在当代人文学术领域所占据的重要地位已经持续了十多年。有人也和您一样认为它已经处于危机之中,这确实是事实。但也有人认为文化研究即将盛极至衰,文学研究将重返中心。我对此并不苟同,因为当今的全球化语境显然更有利于文化研究的发展。那么在新的世纪,文化研究将向何处发展呢?这自然是学者们所关心的问题。我认为,在全球化的语境下,文化研究将沿着下面三个方向发展:(1)突破"西方中心"及"英语中心"的研究模式,把不同语言、民族-国家和文化传统的文化现象当作对象,以便对文化理论自身的建设作出贡献,这种扩大了外延的文化理论从其核心——文学和艺术中发展而来,抽象为理论之后,一方面可以自满自足,另一方面则可用来指导包括文学艺术在内的所有文化现象的研究;(2)沿着早先的精英文学路线,仍以文学(审美文化)为主要对象,但将其研究范围扩大,最终实现一种扩大了疆界的文学的文化研究;(3)完全远离精英文学的宗旨,越来越指向大众传媒和所有日常生活中的具有审美和文化意义的现象,或从人类学和社会学的视角来考察这些现象,最终建立一门脱离文学艺术的"准学科"。对于我们文学研究者而言,专注第二个方向也许是最适合我们大多数人的,它既可以保持我们自身的文学研究者的身份,同时也赋予我们开阔的研究视野,达到文学研究自身的超越。而第一个方向则应成为少数理论家的研究目标,第三个方向则是非文学研究者的任务。由此可见,比较文学与文化研究并非天然对立,这二者在很多方面具有很强的互补性,而且当今中西方文化研究领域内的不少重要学者都同时是比较文学学者。有鉴于此,我在清华大学创立的研究中心就叫作"比较文学与文化研究中心",我们举行的各种学术活动实际上都同时涉及了这两个学科领域。

另一点我想请教的是,我在深圳举行的中国比较文学学会年会大会发言中试图论证,汉语的裂变将为未来的学者编写一部新的汉语文学史铺平道路,这就好像国际比较文学协会主持的大项目《用欧洲语言撰写的比较文学史》一样。您认为这一新的方向将对一种新的国际比较文学研究格局的形成有所贡献吗?

佛克马:我在深圳中国比较文学学会年会上很高兴地聆听了您的论文《全球英语和全球汉语》。确实,应该更为密切地关注中国大陆以外的各种汉语文学。您非常恰当地涉及了中国的流散写作现象以及中国语言和文化在国外的传播等问题,正如深圳大学的刘洪一所涉及的犹太流散问题。我也十分欣赏原先在新加坡、现在台湾任教的王润华的观点。流散问题实际上也是文化同化的问题,也就是说,如何适应所居住的国家的文化的问题。这里再一次碰到一个问题,也就是说,我们需要有一个清晰的方法来研究作为个体的人是如何处理与不同文化的直接碰撞的。我在一些场合也曾论证道,也许可以通过社会学和心理学的方法来研究特定的文化习俗。王润华教授向我们通报,居住在新加坡的华人已经调整并适应了马来人的饮食习惯。我想提的一个问题是,他们是否也适应马来人的阅读习惯了呢?关于这方面已经有人研究了吗?

您对后现代主义和后殖民主义理论批评有着清晰的认识,因此您知道有许多作者已经相信,所有文化都是混杂的,是文化同化和文化兼容的产物。从知识的角度来看,文化民族主义显然是站不住脚的。本尼迪克特·安德森(Benedict Anderson)在他那本现已成为经典之作的《想象的共同体:民族主义的起源与传播之反思》中将民族界定为一种"想象的共同体"。这个共同体的成员你是无法认识的,同时也不可能认识,然而你却有一种感觉,即你与他们有着某种共同的东西。但是,这个观点却不能用来为民族主义辩护。既然一个城市或一个省份的居民可以想象具有某种共同的东西,所以整个世界的公民也能想象出这一点来。您和我都可以想象这个世界是同一的,因此我们也许可以感到我们具有共同的东西。这就是我们的人类环境。此外,作为知识分子,我们也分享对文学作品的深厚的兴趣。

如果有那么一天能有人写出一部世界汉语文学史的话,那确实是了不起的,但是那将是一部文化同化的历史,即对不同地域的适应。我认为,文学是什么的问题将与中国是什么的问题同样重要。

王宁: 关于流散写作问题我也想多谈一些。对流散这一课题的研究在国际文化研究领域内并不算新鲜。在美国的文学史家看来,美国国内的亚裔流散族群作为一个客观存在的现象已经给美国的多元文化格局增添了新的成分,而他们的文化和写作也必然对主流话语起到既补充又挑战的作用。正如他们中的一些具有远见卓识的学者所承认的,包括华裔写作在内的亚裔英文写作的崛起从客观上为20世纪的美国文学史增添了新的一页,使之进一步具有了多元文化的特色。

就其词意本身来看,diaspora这个词在英文中最初具有贬义的特征,专指犹太人的移民和散居现象,后来它逐步泛泛地用来指涉所有的移民族群,但却很少被人用来指涉欧美国家的移民族群。王赓武曾经气愤地质问道:"为什么西方学者不以此来指涉他们自己的移民族群呢?"因为这个词本身是带有贬义和种族歧视含义的。但我们注意到,这个词在最近十多年的文化研究中的频繁使用已经使其带有的种族歧视的意味逐渐淡化,这一术语本身的内涵已发生了变化并已在文化研究领域内广为流行开来。当然,"流散"一词又可译做"离散"或"流离失所",对这一现象的研究便被称为"流散研究"。虽然对流散写作或流散现象的研究始于1990年代初的后殖民研究,但进入全球化时代以来,由于伴随着流散现象而来的新的移民潮日益加剧,一大批离开故土流落异国他乡的作家或文化人便自觉地借助于文学这个媒介来表达自己流离失所的情感和经历。他们的写作逐渐形成了全球化时代世界文学进程中的一道独特的风景线:既充满了流浪弃儿对故土的眷念,同时又在字里行间洋溢着浓郁的异国风光。由于他们的写作介于两种或两种以上的民族文化之间,因而既可与本土文化和文学进行对话,同时又以其"另类"特征而跻身于世界文学大潮中:之于本土,他们往往有着自己独特的视角,从一个局外人的眼光来观察本土的文化；而之于全球，他们的写作又带有挥之不去的鲜明的民族特征。因而在当今时代，流散研究以及对流散文学的研究已经成为全球化时代的后殖民和文化研究的另一个热门课题。毫无疑问，在这一大的框架下，"流散写作"至少体现了全球化时代的一种独特的文化和文学现象，理应受到我们比较文学学者的关注。

　　研究流散文学是否可以纳入广义的国外华裔文学或海外华文文学研究的范围？我认为，上述两种研究都属于比较文学研究的大范围。由于流散文学现象涉及两种或两种以上的文化背景和文学传统，自然属于比较文学研究的范围，因此应当纳入跨文化传统的比较文学研究的视野。就近二十多年来的中国文学创作而言，我们不难发现一个有趣的现象：在文学创作界几乎每隔五年左右就为当下的流行文学理论批评思潮提供一批可以进行理论阐释的文本。因此我觉得，这说明了我们的文学在一个开放的时代正在逐步走向世界，并且日益具有了全球性特征，和国际水平缩短了时间差和质量上的差别。与全球性的后殖民写作不同的是，中国在历史上从来就没有完全沦落为一个殖民地国家，因而在后殖民主义写作领域，中国文学这方面的典型作品比较少。好在后殖民主义很快就淹没在广义的文化研究和全球化研究的大背景之下，因此我们完全可以在散居海外的华裔作家的创作中找到优秀的文本。另一个不可忽视的现象是，我们若考察近二十多年来的诺贝尔文学奖获得者，便同样可以发现有趣却不无其内在规律的现象：1980年代的获奖者大多数是后现代主义作家；1990年代前几年则当推有着双重民族文化身份的后殖民作家；到了1990年代后半叶，大部分则是流散作家。可以预见，这种状况还会持续相当一段时间。当然，对流散写作的研究，我们还可以探究广义的流散文学和狭义的专指全球化进程所造成的流散文学。我们不难发现，前者的演变有着自己的传统和发展线索，并为后者在当代的崛起奠定了基础。

　　十分感谢您百忙之中和我进行讨论和对话。我从准备写这本书开始竟然断断续续地拖了近两年的时间。我始终认为，从事比较文学研究，尤其是描述中国文化和文学在国外的传播和接受状况，除了大量阅读原始文献资料外，还必须和我们的国际同行进行直接的交流和对话。因此在这个意义上，我们的对话无疑将使本书更具有学术性和对话性。虽然我们观点不尽相同，但这正是我们开展交流和对话的出发点。我殷切地希望，有一天我将用英文重新来写关于这个论题的书，以便我的西方同行也能读到它。

附录二

关于文学翻译及翻译研究的对话

王　宁　生安锋
(2003)

生安锋：最近我读了您发表在国内外刊物上的有关翻译理论和翻译研究的系列文章。我想，是否存在翻译学或者翻译研究这一学科，大概是国内翻译学界近十年来一直争论不休的问题。有人说，翻译只是一种技能，一种行为，一种艺术，与一门有着系统的学科相去甚远；也有人认为，翻译研究数十年来所取得的累累成果与进展，足以说明翻译学作为一门独立的学科已日趋成熟；更有不少学者根据国际学术界的标准证明这一学科的存在并积极构筑系统完善的翻译学学科。王教授，您认为，作为一门独立学科的翻译研究是否存在？如果存在的话，那么它目前正处于何种阶段？在今后应当如何尽快地系统完善、走向成熟？

王宁：这个问题问得好。这牵涉到翻译及翻译学或翻译研究的定义问题。首先，我们要搞清楚的是，强调翻译的技能方面和艺术方面都没有错。问题在于这二者都走入了极端：作为纯粹技术层面上的翻译，或纯粹居于语言文字层面上的翻译，实际上只是将一种语言转换成另一种语言，这充其量只是一种技能；而文学翻译则有着深刻的文化和意识形态内涵，它在某种程度上是一门基于对原著的能动性理解而导致的再创造性的文化翻译，或曰对原著的"修正"。由于文学本身就是一门语言的艺术，而翻译除去必然涉及的文化移译和文化再现外，首先接触到的也是语言。因此，如果说文学创作是一种艺术创造的话，文学翻译就应当是一种艺术的再创造。而相比之下，翻译学则是一门居于人文、社会科学和自然科学之临界点的边缘学科。它同时可以和上述三种科学门类进行对话，但它本身又有着自己的独立存在方式。除了对机器翻译的研究外，一般国际学术界总是将翻译学分别纳入人文和社会学科：偏重语言学的实证研究往往被纳入社会科学，而文学翻译和文化翻译则属于人文学科的范围。前一方面的论文一般收录于SSCI（社会科学引文索引），而后一方面的学术论文则收录于A&HCI（艺术与人文引文索引）。如果说，翻译学或翻译研究作为一门独立的学科在国际学界的诞生只是1970年代后期的事，那么它在中国得到较广泛认可则是1990年代后期的事。现在这门学科仅仅处于发展的初级阶段。但是也有少数学者的研究具有超前性，他们已在国际刊物上发表了大量的论文，达到了与国际翻译理论界平等对话的境地。

生安锋： 1980年代以来，文学理论对翻译研究，尤其是西方的翻译研究的影响日趋明显，出现了解构主义、女权主义和后殖民主义的翻译理论。请问王教授，文学批评理论对翻译理论的影响会不会越来越大？为什么？这种影响可能会在翻译研究领域产生怎样的结果？

王宁： 首先，我们要搞清楚的是，文学理论到了20世纪已经发生了本质上的变化。它在很大程度上早已摆脱了纯"文学的"理论之狭隘的领地，已经和各种哲学、社会学、心理学、语言学以及文化学理论相融合，因此西方学者干脆称其为批评理论或理论，也有称其为文化理论。批评理论为什么会对翻译理论产生如此的影响？其主要原因在于，长期以来翻译根本就没有自己的理论，不得不从其他学科领域借用现成的理论。这种情况今后还会继续下去，所导致的结果就是促使翻译学最终成为一门具有相对独立存在方式的人文社会科学分支学科领域，并与人文社会科学诸学科领域进行对话。所以翻译理论界已经有人认为，如果说1990年代初翻译研究需要一种"文化转向"的话，那么1990年代末的文化研究则需要一种"翻译转向"。也就是说，当翻译研究在西方刚处于初级阶段时，它需要文化研究的批判性介入，而文化研究这么多年来一直局限于英语世界则显然是不够的。翻译的跨文化、跨学科和跨语言性质，则完全可以给文化研究带来具有冲击力的"翻译转向"。

生安锋： 近二十年来，国内的翻译学界越来越注重文化因素在翻译中的作用。最近有学者专门就"文化与翻译"作了一个总结（杨仕章，《我国"文化与翻译"研究述评》，《外语与翻译》，2001，第1期），其中指出，翻译是一种文化现象，翻译不仅仅是双语交际，更是一种跨文化交流；翻译是对外来文化进行阐释与移植的过程。该学者还指出，迄今有关文化翻译的研究，从表达内容上来说，大多停留在浅层文化的探讨，如物质文化、行为文化，而对于深层的精神文化，研究的力度很不够；从显现程度上来说，一般只注意到显性文化，而没能意识到深层文化的存在；至于不同文化信息在整部作品中的作用，几乎无人问津。王教授，您从事比较文学与文化研究多年，在翻译学方面也卓有建树。能不能请您就文化与翻译的关系，以及国内对"文化与翻译"关系的认识存在的问题与解决方法作一总结性的叙述？还有，安德烈·勒弗菲尔认为，翻译批评与文学批评一样可以弘扬优秀的文化价值。请问您是如何看待翻译批评与文学批评的异同以及翻译批评的作用的？

王宁： 诚然，在当今这个全球化的时代，翻译的作用已经变得越来越重要。"翻译是一种文化现象"已为越来越多的译者所接受。而从文化研究的视角来进行翻译研究，则是当前国际学术界的一个前沿学科理论课题。在这方面，法国学者雅克·德里达，丹麦学者道勒拉普，比利时学者约瑟·朗伯特，德国学者沃夫尔冈·伊瑟尔和霍斯特·图尔克，英国学者苏珊·巴斯奈特，美国学者希利斯·米勒、霍米·巴巴、佳亚特里·斯皮瓦克、安德烈·勒弗菲尔、欧阳桢、托马斯·比比等均作了较为深刻的研究，并在这方面颇多著述。毫无疑问，他们的研究成果对于我们中国学者进一步深入研究跨东西方文化奠定了基础。但上述学者除去欧阳桢作为汉学家而精通中国文化外，其余学者的著述研究范例都取自自己文化的语境，因而得出的结论很难说是全面的和尽善尽美的。与此同时，与国际学术界相比，国内的翻译研究可以说尚处于开始阶段，大多数翻译研究者仍然很难摆脱严复的信、达、雅三原则的讨论之浅层次，并未自觉地将翻译研究纳入全球化时代的文化研究语境下，因而至今能与国际学术界平等讨论对话的扎实研究专著仍不多见，只有一些零散的论文见于国内各种期刊和论文集。鉴于目前所出现的翻译研究之狭窄的困境，从全球化的广阔语境下来反思翻译学的问题是有着重大意义的。它一方面能填补国内这方面研究的空白，另一方面也可以中国学者的研究实绩来和国际同行进行讨论，从而达到与国际学术界平等对话的高度。已故安德烈·勒弗菲尔教授曾是我的好朋友。作为一位杰出的翻译研究领军人物，他同时也是一位优秀的比较文学学者。他从事翻译研究的切入点也和我的一样，是比较文学和跨文化研究。如果说，文学批评的一大功能在于从众多未经筛选的文学作品中发现潜在精神文化价值的话，那么翻译批评则从一开始就经历了一种（文学）历史的和审美（价值）的筛选，然后再从这些优秀的译作中发现其潜在的精神文化价值，因此它的作用并不亚于前者。

生安锋： 自从有了翻译实践，就有了直译与意译的矛盾，这也是翻译界长期探讨的问题之一。近年来，有学者提出，译者应"发挥译语优势"，强调译文的"可读性"（丁棣）。有的学者则走得更远，他们"但求神似，不求形似"，甚至"为了求美，不妨失真"（许渊冲）；而另一种观点则认为译文所用的语言应该是一种"异化"的语言。您不仅对翻译有着精深的研究，而且还翻译了大量的文学作品和学术著作，尤其在把中国的翻译研究推向世界方面作出了独特的贡献。请问您从一个翻译实践者的角度对这个问题是怎么看的？

王宁： 对于这一点，我想首先强调一下解构主义者对消解译者的"绝对忠实"之神话的贡献。按照这种观点，任何绝对的忠实都无法经过客观标准的检验，尤其是对于文学翻译这样一种艺术性和创造性成分极高的再创造实践，用简单的非此即彼式的二元对立模式对一篇译文进行对与错的判断是远远不够的。解构主义的翻译原则告诉我们，任何真理（对原著的忠实）都是无法全然把握的。你只能够说你已经接近了真理，但你却不能说你已经掌握了真理。如果真理已被你一个人掌握了，那就意味着后来人的工作都成了多余之举。我们的文学翻译也和创作一样，应处于一个动态的过程：每一个时代都需要自己的一些文学名著的优秀译作。这不仅对文学经典的永存有着价值，对译作的越来越接近"真理"（对原著的忠实）也有着直接的帮助。当然，强调翻译的"神似"永远是文学译者的最高标准。这就从另一方面对我们的译者提出了更高的要求：除去对两种或两种以上的语言的娴熟掌握外，如果一位译者的文才相当于或大致接近于原作者，那么他就能够得心应手地转达出原作的文化内涵和精神实质；如果他译得很累，总也跳不出词典的释义，那么他的译作就必定漏洞百出。

生安锋：在近几年关于翻译的讨论中，有人强调中国的译论不应依赖西方的译论，因为西方译论的产生与应用有其特殊的土壤与气候。而由于语言、文化、思维方式等方面的差异，西方的译论未必能够适合中国的环境，所以中国翻译学界应当积极探索建立起有中国特色的、独立的译论体系。另一种观点则认为，作为至少两种以上语言与文化的转换，翻译所面临的问题在东西方是共通的，所以，中西译论必然有很大的共通性。中国的翻译理论目前既然不如西方译论成熟，那我们就要积极介绍引进和吸取西方译论，丰富发展中国的译论。王教授，您怎么看待中外译论的特殊性与统一性的问题？中西译论在产生与运用上的差异何在？如果要吸取借鉴西方译论，有没有一个准则？

王宁：首先我想强调的是，翻译理论也和文学理论一样，在当今这个全球化的时代，很难区分什么西方译论和中国译论。我们为什么会花很大的力气去引进西方的翻译理论？因为我们需要它们来解释翻译实践中的问题和现象。那么它们为什么能够长驱直入中国的翻译学界而轻易地为我们所接受？因为它们能够有效地解释我们翻译实践和理论研究中的一些问题。但是另一方面，你也许已经注意到，经过中国学者的"翻译"和能动性解释，这些理论已从其具有普遍意义的"全球化"进入了适合特定的中国国情的"本土化"，再加上中国学者的"混杂"策略，理论本身已经变得"不中不西"了。同样，中国的翻译理论经过我们和西方学者用另一种语言（英语）和能为西方学者所接受的学术话语的转述也照样发生了"混杂性的"变异。总之，在我看来，和文学理论一样，任何一种翻译理论如果只能够用来解释一种文化传统中发生的现象，那它就不能说是完美的和具有普遍指导意义的，而只有当它能用来指导跨文化意义的实践和现象时，它才能是有效的理论。可惜可供我们向外输出的这类理论实在是太少了。

生安锋：最近几年来，不少出版社都在搞名著重译。有些出版社本着严肃认真的态度，对已有的旧译本的名著进行重译，这毫无疑问是应当的，但也有的出版社则见利忘义，将本来已有很好的译本的名著进行任意"重译"，甚至找一些外语水平根本就没有过关的大学生和研究生来翻译难度很大的文学名著，结果造成了文学翻译界的混乱。您认为我们应该采取怎样的对策？

王宁：对于这一现象，我曾多次在不同的场合下作过呼吁，并在《中华读书报》等报刊上发表文章批评这种行为，其中最近的一次是应《中国教育报》之约对当前的学术翻译粗制滥造现象提出的批评。我始终认为，名著应该重译，但是担当重新翻译任务的译者和所选取的译著都应该超过前人和以前的译著，或者是将过去由于条件所限未能从原文直接译出的名著重新从原文译出。这样的名著重译是十分必要的。对于那种见利忘义的"重译"行为，我本人是深恶痛绝的。我这里有必要再次强调一下翻译的标准问题。根据我自己的实践经验，我感到我越从事翻译工作，就越感到翻译之难。有一位意大利学者曾认为翻译是一种背叛，我则认为翻译是一种修正。也就是说，没有纯粹忠实的翻译，翻译永远是一个未完成的过程，但我们翻译时应该尽量译出原作的文化内涵和精神实质，对于文学作品还应当再现原作的风格。这就需要我们每一位文学翻译者首先必须是对自己所要翻译的那部名著的研究者。修正并不是没有标准的。翻译应当避免那些常识性的错误，而对于那些可以在学术范围内讨论的修正性"错误"或理解上的差异，我们则应有所区别。而令人痛心的恰恰是，现在国内的翻译界更多出现的是常识性的错误。这在很大程度上是由于译者的无知和不严肃认真所导致。

因此我认为，在包括文学在内的所有人文社科著作的翻译方面，往往有着常识性错误和深层次错误之区别，而深层次错误可能是文化内涵或专业知识上的无知或理解上的误差。要避免深层次错误应该具备三个条件：一是应至少通晓一两门外语，翻译时相互参照才可以译得更准确。二是翻译时要对中文表述达到准确完美，为同行专家所认可。在中译外上更应在学术水平和外文水平上同时并重。现在国内搞翻译的人大多不是学外语出身的，学相关专业的人更多一些。比起学外语的靠语法死推的翻译，他们靠揣摩上下文意思的翻译可能往往更接近原作，但前提首先必须是外语基本功的扎实。三是学科专业方面的准备应充分，否则译出的东西根本不能为专业人员所参考，还须经过专业人员的"第二次润色"，这样就会距离原作的意思更远。

关于名著重译问题，毫无疑问，有些著作重译是必要的，有些则不必要。我们尽量要从第一手原文翻译。比如，翻译《易卜生文集》要从挪威文直接翻译；翻译克尔凯郭尔的《非此即彼》则要从丹麦文翻译；任何从德文或英文的转译都有可能使原作的风采受到损伤。

生安锋：我注意到，您最近几年在国内外刊物上发表了一系列文章论述翻译与文学经典重构的问题，引起了国内的中国文学研究者的强烈兴趣。确实，从现有的研究成果来看, 中国现代文学与西方文学的影响有着密切的关系, 因此难怪有人偏激地断言, 中国现代文学的 "殖民化" 应当追溯至五四新文化运动时期。您是如何看待这个问题的? 您认为翻译只能导致文化的 "殖民化" 吗? 翻译能否充当文化 "非殖民化" 的有效工具呢? 请您在这方面展开论述一下。

王宁: 这个问题实际上是上一个问题的进一步深化, 涉及翻译与文化的关系。我们可能会想到翻译对推进中国文化现代性进程和建构中国文学批评理论话语的过程中所起到的不可替代的作用。众所周知, 中国文学在过去的一百年里, 已经深深地受到了西方文学的影响, 以至不少恪守传统观念的中国学者认为, 一部中国现代文学史, 就是一部西方文化殖民中国文化的历史。他们特别反对五四运动, 因为五四运动开启了中国新文学的先河, 开启了中国文化现代性的先河, 而在 "五四" 期间有一个特别重要的现象, 就是大量的外国文学作品, 尤其是西方文学作品和文化学术思潮、理论大量地被翻译成中文。鲁迅当年提出的口号 "拿来主义" 对这种西学东渐确实起到了推波助澜的作用。我们都知道, 鲁迅在谈到自己的小说创作时, 就曾直言不讳地说, 他的小说创作只是在读了百来本外国小说和一点医学上的知识之基础上开始的, 此外什么准备都没有。当然这番表述使他本人后来成了保守势力攻击的对象, 说鲁迅是全盘 "西化" 的代表人物。还有另一些五四运动的干将, 包括胡适和郭沫若, 他们则通过大量的翻译和介绍西方文学作品, 对传统的中国文学进行了有力的解构, 从而形成了一个中国现代文学经典。所以在现代文学的历史上, 翻译占有很重要的地位。我们甚至可以认为, 在中国现代文学史上, 翻译文学是一个不可分割的部分。如果从比较文学的角度来看, 一部中国现代文学史在某种程度上就是一部翻译文学史。而研究翻译也是文化研究的一个重要方面。也就是说, 翻译说到底也是一种文化现象。我们今天所提出的翻译的概念, 已经不仅仅是从一种语言转变成另外一种语言的纯技术形式的翻译, 而且还是从一种文化形式转化成另外一种文化形式的广义的文化翻译。它是通过语言作为媒介而实现的。既然有人认为 (把外国的东西) 翻译 (进来) 曾为中国文化的 "殖民化" 起过推进作用, 那么, 我们今天呼吁翻译路径的转向, 即把翻译的重点放在把中国的东西译成外文, 我们也就在进行一种文化的 "非殖民化" 尝试了。因此, 翻译的作用实际上是双重的。

生安锋: 毫无疑问, 对于中国现当代文学所受到的西方文学的影响, 国内学者几乎都不予否认, 但有人认为, 中国文学在国外的影响却是微乎其微的。这一方面是由于中国翻译界对外翻译介绍的不力所导致, 另一方面则是因为西方的文化霸权所造成的。您最近几年来, 不仅从比较文学的角度清理了中国现当代文学所受到的外来影响, 而且还追溯了中国现当代文学在国外, 尤其是在西方的传播和接受。而对后者，国内的读者知之甚少，能否请您再给我们介绍一下这方面的情况呢？

王宁： 对于中国文化和文学在英、美、法、德等主要西方国家的翻译和传播，已经有不少人著述追踪，我本人也在不同的场合撰文作过评述。鲜为人知的是，中国现当代文学除了在几个大国得到传播外，还在一些小国得到了传播。这里有必要作一些简略的介绍。由于我本人曾在荷兰从事博士后研究一年，并多次在北欧诸国研究讲学，因此我想以这几个小国为个案，说明一下中国现当代文学在西方国家的传播。我主要说一下荷兰的情况。中国古典文学作品在荷兰的翻译大部分是通过英语和德语作为中介转译的。直到20世纪70年代，直接从中文译成荷兰文的作品仍凤毛麟角。只是到了近二十年，翻译界对中国文学的兴趣和介绍才出现了长足的发展。经过一批训练有素的中青年汉学家的努力，大量中国古典和现当代文学作品陆续有了直接译自中文的荷兰文新译本。

中国文学作品即使是通过转译进入荷兰，也照样对荷兰作家产生了一定的影响。就诗歌领域而言，对中国诗歌的翻译介绍所产生的影响还具体表现在荷兰诗人的误读和创造性建构上。这方面的主要代表是J. 斯洛尔霍夫。作为一位曾在海军中服役的医生，他游历甚广，并到过中国，喜欢在自己翻译或创作的诗中引入一些异国风情。作为一位有着自己翻译标准的诗人兼翻译家，斯洛尔霍夫的翻译与他的前辈有很大的不同。他是最早采用英国翻译家阿瑟·威利的译本的荷兰诗人。他一方面忠实地效法威利，另一方面又不时地对这些中国诗进行一些全新的误读和有意的曲解，因而展现在荷兰读者眼前的中国诗实际上是经过翻译家－诗人带有创造性主体建构意识的接受之后用另一种语言重新书写的"再创造性"作品。可以说，尽管斯洛尔霍夫的翻译加进了自己的浪漫主义情调，但是对荷兰读者来说，读他那自由发挥的、带有创造性的译诗远远胜过读另一些诗人的译作。由于荷兰本身有着"诗的王国"之称，因而在20世纪40年代至80年代，在中国文学作品的翻译中，诗歌的翻译始终占有很大的比重。自1980年代中期以来，一年一度的荷兰鹿特丹诗歌节——目前世界上最大的诗歌节——开始邀请一些中国当代诗人出席并朗读自己的诗作，这无疑为中国诗歌在荷兰的翻译出版起到了推波助澜的作用。中国文学在荷兰的翻译所取得的成功，在很大程度上并非取决于时代的风尚，而更多地取决于不同译者的高超的翻译技巧。

相比之下，中国现当代文学的转译现象就少多了。这主要是因为经过多年的培养，荷兰逐步有了一批精通中文并有着丰厚的中国文化和文学素养的汉学家和翻译家。他们的努力工作为中国文学直接翻译介绍到荷兰作出了重要的贡献。这一时期的转译本仍在继续出版。J. 萨默威尔于1960年编辑出版了一部题为《中国小说大师》的现代短篇小说选集。该文集中除了鲁迅有两篇小说收入外，其余的作家,如郭沫若、茅盾、沈从文、老舍、巴金、丁玲、林语堂和端木蕻良都每人收入一篇。实际上,在此之前,赛恩·弗里斯于1959年出版了鲁迅的《阿Q正传》荷兰文译本,茅盾的《子夜》则问世得更早些。1986年,威廉·克鲁恩和丁耐克·毫斯曼据法译本译出了巴金的《家》,从而开启了巴金作品的翻译工作。据不完全统计,中国现代的主要作家都有作品被直接或转译成荷兰文,包括赵树理的《李有才板话》和老舍的《骆驼祥子》等。还有些短篇小说的翻译出自英文版《中国文学》(现已停刊)。这些翻译作品的问世无疑繁荣了荷兰的文学市场,对当代荷兰作家产生了一定的启迪作用,同时也为年轻的汉学家直接从中文翻译介绍中国文学作品奠定了基础。

也许最重要的一个因素在于,1970年代和1980年代是荷兰汉学大发展的时期,学中文的学生数量猛增。许多人由于在中国学了一至两年中文后,便为中国当代的具有先锋实验特色的新时期文学所倾倒。有些学生甚至还未大学毕业就投身于中国文学的翻译工作。在这种形势的鼓舞下,一些荷兰的出版商也异常活跃地出版中国文学作品,并和一些基金会联手操作,邀请了一些中国当代著名作家访问荷兰,让他们直接和荷兰读者见面并与翻译界建立了直接的联系。他们的访问、讲学,为荷兰的读书界和汉学界带来了中国文坛的最新信息,促进了中荷的文学交流。

近十多年来,中国现当代诗歌在荷兰也引起了广大读者和翻译界的重视,这主要得助于以著名诗人兼翻译家、汉学家汉乐逸为代表的一批中青年汉学家的努力。他于1981年出版了一本与别人合译的闻一多诗选,1983年又出版了中国现代五位著名诗人的诗选,他们是闻一多、李广田、卞之琳、何其芳和臧克家。T. I. 翁义于1986年翻译出版了冯至的《十四行集》。新一代翻译家柯雷和汉乐逸合作译出了1978年以来在中国文坛崭露头角的诗人的作品选,他们包括顾城、多多、北岛、芒克、王家新、柏华、杨炼、琼柳等十位诗人。这两位汉学家一方面从事中国文学教学,另一方面通过直接与中国作家的接触,比较准确地把握了中国当代文坛的现状,及时地向荷兰及欧洲汉学界提供了中国文坛的最新信息。

随着中国当代诗歌翻译的兴盛,当代小说也不断被译成荷兰文,图书市场上出现了一系列当代中国小说选集。其中比较有名的是库斯·奎柏和爱德·布兰基斯廷合作编译的《新中国小说》(1983),所介绍的小说家包括"伤痕文学"的代表人物卢新华,以及新时期具有开拓精神的作家刘心武、陈国凯、茹志鹃、王蒙和高晓声;另一本则是出版于1988年的女性小说选集,由马利莎·班杰斯和爱利丝·德·琼合作编译,收入了王安忆、遇罗锦、宗璞、张辛欣和张洁的代表作品。当代荷兰的两位最多产的小说翻译家是库斯·奎柏和林特·希比思马:前者翻译了高晓声、戴厚英和张洁的代表性作品;后者则于1987年翻译出版了一本包括王蒙的四个短篇小说和王安忆的一部中篇的文集。1988年和1989年,希比思马还接连出版了张贤亮的两部小说,《男人的一半是女人》和《绿化树》,1990年又推出了王安忆的《小鲍庄》等。

在上述这些汉学家和文学翻译家的努力下,新时期中国文学的主要作家大都有了自己作品的荷兰文译本。其中被翻译得最多的作家当数张洁,她的作品包括《方舟》、《爱是不能忘记的》、《沉重的翅膀》、《只有一个太阳》和《祖母绿》,这些小说在荷兰文学界和广大读者中均有着一定的影响。比较有影响的小说还有谌容的《人到中年》和古华的《芙蓉镇》。而与之相比,台湾作家的作品翻译成荷兰文的就少多了。这大概与近二十年来中国改革开放所带来的文艺繁荣局面不无关系。

与中国文化在英、法、德、荷等国的传播和影响相比,北欧诸国对中国的兴趣和与之的接触,一般说来要晚至17世纪中叶。中国文化在北欧的影响也没有那么大,除了在瑞典有着较长的汉学研究传统外,在另三个北欧国家就逊色多了。当然这也说明,不同的国家有着不同的接受条件和不同的文化交流环境。在所有的北欧国家,瑞典的汉学研究历史最为悠久,出版的中国文学作品和学术研究成果也最多,并且在整个欧洲都具有很大的影响。当年身为瑞典学院院士、诺贝尔文学奖评奖委员的马悦然教授曾断言,中国作家之所以至今未获得诺贝尔文学奖,在很大程度上是因为他们的作品没有好的西文译本。他的这一断言曾惹怒了一些中国作家。另一方面,我们也应当看到,马悦然花了毕生的精力孜孜不倦地翻译和研究中国文化和文学,为把中国古典文学介绍给瑞典人民,为使中国现当代文学为世人瞩目,作出了很大的贡献。可以说,对于中国文学在瑞典的翻译和传播,马悦然功不可没。

马悦然作为中国读者比较熟悉的一位瑞典汉学家和文学翻译家,不仅本人学识渊博,对中国各个时代的语言文学均相当熟悉,并花了大量精力把包括中国古典文学名著和现当代文学作品在内的中国文学精华介绍给了北欧文学界和读书界。他还和包括老舍在内的相当一批中国现当代作家、批评家和学者保持着密切的接触与联系,从而及时地向瑞典学院诺贝尔文学奖评奖委员会作出报告,为委员们的最后决定提供重要的参考意见。

由于瑞典汉学得天独厚的优势,中国各个时期的重要文学作品都有着完整的或部分的译介。尤其应该指出的是,由于瑞典学院近二十多年来一直关注中国文学创作的新动向,并有意促使中国作家早日获得诺贝尔文学奖,这就为瑞典的中国当代文学翻译工作提供了有利的条件。甚至中国1980、1990年代活跃的作家,如莫言、王安忆、王朔、苏童、余华、格非、林白、虹影等国内先锋派作家或海外流散作家的作品也或多或少地有了瑞典文或其他欧洲语言的译本。

在人口不多的丹麦王国,综合性大学虽然只有五所,但其中却有两所(哥本哈根和奥尔胡斯)有东亚研究系。中国文化在丹麦的传播主要得助于丹麦的汉学研究,而且这两所大学的汉学研究也各具特色:前者历史较长并更注重语言学和古典汉语文学的研究,后者则致力于现当代中国文学和历史的研究。这两校的东亚系在欧洲都有着一定的影响,两校的教师都积极参与北欧的中国研究学术活动,并程度不同地参与了欧洲汉学界的合作项目。

与瑞典相比,中国文学在丹麦、挪威、芬兰和冰岛的传播和翻译则大大逊色。不过,这几个国家的重要学府都有中文专业和课程,一批译者也孜孜不倦地学习中国文学,将其中的一些代表性作品译出。随着中国文化在全世界越来越广泛的传播,将有越来越多的中国文学作品被翻译成外文,从而使得中国文学为世人所共享。在这方面,我们的译者应当作出自己的贡献。

后　记

　　本书主要是根据我写于本世纪第一个十年的一些论文修改完成的一部专题研究文集，曾于2006年由中华书局出版。此次出版的修订本又增加了几篇论文，其中包括近年写的论文，并作了一些修改，编辑成专著体例。本书共分为三部分，或三编。第一编"翻译的文化学反思"首次在中文的语境下提出了文化研究的翻译学转向，并结合翻译学自身的边缘特征对其作出了全新的描述和界定。第二编"文化阐释与经典重构"在从文化学视角重新界定翻译的基础上将其视为一种文化阐释，并力图通过文化的"阐释"或"翻译"而实现对文学经典的质疑乃至重构。在个案研究中，首次对浪漫主义的"全球性"意义作了阐述，并在国际学术界率先提出"易卜生化"的概念，将其视作后现代时代的美学原则。第三编"文化研究与文化理论的阐释"对进入新世纪以来文化研究在西方的最新走向和未来前途作了理论描述，并勾勒了"后理论时代"西方理论的最新发展和最有潜力的几种理论思潮——流散理论、媒介研究、语像批评和性别研究等——的现状及走向。书中不少文章曾以英文的形式在国际学术刊物上发表，或是作者在欧洲的一些国家和美国、加拿大、澳大利亚等国的一些大学演讲时的内容，在国际学术界产生过一定的影响。

　　我觉得有必要对本书的撰写过程再作一些交代。

　　本书为原先的一篇篇单篇论文修订后的专题研究合集，那些论文大部分发表于国内学术刊物，有八篇曾在英文国际刊物上发表，其中五篇由选修我在清华大学开设的比较文学导论课的博士生刘立华和董娜两位同学帮助译成中文，我再作校订，两篇由我本人重新用中文撰写。首先，我谨向曾对我的研究提供资助的清华大学亚洲研究中心表示感谢。其次，我谨向率先将我的这些论文发表于国内外刊物的杂志编辑们致意。这些杂志包括:《文艺研究》、《清华大学学报》、《中国翻译》、《社会科学战线》、《天津社会科学》、《中国比较文学》、《南开大学学报》、《思想战线》、《甘肃社会科学》、《外国文学研究》、《当代外国文学》、《译林》、《探索与争鸣》、《俄罗斯文艺》和《山花》。它们的青睐，使我有机会及时听取国内学术同行们的意见，对于我后来修正我的一些不成熟的观点颇有助益。由于我的一些文章最初用英文撰写发表于国外刊物，或收入国际学术会议论文集，在此也向这些刊物或文集的编辑们致谢：加拿大卡尔加里大学编辑出版的 *ARIEL*（《国际英语文学评论》）、挪威奥斯陆大学编辑出版的 *Ibsen Studies*（《易卜生研究》）、美国约翰·霍普金斯大学出版社编辑出版的 *Philosophy and Literature*（《哲学与文学》）和英国劳特里奇出版社编辑出版的 *Perspectives: Studies in Translatology*（《视角：翻译学研究》）等杂志，以及美国艾奥瓦大学出版社 (Unversity of Iowa Press) 和新加坡马歇尔·卡文蒂希出版社 (Marshall Cavendish Academic)。他们的约稿和编辑加工使我能够步入国际学术界和西方学术同行们进行直接的对话和交流，对于提高我的学术研究的层次无疑起到了很大的作用。

　　本书初版曾得到北京语言大学比较文学研究所"北京市重点学科项目"的资助，在此谨向时任北京语言大学比较文学研究所所长高旭东教授和张华教授表示感谢。此外，美国伊利诺伊大学国际学术交流项目也使我在2005年有一学期的时间摆脱国内的教学行政杂务专心致志地修改书稿，在此我也向邀请我访问讲学的该校东亚系表示感谢。

　　最后，我还想借此机会向译林出版社的领导和编辑表示感谢，感谢他们在当今学术著作出版艰难的情况下毅然决定出版我的这部专题研究文集，同时也向为本书的编辑出版工作花费心血的编辑人员表示衷心的感谢。没有他们的努力工作和认真校阅，本书也不会以这种形式顺利出版。当然，文中如有不当之处乃至谬误，则由我本人负责，同时也期待广大读者的批评指正。

王　宁

2020年10月于上海